Wilfried Belschner, Arndt Büssing,
Harald Piron, Dorothee Wienand-Kranz (Hg.)

Achtsamkeit als Lebensform

Psychologie des Bewusstseins
– Texte –

Band 6

herausgegeben von

Prof. Dr. Wilfried Belschner
(Universität Oldenburg)

und

Prof. Dr. Dr. Harald Walach
(University of Northampton, UK)

William James definierte im Jahr 1892 auf der ersten Seite seines grundlegenden Werkes *Psychology* die Psychologie als die „Beschreibung und Erklärung des Bewusstseins als solches". In den vergangenen 100 Jahren ist diese klare Aufgabenstellung der Psychologie weitgehend verloren gegangen. Sowohl in der Grundlagenforschung wie auch in den Anwendungsbereichen wurden Theorien und Modelle entwickelt, die ein gemeinsames Merkmal aufweisen: Die Kategorie des Bewusstseins ist darin „vergessen". In der psychologischen Forschung finden sich bislang keine Studien, in denen *Bewusstsein* als eine unabhängige Variable im Studiendesign berücksichtigt wird. In den Ausbildungen zum anwendungsorientierten professionellen Handeln ist die gezielte und kompetente Modulation des *Bewusstseins* bislang nicht im Curriculum enthalten.

Mit der Buchreihe *Psychologie des Bewusstseins* wollen wir eine neue-alte Konzeptualisierung der Psychologie unterstützen.

LIT

Wilfried Belschner, Arndt Büssing,
Harald Piron, Dorothee Wienand-Kranz (Hg.)

Achtsamkeit als Lebensform

LIT

Bibliografische Information der Deutschen Nationalbibliothek
Die Deutsche Nationalbibliothek verzeichnet diese Publikation in der
Deutschen Nationalbibliografie; detaillierte bibliografische Daten sind
im Internet über http://dnb.d-nb.de abrufbar.

ISBN 978-3-8258-0479-4

© LIT VERLAG Dr. W. Hopf Hamburg 2007
Grindelberg 15a
D-20144 Hamburg

Auslieferung:
LIT Verlag Fresnostr. 2, D-48159 Münster
Tel. +49 (0) 2 51/620 32 - 22, Fax +49 (0) 2 51/922 60 99, e-Mail: lit@lit-verlag.de

Inhaltsverzeichnis

Achtsamkeit als Lebensform – ein Vorwort

Die Beiträge dieses Bandes sind mehrheitlich aus den Referaten des 5. Kongresses des *Deutschen Kollegiums für Transpersonale Psychologie und Psychotherapie* (DKTP) und zugleich dem zweiten Kongress, der gemeinsam mit der *Society for Meditation and Meditation Research* (SMMR) ausgerichtet wurde, hervorgegangen. Er fand in einer ausgesprochen produktiven Atmosphäre im März 2006 an der Universität Witten-Herdecke statt und wurde von Herrn Herrn PD Dr. Arndt Büssing, Lehrstuhl für Medizintheorie und Komplementärmedizin, organisiert. Ihm gilt unser herzlicher Dank für sein überzeugendes Engagement und sein nicht erlahmendes Organisationsgeschick.

Warum haben wir den Begriff der *Achtsamkeit* als Leitthema für den Kongress gewählt?

In den vergangenen Jahrzehnten wurde es immer deutlicher, dass für viele Menschen die bisherigen Quellen für eine Sinnstiftung versiegen (oder es empfinden, dass sie spärlicher sprudeln). Die Menschen suchen dringlich nach Kriterien, die ihrem Handeln und ihrer Lebenspraxis eine (neue) Orientierung geben können. Es ist eine Situation entstanden, in der einerseits der Durst nach Ordnung und letzten Werten deutlich wahrnehmbar wird, in der andererseits die Bindung an die tradierten Glaubenssätze und Wertorientierungen brüchig wird oder sich bereits aufgelöst hat und neue vertrauenswürdige An- und Rückbindungen als noch nicht vorhanden oder noch nicht erreichbar erscheinen. Diese Situation der Unsicherheit und Ungewissheit, der Unbehaustheit und des geistigen Heimatverlustes zu bewältigen, fällt vielen Menschen zunehmend schwerer und lässt sie die Grenzen ihrer psychischen, physischen, sozialen und finanziellen Ressourcen oft nicht nur deutlich wahrnehmen, sondern bringt sie in eine Lage, in der diese Ressourcen sogar untauglich werden. Sie erleben sich plötzlich in ein Niemandsland geworfen oder sie erleben es als einen schleichenden, aber scheinbar unaufhaltsamen und nicht umkehrbaren Prozess, ohnmächtig in ein solches Niemandsland abzudriften.

Es ist für viele Menschen nur äußerst schwer, wenn überhaupt verstehbar, sich heute in einer historischen Situation vorzufinden, in der sie sich mit ihren Fähigkeiten und mit ihrer gesamten Existenz als überflüssig wahrnehmen sollen. Nicht etwa dann, wenn sie einmal alt geworden sind, sondern bereits als Kinder und Jugendliche wird ihnen unmissverständlich und ohne „Gnade" verdeutlicht, dass für ihre Teilnahme am gesellschaftlichen Leben, an kulturellen und beruflichen Schaffensprozessen, überhaupt kein Bedarf mehr besteht, jetzt sofort und für ihre gesamte Lebensspanne. Menschen sollen es heute nachvollziehen und klaglos hinnehmen können, dass der Börsenkurs des Unternehmens, für das sie bislang unter vollem Einsatz ihrer physischen und psychischen Kräfte tätig waren, gerade dann ansteigt, wenn sie entlassen werden, weil sich – so die „Logik" dieses neoliberalen Denkens - dann dessen „Gewinnerwartung" durch die Verminderung der Personal-„Kosten" verbessert.

Die willfährige Verschreibung von – vergleichsweise - wenigen, global relevanten EntscheidungsträgerInnen an ihre anscheinend unstillbare Gier nach der grenzenlosen Akkumulation von individualisiertem Reichtum lässt die biografischen Verläufe der großen Mehrheit der Menschen grundsätzlich „prekär" werden: Mentalitäten, in denen die individuelle Kontrolle über die eigene Lebenssituation angestrebt würde und als Zeichen der persönlichen Tüchtigkeit galt, sind obsolet geworden. Mentalitäten, die auf der Annahme der (zumindest) mittelfristigen Planbarkeit des Lebensweges aufbauten, erzeugen nur noch Leid bei den Personen, die sich darauf berufen wollen. Mentalitäten, die ein Vertrauen auf die ethische Verantwortung der „Besitzenden" enthalten, müssen „bitter" ent-täuscht werden. Die für viele Menschen in Mitteleuropa in den letzten Jahrzehnten entstandene Normalitätserwartung der Kontrolle, der Planbarkeit, der Sicherheit und der Verlässlichkeit im eigenen Leben und in sozialen Bezügen hat ihre Gültigkeit in irritierender Weise (wieder) verloren.

Vielfältige, bereits beobachtbare Folgen lassen sich mit dieser existentiell permanent bedrohlich wahrgenommenen Situation in Zusammenhang bringen, beispielsweise die Zunahme depressiver Symptomatiken oder die Attraktivität fundamentalistischer Gruppierungen. Solche Folgeerscheinungen sind eine akute Herausforderung, um eine Gesellschaft, die der Forderung nach Humanität verpflichtet bleibt, zu erhalten.

Achtsamkeit könnte also ein wesentlicher Leitbegriff für die Gestaltung einer zukünftigen Kultur werden, in der die soziale, politische, wissenschaftliche, technologische und wirtschaftliche Entwicklung der Einen Welt die menschliche Existenz in Würde akzeptiert. Achtsamkeit könnte als sinnstiftendes Moment in den Alltag und in die professionellen Handlungsfelder eingeführt werden. Achtsamkeit könnte das zentrale Kernmerkmal für die Lebensform werden, die für diese historische Epoche angemessen und notwendig ist.

Wenn man den oben skizzierten Wertewandel nicht nur beklagen will, dann ließe sich eine geradezu ketzerische und leicht als zynisch fehlinterpretierbare These formulieren:

Wir befinden uns in einem globalen Feldversuch, in dem die globale oligarche Gier nach grenzenloser Macht und ungeschränktem Reichtum ein umfassendes Trainingsprogramm für die Mehrheit der Menschen dieser Erde hervorbringt. Es könnte – zunächst ungewollt - ein geradezu „spirituelles" Trainingsprogramm entwickelt werden: nämlich, sich von all den für unumstößlich gehaltenen und unbedingt erforderlichen Glaubenssätzen an die eigene Existenz zu verabschieden: zu erkennen, dass die bisher gültigen „Anhaftungen des Ich" (nach Kontrolle, Sicherheit etc.) in der realen Lebenssituation durch die als extern erlebten Ereignisse nicht länger tragen, nicht länger identitätsbildend wirken können. Mit dem sicher schmerzhaften Zusammenbruch der bisherigen Identität kann aber auch eine neue Freiheit, eine neue Option der Lebensgestaltung entstehen. Aus der eventuell traumatisierenden Ohnmacht der externen Widerfahrnisse kann ein (radikal) anderer Bezugsrahmen für ein neues Lebensmodell erwachsen. Das von den sozial Mächtigen derzeit verordnete „Lernprogramm" könnte somit – vielleicht zu ihrer eigenen Überraschung - durch eine solche „Befreiung" von den bisherigen ich-zentrierten Persönlichkeitsstrukturen vielfältige, gesellschaftlich relevante „Nebenwirkungen" mit sich bringen – eine Kultur des Bewusstseins, in der das humane Potential der Bewusstseinsentwicklung erschlossen würde, braucht dann keine Utopie zu bleiben (Belschner 2007, Gebser 1975).

Vielleicht hilft auch ein interkultureller Vergleich. Mark Siemons beschreibt, wie sich chinesische Menschen, u.a. Müllsammler, Dissidenten, Funktionäre, Manager oder Schriftsteller, auf Ungewissheit einstellen. Sie praktizieren das Prinzip von Versuch und Irrtum auf ungewissem Grund: „Man probiert etwas, stößt auf Widerstand, probiert etwas anderes, ohne selbst das Erreichte für allzu sicher zu halten. .... Zusammen ergibt das ein Mobile zahlloser, vermeintlich in der Luft hängender Teile, die so empfindlich aufeinander reagieren, dass der Außenstehende sich fragt, warum im nächsten Augenblick nicht alles kollabiert. Im Westen ... nimmt man ... einen feststehenden Rahmen in Anspruch, in dem sich das Erwerbsleben bewegt. Man könnte gar nicht urteilen, entscheiden oder etwas tun, wenn es diese Eindeutigkeit nicht gäbe, und wo sie fehlt, versucht man sie daher als Erstes herzustellen.

In China scheint es sich umgekehrt zu verhalten. Die offiziellen Normen versuchen wenigstens nach außen den Eindruck der vertrauten Eindeutigkeit zu erwecken. Die Sphäre der praktischen Entscheidungen und Positionierungen aber ist in dichten Nebel gehüllt – ohne dass dies die Aktivität mindern würde. Der ... chinesische Umgang mit der Ungewissheit stellt sogar ein Vorbild für ein globales Management in hochgradig unvorhersehbaren Märkten dar. Die wirtschaftliche Entwicklung und die Integration in globale Märkte verliefen so schnell, dass die langfristigen Pläne und Strategien, die westliche Firmen so gern entwickelten, von vornherein zum Scheitern verurteilt seien.

Die erfolgreichen chinesischen Unternehmen ... haben es dagegen geschafft, die Ungewissheit zu akzeptieren, auf totale Kontrolle zu verzichten und stattdessen „aktives Warten" zu praktizieren: eine permanente Bereitschaft, plötzlich auftauchende Chancen oder Gefahren zu erkennen und rasch in ihre Entscheidungen einzubeziehen. ... Das chinesische Denken geht ... weder von einem bestimmten Wirklichkeitsmodell noch von einem Aktionsplan aus, sondern von der Einschätzung einer gegebenen Situation und deren Potential. Es rechnet also immer mit Veränderung, mit der Unverlässlichkeit der Verhältnisse." (Sicmons 2007, 31)

Angesichts solcher Annahmen und Einschätzungen versuchte der Kongress, das Phänomen der Achtsamkeit mit einer Mehrzahl von kulturellen Sektoren in Verbindung zu bringen. In den Beiträgen sollen sowohl die Grundlagen des Achtsamkeits-Konzeptes dargestellt und erörtert werden wie auch die Übertragung und Anwendung dieses Konzeptes in das weite Spektrum der professionellen Handlungsfelder aufgezeigt und erfahrbar gemacht werden.

Es ist eine attraktive kreative Aufgabe, Entwürfe für die Gestaltung der individuellen Lebensformen wie auch des öffentlichen und institutionellen Lebens gemäß dem Konstrukt der Achtsamkeit zu entwickeln. Wir sind aufgerufen, daran verantwortlich mitzuwirken!

Wir danken den Autorinnen und Autoren, die mit ihren Beiträgen zunächst zum Gelingen des Kongresses und nun zum Entstehen dieses Buches beigetragen haben.

Wir danken auch Frau cand.-psych. Nicole Baden, die geduldig die Druckvorlage des Bandes erstellte.

Noch eine Anmerkung: Im Rahmen des Kongresses wurde zum ersten Mal der *Posterpreis des DKTP für Nachwuchsförderung* vergeben. Ausgezeichnet wurden die Poster von Frau cand.-psych. Rita Oldenbourg (Universität Oldenburg) zum Thema „Professionelle Sterbebegleitung und private Spiritualität" und von Frau cand.-psych. Theresa Schwarzer zum Thema „Deep Field Relaxation". Der Posterpreis soll auf dem internationalen Kongress 2008 mit dem Leitthema „Ekstase. Phänomen – Erfahrung – Heilung", der in Kooperation mit der Abteilung Klinische Psychiatrie und Psychotherapie der Medizinischen Hochschule Hannover (MHH) (Prof. Dr. Hinderk Emrich, PD Dr. Torsten Passie) durchgeführt wird, wieder vergeben werden (Informationen dazu: www.dktp.org).

Oldenburg, im April 2007

Wilfried Belschner   Arndt Büssing
        Harald Piron   Dorothee Wienand-Kranz

Literatur:
Belschner, W. (2007). Der Sprung in die Transzendenz. Die Kultur des Bewusstseins und die Entmystifizierung des Spirituellen. Münster: LIT Verlag.
Gebser, J. (1975). Gesammelte Werke. Schaffhausen: Novalis.
Siemons, M. (2007). Die endgültige Antwort an unser großes Mutterland. Wie es die Volksrepublik China schafft, in ihren Bürgern ungeahnte Kräfte zu entfesseln und deren Ungewissheit in Energie zu verwandeln. Frankfurter Allgemeine Zeitung, 31.1.2007, Nr. 26, S. 31.

Luise Reddemann

Wozu Achtsamkeit in der Psychotherapie?

Nachdem ich den Titel dieses Beitrags verabredet hatte, habe ich mich immer häufiger gefragt, ob der Titel nicht besser heißen sollte: *„Kann es eine sinnvolle Therapie ohne Achtsamkeit überhaupt geben?"* Achtsamkeit möchte ich als eine Grundhaltung definieren, die jeder Form von Psychotherapie zugute käme und als eine Weise, wie man an psychische Prozesse herangehen kann. Ich weiß, dass es die „Mindfulness Therapie" inzwischen auch als quasi eigene Methode gibt. Damit werde ich mich hier nicht beschäftigen, sondern mit dem Gewinn für jedwede psychotherapeutische Arbeit und – was mir besonders wichtig ist – den Gewinn für die PsychotherapeutInnen.

Ich arbeite seit 35 Jahren als Psychotherapeutin. Bis Ende der 80er Jahre, also beinahe zwanzig Jahre, wusste ich nichts von Achtsamkeit. Als ich zu meditieren begann und damit auch das Prinzip Achtsamkeit kennen lernte, konnte ich mir zunächst nicht vorstellen, wie dramatisch dies auch meine psychotherapeutische Praxis verändern würde.

1993 lernte ich Jon Kabat-Zinns Arbeit in Amerika kennen. Seine Ideen haben mich sehr beeindruckt und nach und nach wurde mir klar, dass es hier ein Potential für die Psychotherapie zu entdecken galt, so dass ich heute, wie oben bereits erwähnt, fragen möchte: Psychotherapie ohne Achtsamkeit, geht das überhaupt?

Die Schule, aus der ich stamme, ist die der Psychoanalyse und die ihr verwandten Verfahren. Achtsamkeit ist inzwischen durch Linehan und Young in der kognitiven Verhaltenstherapie sehr bekannt geworden und auch auf Forschungsinteresse gestossen. Dazu werden hier Berufenere als ich etwas sagen. Ich möchte mich im Wesentlichen auf die tiefenpsychologischen Richtungen konzentrieren und daraus einige Überlegungen ableiten, die möglicherweise auch für andere therapeutische Richtungen Gültigkeit haben könnten.

Achtsamkeit und tiefenpsychologische Praxis

Achtsamkeit ist meines Wissens und nach meinen Recherchen in entsprechenden Datenbanken in Deutschland ausser in der Gestalttherapie in der tiefenpsychologisch fundierten Psychotherapie kein Begriff und auch keine Interventionsmethode. So kann man die Frage stellen, ob das Konzept Achtsamkeit mit den meisten tiefenpsychologischen Konzepten nicht vereinbar ist oder ob es bisher nicht als nützlich erkannt wurde. Es gäbe durchaus Gemeinsamkeiten zwischen der gleich schwebenden Aufmerksamkeit des Analytikers, wie Freud sie gefordert hat, und einigen Prinzipien der Achtsamkeitspraxis, insbesondere dem Prinzip des Nichturteilens. Epstein meint, dass „merkwürdigerweise", wie er es ausdrückt, „die Art von Erinnern, zu der Freud gelangte, nachdem er die hypnotische Technik aufgegeben hatte und sich nicht mehr nur auf das freie Assoziieren verlassen wollte, ... haargenau die Art von Erinnern ist, die der Buddha beschreibt, wenn es um Achtsamkeit geht". Freud habe dieses Erinnern für etwas gehalten, das nur in den Sitzungen der Psychoanalyse geleistet werden könne. Demgegenüber habe der Buddha gelehrt, dass es sehr viel weitreichender sein kann, dass es ständig und konsequent den ganzen Tag über betrieben werden kann. Epstein führt dann weiter aus, dass die Lehrer des Buddhismus den individuellen lebensgeschichtlichen Erinnerungen immer weniger Gewicht beigemessen hätten, vielmehr strebten sie eine ständige Anwendung der Achtsamkeit an. Daher forscht Achtsamkeitspraxis weniger nach ätiologischen oder gar dynamischen

Zusammenhängen zwischen einem bestehenden Problem und seinen Ursachen. Das dürfte manche tiefenpsychologisch arbeitende Kliniker eher abstossen. Ich selbst habe in meinem langen Berufsleben allerdings gelernt, was für eine Ressource „gegenwärtig sein" sein kann, und wie oft ich meine Patienten viel besser erreiche, wenn ich mit ihnen in der Gegenwart bleibe. Das entspricht ein wenig der Tendenz der modernen Psychoanalyse, sich mehr mit dem Gegenwartsunbewussten als mit dem Vergangenheitsunbewussten zu befassen.

Geht man davon aus, dass lange Strecken analytischer oder tiefenpsychologischer Praxis darin bestehen, wahrzunehmen und anzunehmen, was ist, ehe es zu einer Deutung kommt, so erscheint es mir gerechtfertigt, das Prinzip des Erforschens, das Therapeutin und Patientin über lange oder wenigstens längere Strecken begleitet, durchaus als der Achtsamkeitspraxis ähnlich anzusehen. In der Psychoanalyse ist es gute Praxis, die Dinge an die Oberfläche gelangen zu lassen, und sie erst dann zu deuten. Dies erfordert insbesondere von der Psychoanalytikerin eine der Achtsamkeit vergleichbare Haltung. Versteht man Deutungspraxis als Klarifizieren, Konfrontieren und Deuten, so kann man Gemeinsamkeiten der Achtsamkeitspraxis mit den Prozessen des Klarifizierens und Konfrontierens i.S. von genauem Wahrnehmen feststellen.

So erschien es mir als Psychoanalytikerin auch nicht sonderlich fremd, mich auf die Achtsamkeitspraxis einzulassen. Es lässt sich also die Hypothese formulieren, dass sich Achtsamkeitspraxis sehr wohl mit einem psychodynamischen Vorgehen vereinbaren lässt.
Nun möchte ich aber noch ein Stück weiter gehen und fordern, dass Psychotherapeuten möglichst grundsätzlich Achtsamkeit üben sollten. Warum?
Ich möchte das an einem Beispiel aus einem anderen Gebiet der Heilkunde erklären, nämlich der Geburtshilfe.

In der Psychotherapie wird dem autonom handelnden Subjekt schon immer eine große Bedeutung zugedacht, jedoch sind andererseits

Tendenzen erkennbar, die m.w. Jeffrey Masson in seinem Buch „Die Abschaffung der Psychotherapie" am schärfsten kritisiert hat: Demnach gibt es hier den psychotherapeutischen Experten, auf der anderen Seite den hilfsbedürftigen Patienten. Manche Psychotherapeuten sehen in ihren Patienten fast nichts als hilfsbedürftige Kleinkinder. Das hat natürlich Auswirkung auf die Beziehung. Im Kontext unseres Themas könnte man vermuten, dass in solchen Momenten TherapeutInnen nicht achtsam auf die Bedürfnisse ihrer PatientInnen reagieren. Aus meiner Sicht sind Helfende gefordert, präsent, zugewandt und achtsam zu begleiten, so dass die andere Person aus sich selbst heraus ihre Möglichkeiten entdecken und sich ihrer erwachsenen Kompetenzen bewusst bleiben kann. Dazu gehört Vertrauen in selbstregulative Kräfte, die sich am besten mittels Achtsamkeit entdecken lassen.

Am besten wissenschaftlich untersucht ist die Verschränkung von gekonnter Unterstützung und Respekt vor der Selbstbestimmung der anderen meines Wissens im Zusammenhang mit der Geburtsbegleitung durch eine „Doula". Hier geht es darum, dass eine kundige Frau einer anderen bei der Geburt beisteht und so viel Zuwendung gibt, wie die Gebärende braucht, während gleichzeitig jede autonome Äußerung der Gebärenden respektiert wird. Doulas begleiten die andere Frau mit größtmöglicher Achtsamkeit. Das hat dramatische Auswirkungen auf den Geburtsverlauf: Die Geburt geht schneller vonstatten, Kaiserschnitte werden bis zur Hälfte seltener und die Gebärenden benötigen weniger Schmerzmittel. Sie fühlen sich nämlich unterstützt und wahr und ernst genommen

Betrachtet man einen Entwicklungsprozess, und insbesondere seelische Krisen wie eine Geburt, da es hier viele Gemeinsamkeiten, insbesondere im Aushalten von Schmerzen und im Ausgeliefertsein gibt, so mag der Gedanke einleuchten, dass das Beispiel der Geburt und die Übernahme von Prinzipien, die sich bei dieser Erfahrung bewährt haben, dienlich sein können. Das heisst, das Doula-Prinzip ist bei genauer Betrachtungsweise gespeist aus einer Haltung der Achtsamkeit und genau dies fördert aus meiner Sicht auch einen psychotherapeutischen Prozess am meisten. Bemühen sich Patientin und Therapeutin gleichermassen um eine achtsame Haltung, ist weniger Expertentum gefragt als die Fähigkeit zur Präsenz. Achtsamkeit kann helfen, präsenter zu sein.

Achtsamkeit in der Traumatherapie

Eine große Herausforderung in der Achtsamkeitspraxis stellte für mich die Arbeit mit Menschen mit Traumafolgestörungen dar. Inzwischen ist klar, dass ein Großteil der Patientinnen und Patienten, die Psychotherapie benötigen, an Traumafolgen leiden, so dass es sinnvoll erscheit, dies zu berücksichtigen. So will ich hier auf die Anwendung von Achtsamkeit in der Behandlung von Traumafolgestörungen kurz eingehen.

Es erforderte einiges an achtsamem Wahrnehmen für mich, um zu erkennen, dass sich Traumafolgestörungen in einigen wesentlichen Punkten von neurotischen Störungen unterscheiden. So lange wir eine bestimmte Brille aufhaben – in diesem Fall die Neurosensichtbrille - haben wir eine Tendenz, Dinge nicht genau wahrzunehmen, sondern unsere Erkenntnisse und Erfahrungen der Situation überzustülpen. Die Unterschiede hängen mit einem Phänomen zusammen, das als „traumatischer Stress" beschrieben wird. Hierbei handelt es sich um ein Bündel psychophysiologischer Reaktionen, die zunächst dazu dienen, dem Organismus zu helfen, mit einer überwältigenden Erfahrung fertig zu werden. Später können sich aus genau diesen Reaktionen erhebliche Probleme für die Betroffenen ergeben.

Hier möchte ich einige Gegenübertragungsreaktionen nennen, die TherapeutInnen achtsam wahrnehmen sollten. Ich formuliere sie hier als Fragen, die man als Therapeutin an sich selbst richten kann:

- *Bemerke ich bei mir ein stärkeres Kontrollbedürfnis, oder Zeichen starker Ängstlichkeit und Unruhe?*

- *Habe ich das Gefühl, dass ich den Patienten nicht mehr errei-
  chen kann?*
- *Bin ich leichter erregbar als gewöhnlich?*
- *Ärgere ich mich in dieser Therapie mehr als sonst, auch bei
  nichtigen Anlässen?*
- *Spüre ich eine starke Ambivalenz in Bezug auf Nähe?*

Der Vorteil von Achtsamkeit ist eine nicht wertende Haltung, die gerade dann, wenn wir uns so verhalten, wie „man" es normalerweise
nicht tun „sollte", helfen kann, eine Situation unvoreingenommener zu
betrachten. Menschen mit Traumafolgestörungen können die oben
beschriebenen Reaktionen bei TherapeutInnen auslösen, und wir sind
umso hilfreicher, je mehr wir das wahrnehmen.

So ist z.b. die Schwierigkeit, mit Ärger gekonnt umzugehen, eines
der häufigsten Probleme von Menschen, die Opfer von traumatischen
Erfahrungen wurden. Die Ärgerreaktion lässt sich aus unserer Sicht
am besten als Schutz vor Ohnmachtsgefühlen verstehen, die bei TherapeutInnen i.s. einer Gegenübertragungsreaktion häufig auftreten,
noch ehe sie den PatientInnen bewusst sind. Kann man nun durch
Achtsamkeitspraxis erkennen, dass hinter der Wut Ohnmachtsgefühle
verborgen sind, ist man mit Sicherheit hilfreicher, als wenn man auf
die Wut reagiert.

Aber es ist nicht nur der Ärger, der Probleme machen kann, auch andere Gefühle können nach traumatischen Erfahrungen, insbesondere
wenn diese noch nicht oder gar nicht verarbeitet sind, als bedrohlich
erlebt werden. Diese Patienten werden von anderen oft als in Gefühls-
dingen distanziert, ja sogar „kalt" beschrieben. Auch hier kann eine
achtsame, nicht wertende Haltung hilfreich sein.

Aus meiner Sicht - die einer alten Häsin – ist es in der Psychotherapie
jedweder Provenienz allzu rasch üblich, irgendwelche theoriegeleite-
ten Raster anzulegen, und das versperrt uns oft die Sicht auf eine an-

dere Perspektive. Meist wird vergessen, dass Theorien nur Finger sind, die auf den Mond zeigen, wie es im Buddhismus heißt.

Ein weiterer Punkt, der der Achtsamkeit bedarf ist, dass es Menschen mit komplexen posttraumatischen Störungsbildern fast immer schwer fällt, sich anzuvertrauen oder sich fallen zu lassen. Sie kontrollieren viel, überlassen nichts dem Zufall. Sie handeln im Vergleich mit anderen wenig spontan, planen fast alles und möchten möglichst jedes kleine Detail im Voraus wissen. TherapeutInnen sollten bemerken können, und dazu brauchen sie Achtsamkeit, dass diese Schutzmechanismen über lange Zeit respektiert werden sollten.

Eine weitere Domäne der Achtsamkeit ist, dass TraumapatientInnen wie „gar nicht richtig da", wie „weggetreten" erscheinen können. Im Kontakt hat man den Eindruck, dass sie wie durch einen hindurch zu schauen scheinen, dass der Blick sich verliert, und dass man sie gar nicht mehr erreichen kann. Hier zeigt sich ein Mechanismus, der als Dissoziation bezeichnet wird, der sich für Beziehungen wie der Abbruch des Kontaktes auswirkt. Für den Menschen, der sich so verhält, ist dies ein Schutz, nämlich der Versuch, eine ihm unerträglich erscheinende Situation zu verlassen.

Wenn man danach fragt, erfährt man, dass die PatientInnen unter Gedächtnislücken leiden. Sie wissen immer wieder nicht, was eigentlich in den letzten Minuten, Stunden, Tagen vor sich gegangen ist. Vielleicht haben die PatientInnen sich angewöhnt, das gut zu überspielen, so dass es den BehandlerInnen häufig nicht sofort auffällt.

Hier ist ein Training in „gegenwärtig sein" in seiner Wirksamkeit gar nicht hoch genug einzuschätzen. Wenn Achtsamkeitspraxis allerdings zu früh auf das Gefühlserleben fokussiert, führt das bei vielen traumatisierten PatientInnen wieder zur Dissoziation.
Sie könnten dann von Zuständen berichten, in denen sie sich wie erstarrt fühlen. Oder ganz weit weg von sich selbst. Alles sei wie im Kino und es sei, als würde der Film gar nichts mit ihnen zu tun haben.

Behandlung mit Hilfe von Achtsamkeitspraxis

Wie kann man nun die Achtsamkeitspraxis in die Tat, sprich in der Therapie, umsetzen? In einer traditionellen Art der Anwendung der Achtsamkeitspraxis würde es darum gehen, jegliches problematische Verhalten und Symptome achtsam wahrzunehmen und anzunehmen. So ging ich zunächst auch davon aus, nachdem ich Jon Kabat-Zinns Empfehlungen in USA kennen gelernt hatte, dass die Integration seiner Methode in eine stationäre psychodynamische Psychotherapie nützlich sein könnte. Epstein schildert, dass durch die Konzentration auf die Atmung oder andere Körperempfindungen oft Erinnerungen an traumatische Erlebnisse ausgelöst werden können. Er berichtet von einem Patienten, dem es gefährlich erschien, seine Atmung zu beobachten, der sich stattdessen in den ersten drei Tagen eines Retreats auf die Geräusche in der Umgebung konzentrierte. In unserer Klinik stellte sich in ähnlicher Weise heraus, dass unsere Patientinnen und Patienten sich mit den Kabat-Zinnschen Übungen völlig überfordert fühlten und sich weigerten, mitzumachen.

Zwei Wege hätten nahe gelegen:
(1) die Achtsamkeitspraxis zu verwerfen und aufzugeben oder (2) daran festzuhalten, da sie ja gut und hilfreich sei und deshalb nach dem Kabat-Zinnschen Vorschlag fortgeführt werde. Diese letztere Haltung scheint Epstein zu bevorzugen. Mir erschien die Achtsamkeitspraxis zwar wichtig und ich ahnte, was mir erst später richtig klar wurde, dass

Menschen mit einer Traumafolgestörung ihrem oft gewohnheitsmässigen Dissoziieren mit der Übung in Achtsamkeit wirksam begegnen können, dennoch sollte das aus meiner Sicht nicht um jeden Preis auf den Weg gebracht werden.

Zwar sehe ich heute die Neigung zu dissoziativem Verhalten als eine der wichtigsten Indikationen für die Arbeit mit Achtsamkeitsübungen an. Jedoch besteht die Herausforderung darin, die Achtsamkeitspraxis so zu gestalten, dass sie von Menschen mit Traumafolgestörungen verkraftet wird.

Wie kann Achtsamkeit dem Dissoziieren entgegen wirken?

Dies erkläre ich damit, dass Achtsamkeit stets mit dem „Hier und Jetzt" verbunden ist. Damit entdecken die PatientInnen immer mehr, dass es Dinge „in ihrem Kopf" gibt, die sie in die Gegenwart hinein-projizieren und das bedeutet, dass es sich bei genauer Betrachtung um Vergangenes handelt, und dass es darüber hinaus die jetzt aktuelle äußere Wirklichkeit gibt. Wenn es den PatientInnen auch nur gele-gentlich gelingt, Achtsamkeit mit einer nicht wertenden Haltung zu verbinden, erleben sie, wie entlastend sich das auswirken kann, nicht andauernd mit „einer Schere im Kopf" herumzulaufen, sondern die Dinge mit mehr Gelassenheit wahrzunehmen.

Die Herausforderung besteht darin, dass das mit Achtsamkeit Wahr-genommene als zu schmerzhaft empfunden werden kann, z.B. Gefühle oder auch Körperempfindungen, so dass die PatientInnen sich davon überwältigt fühlen. Dann empfehlen wir ergänzend, dass die Patientin bewusst mit der Vorstellung ihrer „inneren Beobachterin" arbeitet und sich dadurch wiederum vom Wahrgenommenen distanzieren kann. Wobei die Haltung der Achtsamkeit selbst bereits eine gewisse Dis-tanz beinhaltet - sie muss aber gelegentlich noch verstärkt werden.

Viele traumatisierte PatientInnen praktizieren die Selbstbeobachtung bereits, jedoch eher unbewusst und als Depersonalisation. Damit sind sie sich auch selten bewusst, dass man genau dies gezielt als Ressour-ce verwenden kann, da sie ja die Depersonalisation als störend und krankhaft erleben. Auch TherapeutInnen meinen manchmal, dass allzu häufige Selbstbeobachtung ungesund sei. Wenn Achtsamkeit jedoch bewusst verwendet wird, hat dies andere Auswirkungen, als wenn die Patientin unbewusst „neben sich steht", obwohl der Mecha-nismus vermutlich ein ähnlicher, wenn nicht der gleiche ist.

Um unsere Praxis zu verdeutlichen, möchte ich ein wenig davon erzählen, was wir unseren PatientInnen sagen. Es ist mir ein Anliegen, dass der Schatz der Achtsamkeit nicht dadurch vergeudet wird, dass man ihn in einer Weise nutzt, die für viele PatientInnen nicht brauchbar ist. So sagen wir z.b. so einfach wie möglich etwas zu „Merken und Achtsamkeit":

„Von all Ihren Fähigkeiten wissen Sie nichts, wenn Sie sie nicht (be-)merken. Manche Menschen merken nicht einmal, wenn es ihnen schlecht geht, wenn sie Schmerzen haben, Durst, Hunger, usw., geschweige denn die Schönheiten des Lebens. `Nicht zu merken´ ist ein Nachteil. Aber natürlich haben Sie immer schon das Eine oder Andere bemerkt. Sie wissen, wenn Sie einen Moment innehalten, dass Sie auf einem Stuhl sitzen oder auf einem Sofa liegen und was Sie tun. Das alles wissen Sie - und weil Sie es wissen, mussten Sie es zuvor bemerken. Also sind Sie fähig zu „merken", auch wenn Sie denken, dass Sie das nicht können. So können Sie sich darin üben wahrzunehmen, dass Sie atmen, fünf Minuten lang, dass Sie einatmen und dass Sie ausatmen."

Wir empfehlen nur sehr kurze Sequenzen des Übens. Wir sagen unseren PatientInnen auch, dass wir ihnen vor allem empfehlen, im Alltag Achtsamkeit zu praktizieren. Wie z.B. achtsam zu duschen. Achtsamkeit, so sagen wir unseren PatientInnen, können sie mit allem praktizieren, was sie tun:

„Sie werden erleben, dass es spannend ist, sich selbst zu begegnen, indem Sie geistig bewusst wahrnehmen, was Sie gerade tun, anstatt mit Ihren Gedanken ganz woanders zu sein. Probieren Sie es und denken Sie daran, dass Sie es schon können. Es geht nur darum, es bewusster zu tun."

Jon Kabat-Zinns Rosinenübung haben wir ergänzt um einen Aspekt der Verbundenheit. Nachdem die Übung durchgeführt wurde, wie von Kabat-Zinn empfohlen (i.e. drei Rosinen achtsam essen) schlagen wir Folgendes vor:

„Wir bitten Sie, sich noch etwas Zeit zu nehmen, um sich bewusst zu machen, dass diese Rosinen aus einem anderen Land kommen, vermutlich der Türkei oder aus Kalifornien, - vielleicht steht es auf der Packung, wo sie herkommen. Überlegen Sie sich, wie viele Lebewesen daran beteiligt waren, dass diese Rosinen wachsen konnten, geerntet wurden, um dann schließlich auf Ihrem Tisch zu landen. Da waren z.B. die Kleinlebewesen, die den Rebstock gedeihen ließen, aber zuvor der Weinbauer, der den Rebstock gepflanzt hat, der wiederum verdankt seine Existenz vielen Menschen, zuerst seinen Eltern, usw. Können Sie merken, wie sich Ihr Bewusstsein ausdehnt, wie Sie sich auf einmal verbunden fühlen mit so vielem, an das Sie vor ein paar Minuten überhaupt noch nicht gedacht haben? Und doch ist es jetzt in diesem Augenblick, wo Sie die Rosinen gegessen haben, da."

Weiter wird erklärt, dass zur Achtsamkeit auch der Anfängergeist gehört, und dass es eine Tatsache des Lebens ist, dass wir immer wieder neu beginnen, ob uns das bewusst ist oder nicht. Wir empfehlen Ihnen dann :

„Beobachten Sie in den nächsten Tagen einmal Dinge, die Sie immer wieder tun (müssen), z.B.: Wie gehen Sie einen täglichen Weg? Können Sie bemerken, dass es da Unterschiede gibt? Schauen Sie, was es für Sie bedeutet, wenn Sie mit der Haltung des Anfängergeistes Vertrautes tun. Können Sie bemerken, dass auch Vertrautes immer wieder eine neue Qualität haben kann? Wie wirkt sich das auf Sie aus? Anfängergeist hat auch mit der Fähigkeit von kleinen Kindern zu tun, denen nicht weh getan wurde, sich ohne Urteil, sondern mit Interesse auf Neues einzulassen. Sie können interessiert und neugierig und vertrauensvoll immer wieder neu beginnen."

Dann erklären wir „Gegenwärtig sein":

„Wenn Sie Anfängergeist pflegen wollen, geht das nur, wenn Sie sich dazu bereit finden, mehr und mehr in der Gegenwart zu sein. In allen großen spirituellen Traditionen wird betont, wie wichtig es ist, in der Gegenwart zu sein. Gegenwärtig sein ist eines der besten Mittel gegen Angst, - vorausgesetzt, die Gegenwart ist nicht bedrohlich. Wenn wir

genau wahrnehmen, was jetzt ist, erledigt sich so manche Angst wie von selbst. "

Daher empfehlen wir eine Übung zum Umgang mit Angst, zu der wir einladen:
„Wenn Sie sich das nächste Mal ängstlich fühlen, erproben Sie, wie es ist, wenn Sie genau die Gegenwart wahrnehmen. Was geschieht mit Ihrer Angst? Wird sie kleiner? Löst sie sich gar auf? Falls das so ist, wird es Ihnen einleuchten, diese einfache Übung öfters anzuwenden. "

Und schließlich bringen wir noch die Selbstbeobachtung ins Gespräch:
„Wenn Sie achtsamer wahrnehmen, was ist, können Sie auch beobachten, dass es Unterschiede in Ihrem Befinden gibt. Manchmal fühlen Sie sich wohler und manchmal unwohler. Daher möchte ich Sie einladen, dass Sie in den nächsten Tagen genauer beobachten, was eigentlich passiert, wenn Sie sich wohler fühlen. Sie müssen sich nicht "gut" fühlen, nur etwas wohler. Was ist dann eigentlich anders?"

Diese Fragen sind zur Selbsterkenntnis genauso interessant, wie sich dauernd zu fragen, womit es zusammenhängt, dass es einem schlecht geht:
„Wann gelingt es Ihnen besser, ein Problem zu lösen? Wenn Sie gut "drauf "sind, oder wenn Sie sich schlecht fühlen? Wenn Sie die Umstände und Ihr Verhalten genauer betrachten, werden Sie sicher das Eine oder Andere entdecken, von dem Sie merken, dass Sie es besser lassen sollten und wieder Anderes, von dem Sie merken oder ahnen, dass Sie es möglichst oft tun sollten. Tun Sie Dinge, die Ihnen wohl tun, oft, und meiden Sie Dinge, die Ihnen nicht wohl tun!"
Hierzu passt, dass Mihalyi Czikszentmihalyi in seiner Forschung zu „flow" zu genau diesen Überzeugungen gelangt ist, nämlich, dass es wichtig ist, achtsam wahrzunehmen, was man tut, denkt und fühlt und mit wem man sich umgibt, um zu bemerken, was einem wohl tut und was nicht, um daraus Schlüsse zu ziehen – oder auch nicht.

Ziele der Achtsamkeitspraxis in der tiefenpsychologisch fundierten Traumatherapie

Aus diesen Beispielen wird ersichtlich, worum es uns geht, wenn wir diese kleinen Übungen in Achtsamkeit empfehlen:

Im Wesentlichen handelt es sich um Ich-stärkende Interventionen, die vor allem die Fähigkeit zur Selbstbeobachtung stärken sollen, allerdings eher ausgehend von Handlungen und vom handelnden Körper als von Gefühlen und vom Körpererleben. Wie bereits erwähnt, können letztere nämlich allzu rasch überfluten und damit zu Kontrollverlust führen. Kontrollverlust vertragen Menschen mit Traumafolgestörungen nicht. Damit unterscheidet sich die Achtsamkeitspraxis in der Behandlung traumatisierter PatientInnen deutlich von der herkömmlichen:

1. Es wird auf die Handlungsebene fokussiert und
2. auf das Wahrnehmen von Körperaktionen, um Patientinnen und Patienten behutsam zu vermitteln, dass sie Achtsamkeit üben können, ohne dass sie dabei von belastenden Gefühlen, Körpersensationen und Gedanken überflutet werden.
3. Erfolgt die Einladung, Gefühle und Gedanken sowie Körpererleben wahrzunehmen erst, wenn ausreichende Stabilisierung erreicht ist, dann kann man so gut wie sicher sein, dass die Patientin durch Achtsamkeitspraxis nicht dissoziiert.
4. Es kann sogar sein, dass man zu Beginn der Arbeit empfiehlt, erst einmal äußere Dinge achtsam zu betrachten, um ein Gefühl äußerer Sicherheit zu etablieren und die Wahrnehmung dafür zu fördern, dass im Hier und Jetzt Sicherheit herrscht.

Traumatische Erfahrungen und Schwierigkeiten in deren Verarbeitungen haben ein Gegenstück bei den BehandlerInnen, sekundäre Traumatisierung, oder als nicht ganz so belastende Variante burn-out. Dazu ein Gedicht von Eugen Roth:

Ein Mensch sagt, und ist stolz darauf

ich geh in meinen Pflichten auf.
Doch bald darauf, nicht mehr so munter
geht er in seinen Pflichten unter.

Ich gehe davon aus, dass beidem durch Achtsamkeit wirksam begegnet werden kann. Seit 1996 bilde ich Kolleginnen und Kollegen in Traumatherapie fort bzw. weiter. Nach einigen Jahren wurde mir die Notwendigkeit, explizit ein Seminar zur Selbstfürsorge anzubieten, immer deutlicher. Damals dachte ich, die KollegInnen würden sich mit Begeisterung auf dieses Angebot einlassen. Doch weit gefehlt. Die Nachfrage nach diesem Kurs beläuft sich auf weniger als 1 Prozent meiner KursteilnehmerInnen. Ich habe dazu eine Hypothese:

Die derzeitig aktive PsychotherapeutInnengeneration gehört größtenteils einerseits der Kriegskindergeneration, andererseits deren Kindern an. Meine Frage und Hypothese ist, dass der Umgang mit der eigenen Selbstfürsorge eng verknüpft ist mit möglicherweise unbewussten Prozessen, die die Verarbeitung bzw. Nichtverarbeitung der Kriegs- und Nachkriegserfahrungen zum Inhalt hat. Ich beobachte eine in meinem Verständnis zum Teil ungesunde Genügsamkeit, die ich damit in Zusammenhang bringe. Nämlich die Erfahrungen von Hunger, Kälte, Mangel, die die Älteren noch selbst gemacht und die jüngeren vielleicht unbewusst von den Eltern übernommen haben, da diese ihre Erfahrungen nicht integriert hatten.

Im Kontext einer Achtsamkeitspraxis, so nehme ich an, könnten viele der KollegInnen dies vielleicht zum ersten Mal - ohne sogleich wieder in die Verurteilung gehen zu müssen - wahrnehmen und anerkennen und damit auch selbstfürsorglicher werden. Einige psychotherapeutische Theorien scheinen der Selbstfürsorge geradezu entgegen zu stehen.

Ein Hindernis für Selbst- (aber letztlich auch Fremd-) Fürsorge scheint die Überzeugung zu sein, dass man Leiden nur durch ebenso großes Leiden heilen kann. Während in anderen Fächern der Medizin große Anstrengungen unternommen werden, Behandlungen immer schonender zu gestalten, propagieren Psychotherapeuten weiterhin, dass "echte" Heilung von großem Leid nur durch tiefes Leiden und Leidensbereitschaft möglich sei. Dass Leiden nur heilt durch weiteres großes Leiden, wird nicht als Konzept erkannt, da Wachsamkeit und Achtsamkeit hier wenig zu gelten scheinen.

Unter Selbstfürsorge verstehe ich einen liebevollen, wertschätzenden, achtsamen und mitfühlenden Umgang mit sich selbst und Ernstnehmen der eigenen Bedürfnisse. Selbstfürsorge bedarf entweder einer frühen Erfahrung mit ausreichender Fürsorge oder, wenn sie nicht erfahren werden konnte, eines Trauerprozesses mit anschließender Veränderung im Umgang mit sich selbst. Vor allem aber bedarf sie als grundlegender Voraussetzung eines nicht wertenden achtsamen Umgangs mit sich selbst.

Abschluss: einige Beispiele für Selbstfürsorge, die am leichtesten aus einer Haltung der Achtsamkeit erwachsen

Ich beginne mit der Alltagsebene: Schöne Gegenstände und viele Blumen, Dinge, die das Herz erfreuen, wenn möglich Pflegen von Geselligkeit und Lachen. Laut Allan Schore soll Lachen und Lächeln die Entwicklung des menschlichen Gehirns am meisten fördern! Und wir wissen inzwischen, dass unser Gehirn sich lebenslang entwickelt.

Im professionellen Handeln habe ich nach einer burn-out-Krise unseres Teams Ende der 80er Jahre beschlossen, therapeutische Wege zu finden, die "das Schwere leicht machen". Dazu gehören natürlich vor allem die Ressourcen orientierten Verfahren, aber auch Ressourcen orientiertes Denken. Verena Kast gab uns damals einen wesentlichen Impuls mit ihrem Vorschlag, neben der Problembiographie die Freudebiographie zu erheben. Das Wahrnehmen von Ressourcen, insbesondere dann, wenn man sich ihrer nicht bewusst ist, erfordert Achtsamkeit.

Es ist für mich auch ein Akt der Selbstfürsorge, Patientinnen und Patienten weitest möglich als PartnerInnen einer gemeinsamen Arbeit zu sehen und nicht von mir zu fordern, ich müsse meinen PatientInnen immer einen Schritt voraus sein. So hat mir meine Achtsamkeitspraxis dazu verholfen, mir meiner "inneren Weisheit" und der meiner Patientinnen bewusst zu werden. Daraus resultiert die Überzeugung, dass Selbstfürsorge möglich ist. Eine konsequente Haltung des inneren wohlwollenden Beobachtens ist für Selbstfürsorge und burn-out-Prophylaxe unschätzbar. Dadurch nimmt man wahr, was man denkt, fühlt, die Handlungsimpulse, das Körperempfinden, ohne zu beurteilen und ohne sich mit dem jeweils Beobachteten dauernd zu identifizieren. Dadurch hat man ein Instrument zur Selbstberuhigung in belastenden Situationen, und nicht wenige Therapien sind nun einmal belastend.

Achtsamkeit bedeutet auch, die Bedürfnisse des Körper wahrzunehmen Dadurch habe ich die Ergänzung der psychotherapeutischen Arbeit durch körperorientierte Verfahren schätzen gelernt und scheue mich auch nicht mehr, Patienten gelegentlich zu berühren, wenn sie das wünschen. Ich habe dadurch auch erfahren, dass manchmal ein Spaziergang mit einer Patientin hilfreich und wichtig ist, insbesondere bei dissoziativen Patienten.

Zur Selbstfürsorge gehört, das Kreative in sich zu entdecken und dessen Entdeckung bei den Patienten zu fördern. Ein Bild, ein Klang, ein Geruch und die dazugehörigen Imagination machen die Arbeit lebendiger und leichter und Kreativität taucht auf, wenn wir achtsamer werden. Achtsamkeit hilft erkennen, wie viel Problematisches man neben der Psychotherapie verkraften kann und auf der anderen Seite, wie sehr einem alles wohl tut, was mit Freude und Inspiration zu tun hat.

Auf was macht uns ein achtsamer Umgang mit uns selbst aufmerksam?

Zunächst: Wie steht es mit unserer individuellen persönlichen Selbstfürsorge?
- physisch: Schlaf, Ernährung ,Bewegung usw.
- psychophysisch: Entspannung, Balance, Naturkontakt, Meditation
- Distanzierungstechniken und ggfs EMDR bei Intrusionen
- kreativer Ausdruck
- ausgleichende Aktivitäten
- Spiritualität, Humor
- sozial· Unterstützungsnetz
- schöne Umgebung, schön gestalteter Arbeitsplatz
- wenig zusätzlich Belastendes im Alltag (z.B. Nachrichten im Fernsehen)

Danach: Wie steht es mit unserer professionellen Selbstfürsorge?
- Ausbildung
- Selbsterfahrung auch im Bereich eigener Traumata (dies ist in den meisten Selbsterfahrungsangeboten nicht selbstverständlich)
- Aufarbeitung der individuellen und kollektiven Verarbeitung der deutschen Geschichte im 20. Jahrhundert.
- Setzen von Grenzen
- Supervision
- Erholungszeiten

Wir können uns dann fragen und achtsam wahrnehmen, wie steht es mit unserer

Sozialen Selbstfürsorge
- Arbeitsplatz: Wertesystem, Supervision
- kollegiale Unterstützung
- Gesetze, soziales Klima
- Fachgesellschaften, Netzwerke

Und schließlich, wie gehen wir auf
der körperlichen Ebene,
der emotionalen Ebene,

der kognitiven Ebene und
auf einer Ebene, die ich die spirituelle nenne, mit uns um.

Das Spezifische eines achtsamen Umgangs mit sich selbst ist der zumindest vorübergehende Verzicht auf Urteile und genau darin sehe ich den größten Gewinn für PsychotherapeutInnen und für die Psychotherapie.

Nachdem ich jetzt schon über viele Jahre erleben durfte, wie sehr sich meine Arbeit und mein persönliches Leben durch Achtsamkeit verändert hat, wünsche ich mir, dass das Prinzip mehr und mehr Eingang findet in die psychotherapeutische Arbeit.

Ulrich Ott

Neurowissenschaftliche Forschung zur Achtsamkeitsmeditation: Mentales Training, Gesundheit und – Oops! – Nirvana?

Einleitung und Überblick

Wissenschaftliche Forschung zur Achtsamkeitsmeditation findet bislang vorrangig unter zwei Perspektiven statt: (1) Grundlagenforschung zu somatischen, emotionalen und kognitiven Prozessen, die durch die Praxis von Meditationstechniken verändert werden (Mechanismen); (2) anwendungsorientierte Forschung zu den Wirkungen von Meditation auf die körperliche und seelische Gesundheit (Effekte). In beiden Forschungsbereichen wird Meditation in der Regel als eine Form mentalen Trainings konzipiert, das darauf abzielt, psychische Funktionen wie beispielsweise die Konzentration der Aufmerksamkeit oder die Regulation von Emotionen zu verbessern. Weitergehende Anschauungen und Zielsetzungen buddhistischer Meditationslehren, wie etwa die Erlösung vom Kreislauf der Wiedergeburten durch den Eintritt ins Nirvana, werden hingegen kaum thematisiert, geschweige denn empirisch beforscht.

Im vorliegenden Text wird zunächst ein kurzer Überblick über Strategien und Ergebnisstand der Meditationsforschung im Grundlagen- und Anwendungsbereich gegeben sowie jeweils eine kritische Bewertung vorgenommen. Anschließend folgt eine Einführung in die buddhistische Konzeption vom Nirvana und in die Methode zur Erlösung vom Leiden. Es wird erörtert, inwieweit die entsprechenden Grundannahmen der neurowissenschaftlichen Forschung zugänglich sind bzw. welche Hürden überwunden werden müssen, um diesen Bereich transpersonaler Phänomene untersuchen zu können. Im Ausblick wird auf aktuelle Entwicklungen eingegangen, die auf einen neuen Dialog zwischen Religion und Wissenschaft hinweisen. Außerdem wird die laufende und geplante Meditationsforschung im Bender Institute of Neuroimaging an der Universität Gießen kurz vorgestellt.

Grundlagenforschung

In den 70er und 80er Jahren erlebte die Meditationsforschung eine Blütezeit mit einer Vielzahl empirischer Studien zu physiologischen und psychologischen Veränderungen während und nach der Meditationspraxis. Dabei lagen die Schwerpunkte im physiologischen Bereich auf Entspannungswirkungen (autonomes Nervensystem, Stoffwechselaktivität, Herzkreislaufsystem) sowie auf Korrelaten meditativer Zustände in der Hirnaktivität (EEG), während sich psychologische Studien vorrangig mit der Phänomenologie meditativer Erfahrungen oder mit Persönlichkeitsmerkmalen Meditierender beschäftigten.

Im Sammelband von West (1987) sind den entsprechenden Forschungsbereichen jeweils eigene Kapitel gewidmet, die von ausgewiesenen Experten verfasst wurden. Bemerkenswert hierbei ist der Umstand, dass nahezu keine Überlappung zwischen diesen Bereichen festzustellen ist, die Studien also entweder physiologische oder psychologische Aspekte untersuchten, jedoch so gut wie nie beide Aspekte gleichzeitig. Insbesondere für EEG-Studien hat dies die fatale Konsequenz, dass die erlebten Zustände häufig nur ungenau erfasst wurden und somit unklar bleibt, wovon die registrierten Hirnaktivitäts-muster ein „Korrelat" darstellen (Übersicht und Kritik in Ott, 2000).

Seit einigen Jahren zeichnet sich jedoch eine Wende dahingehend ab, dass (1) Meditation zunehmend als „mentales Training" spezifischer psychischer Funktionen konzipiert wird und (2) Korrelate spezifischer Aspekte meditativer Erfahrung untersucht werden. Diese differenzier-tere Sicht trägt der Vielfalt meditativer Techniken und Erfahrungen Rechnung und erlaubt eine Anbindung an die reichhaltigen Ergebnisse neurowissenschaftlicher Forschung. Ein wichtiger Motor dieser Ent-wicklung ist der Dialog des Dalai Lama mit führenden amerikani-schen Wissenschaftlern aus verschiedenen Feldern der Grundlagenfor-schung wie Aufmerksamkeit, Emotionen oder Imagination (Barinaga, 2003; siehe Liste der beteiligten Wissenschaftler unter: http://de.wikipedia.org/wiki/Mind_and_Life_Institute). Hinzu kommt, dass moderne bildgebende Verfahren neue Möglichkeiten eröffnen und auch im Bereich der Meditationsforschung vermehrt zum Einsatz kommen. Während im Übersichtsartikel von Newberg und Iversen (2003) nur eine handvoll entsprechender Studien besprochen werden konnten, erhöhte sich die Zahl bis zum Übersichtsartikel von Cahn und Polich (2006) auf ein Dutzend und allein auf der Human Brain Mapping Tagung 2006 wurden weitere acht Studien zu Meditation vorgestellt (http://www.meetingassistant.com/ohbm2006).

Aufgrund der Heterogenität der untersuchten Meditationstechniken sind die Ergebnisse allerdings selten miteinander vergleichbar und es können bislang nur grobe Unterscheidungen getroffen werden, bei-spielsweise zwischen Techniken, die eher passiv ausgerichtet sind (angeleitet oder entspannungszentriert), und Techniken, die eine akti-ve Kontrolle und Aufmerksamkeitssteuerung beinhalten (Cahn & Po-lich, 2006; Newberg & Iversen, 2003).

Ebenfalls ist festzustellen, dass Aspekte der jeweiligen Meditations-technik, wie zum Beispiel die Fokussierung auf eine Meditationssilbe oder eine bildhafte Vorstellung, sich in unterschiedlichen Aktivierungsmustern niederschlagen (Lehmann et al., 2001) und vereinzelt technikbezogene strukturelle Veränderungen des Gehirns messbar sind (Lazar et al., 2005).

In Bezug auf Meditationserfahrungen gibt es in erster Linie Versuche, Korrelate bestimmter emotionaler Zustände zu identifizieren, wie etwa von Glücksgefühlen (Aftanas & Golocheikine, 2001) oder der Empfindung allumfassenden Mitgefühls (Lutz et al., 2004). Transpersonale Erfahrungen werden in der neurowissenschaftlichen Grundlagenforschung nur selten angesprochen. Eine Ausnahme bildet die Theorie von Newberg, die besagt, dass die Erfahrung einer Auflösung der Person in der Meditation auf eine Deaktivierung bestimmter Areale zurückzuführen sei, in denen die Position des eigenen Körpers im dreidimensionalen Raum repräsentiert ist (Newberg et al., 2001). Seine recht weit gehende Interpretation tief religiöser Erfahrungen wird jedoch von Fachkollegen teilweise recht harsch abgelehnt (Schnabel, 2002) und ist auch nicht in der Lage, andere Aspekte mystischer Erfahrungen zu erklären, die über das veränderte Raumerleben hinausgehen (Einheit, ultimative Realität, Glückseligkeit etc., siehe Marshall, 2005).

Auf besonderes Interesse von Seiten der Wissenschaft stoßen außergewöhnliche Leistungen meditierender Mönche, die bestehende Theorien herausfordern. Beispielsweise berichtet Ekman (in Goleman, 2003) von der fast vollständigen Unterdrückung des Schreckreflexes auf einen per Kopfhörer dargebotenen lauten Knall und von ungewöhnlich guten Leistungen bei der Erkennung kurzzeitig dargebotener emotionaler Gesichtsausdrücke, vergleichbar mit der Leistung von speziell geschulten Geheimagenten.

Die Spannbreite der untersuchten Meditierenden reicht von Anfängern, deren Training nur wenige Stunden und Wochen umfasst, bis hin zu solch erfahrenen Meditierenden, die ihr ganzes Lebens der Meditation gewidmet haben. Bei der Untersuchung kognitiver Leistungen (Mönche als „olympische Athleten des Geistes") wird häufig außer

Acht gelassen, dass aus deren Sicht Meditation kein Psycho-Training isolierter Funktionen, sondern eine ganzheitliche Lebensweise mit spiritueller Zielsetzung ist.

Die nüchterne Sicht und Analyse von Meditationstechniken und die Isolierung einzelner Elemente, um diese experimentell zu untersuchen, ist eine wissenschaftliche Notwendigkeit und kann helfen, Meditation vom Nimbus des Exotischen, Geheimnisvollen zu befreien. Bei einer Profanisierung und Instrumentalierung von Meditation besteht jedoch die Gefahr, dass der spirituelle Kontext gänzlich ausgeklammert wird, der eine wesentliche Motivationsquelle für viele Praktizierende darstellt, oder dass die auftretenden Bewusstseinsveränderungen mit reduktionistischen oder pathologisierenden Erklärungsversuchen abgetan werden. Auf lange Sicht sollte sich die neurowissenschaftliche Grundlagenforschung auch mit diesen Erlebnissen und ihren Hirnkorrelaten auseinandersetzen, weil hier wichtige Erkenntnisse über Grundlagen des Bewusstseins und seine Modifizierbarkeit gewonnen werden können.

Anwendungsorientierte Forschung

Der weitaus umfangreichste Teil der anwendungsorientierten Forschung befasst sich mit dem Einsatz und der Wirkung von Meditation als einer klinischen Intervention. Hier interessieren zunächst mehr die Effekte der Meditation auf Symptome als Mechanismen der Veränderung. Am besten beforscht dürfte das Mindfulness-Based Stress Reduction (MBSR) Programm von Kabat-Zinn sein, dem in Meta-Analysen eine gute Wirksamkeit bei einem weiten Spektrum von Störungen bescheinigt wird (Baer, 2003; Grossman et al., 2004). Weitere Interventionen für spezielle Störungsbilder werden von Heidenreich und Michalak beschrieben (2003).

Formelle Achtsamkeitsmeditation ist im MBSR Programm ein Baustein neben anderen, die dazu anleiten sollen, Achtsamkeit im Alltag zu entwickeln. Eine achtsame Haltung zeichnet sich aus durch eine nicht-wertende, akzeptierende Ausrichtung der Aufmerksamkeit auf das gegenwärtige Erleben und Handeln (Bishop et al., 2004).

Das Vorgehen in der klinischen Meditationsforschung unterscheidet sich nicht von der typischen Psychotherapieforschung. Patienten werden vor und nach der Intervention bezüglich der Schwere der Symptomatik diagnostiziert und die Effekte werden mit denen in Kontrollgruppen verglichen, die keine oder andere Formen der Behandlung erhielten. Angesichts der guten Ergebnisse genießt Meditation in diesem Forschungskontext einen relativ guten Ruf (nach dem Motto „Wenn es hilft, ist es gut."). Außerdem wurden mehrere Fragebögen zur Messung von Achtsamkeit entwickelt und evaluiert, die helfen, verschiedene Facetten des Konstrukts zu differenzieren und deren Zusammenhang mit Therapieeffekten zu untersuchen (Überblick in Heidenreich et al., 2006).

In der wissenschaftlichen Auseinandersetzung mit dem Konzept der Achtsamkeit wird dessen Herkunft aus dem Kontext buddhistischer Lehren und Meditationstechniken offen angesprochen und die Notwendigkeit einer kulturellen Adaptation betont. Im Vordergrund sollten universelle Prinzipien des Achtsamkeitskonzepts stehen, um zu verdeutlichen, dass es nicht um buddhistischen Glauben, Ideologie oder Philosophie gehe (Kabat-Zinn, 2003). Die Betonung liegt also auf heilsamen Grundhaltungen wie Akzeptanz, Achtsamkeit, Loslassen, die gestressten Patienten Erleichterung verschaffen und bei affektiven Störungen das emotionale Gleichgewicht wiederherstellen sollen. Auf diese Weise wird die buddhistische Philosophie in abgemilderter Form vermittelt, um eine bessere Regulation der Emotionen in Richtung „Normalität" zu ermöglichen. Spirituelle Aspekte der buddhistischen Lehre, ihre übergeordnete Zielsetzung einer radikalen Transformation des Bewusstseins im Sinne von Erleuchtung, Befreiung, Erlösung, werden in der klinischen, anwendungsorientierten Forschung bislang ausgeblendet.

Nirvana – Begriff und buddhistische Lehre

Der Titel des vorliegenden Textes impliziert eine Irritation der neurowissenschaftlichen Forschung bei der Beschäftigung mit dem buddhistischen Konzept von Nirvana. Die beiden nachfolgenden Begriffsdefinitionen sollen verdeutlichen, dass Meditation, als „Methode zur Erleuchtung" verstanden und praktiziert, Teil einer religiösen Heilslehre wird.

Meyers Lexikon: „Nirvana [Sanskrit »Erlöschen«, »Verwehen«] (Nirwana), Begriff, den Buddha zur Kennzeichnung des Heilsziels seiner Religion gebrauchte: das Verlöschen der Lebensbegierde und des Wahns, im Dasein eine Realität zu erkennen. Durch den Eintritt ins Nirvana ist der Mensch dem Kreislauf der Wiedergeburten entzogen."

Wikipedia: „Nirvana (Sanskrit) ist die Bezeichnung für das buddhistische Heilsziel, den Austritt aus Samsara, dem Kreislauf des Leidens, durch Erleuchtung. Nirvana ist für Buddhisten, die von der Wiedergeburt ausgehen, auch die Befreiung von der selben. Das Wort bedeutet »Erlöschen« (wörtlich »Verwehen«) und meint das Auslöschen aller an die Vorstellung vom Dasein bindenden Faktoren (Ich-Sucht, Gier, Anhaften usw.)."

In beiden Definitionen wird Bezug genommen auf die Lehre von der Wiedergeburt: Wenn alle Eindrücke/Konditionierungen aufgelöst seien, werde der Mensch nicht wiedergeboren, das Leiden ende. Buddha sah seinen Auftrag darin, den Menschen einen Weg zu zeigen, das Leiden zu überwinden. Dies sei nur möglich, wenn eine Wiedergeburt verhindert werde, denn der Ausgangspunkt der buddhistischen Lehre ist die Feststellung, dass Leben Leiden bedeutet.

Buddhas Lehre vom Leiden und seiner Aufhebung ist in Form einer medizinischen Diagnose formuliert (die „vier edlen Wahrheiten"):

- Symptom: Leben heißt Leiden (Tod, Krankheit etc.).
- Ursache: Leiden entsteht durch Anhaftung und Ich-Wahn.
- Prognose: Leiden kann überwunden werden.
- Therapie: Die Methode zur Überwindung des Leidens ist der achtfache Pfad.

Der achtfache Pfad wird wiederum in drei Bereiche aufgegliedert:

- Weisheit (1. rechte Anschauung/Erkenntnis, 2. rechte Gesinnung/Absicht),
- sittliches Verhalten (3. rechte Rede, 4. rechtes Handeln, 5. rechter Lebenserwerb) und
- Vertiefung (6. rechtes Streben/Üben, 7. rechte Achtsamkeit, 8. rechte Versenkung).

Achtsamkeitsmeditation ist hier eingebunden als Methode zur Sammlung und Läuterung des Geistes mit dem Ziel, die Ursachen des Leidens zu überwinden, nämlich die am Ende der zweiten obigen Definition erwähnten Faktoren „Ich-Sucht", „Gier" und „Anhaften". Nach buddhistischer Anschauung ist die Wurzel des Übels in der Vorstellung eines permanenten Ichs zu sehen – die befreiende Erkenntnis bestehe darin, dieses als Illusion zu erkennen.

Grenzen neurowissenschaftlicher Forschung

Der Glaube an eine Wiedergeburt (Reinkarnation) ist eng mit dem Konzept des Nirvana verbunden (siehe Definitionen im vorhergehenden Abschnitt). Forschung in diesem Feld beruht weit gehend auf Fallstudien und stützt sich auf anekdotische Berichte und Interviews. Aus neurophysiologischer Sicht erscheint die Wiedergeburtslehre wenig plausibel, weil davon ausgegangen wird, dass ein Fortbestehen von Bewusstsein und gespeicherten Eindrücken nach dem (Hirn-)Tod nicht möglich ist. Dementsprechend sind derartige Phänomene nicht mehr Gegenstand der Neurowissenschaften.

Die Zielsetzung, eine Wiedergeburt zu verhindern, um das Leiden am Leben dauerhaft zu beenden, erscheint wenig lebensbejahend und kann leicht als Ablehnung des menschlichen Daseins bzw. als Weltflucht verstanden werden. Jedenfalls wird in achtsamkeitsbasierten klinischen Behandlungsprogrammen diese Zielsetzung nicht vermittelt. Dort geht es zunächst um die Reduktion Leid erzeugender Reaktionsmuster der Aversion (z. B. Angststörungen) oder des Verlangens (z. B. Suchterkrankungen) – eine tiefergehende Veränderung bis hin zur Auflösung der Ich-Illusion wird dort höchstens ansatzweise vermittelt, indem auf die konstruktive Natur unseres Selbstkonzepts hingewiesen wird, eine distanzierte Haltung zu psychischen Ereignissen (Empfindungen, Emotionen, Gedanken) eingeübt wird sowie deren Vergänglichkeit hervorgehoben wird. Abwertende und überzeichnende Begriffe wie „Ich-Wahn" oder „Gier" werden hierbei vermieden, weil sie den normalen Bewusstseinszustand pathologisieren und den ursprünglichen biologischen Nutzen (evolutionärer Überlebenswert) nicht in die Betrachtung einbeziehen.

Die Befreiung vom Leiden ist eng mit dem Phänomen „Erleuchtung" verknüpft. Dieses Phänomen ist zwar prinzipiell erforschbar, bringt jedoch einige Schwierigkeiten mit sich. Erleuchtete Menschen sind offenbar vergleichsweise selten und es wäre zu klären, welche Kriterien eine solche Person erfüllen müsste. Mystische Erfahrungen (kurzzeitige Zustände) könnten vielleicht als Modell für dauerhafte Veränderungen der Person dienen, sind jedoch nicht ohne weiteres experimentell „herstellbar". So ist beispielsweise eine Induktion derartiger Erfahrungen mit psychedelischen Drogen in Deutschland verboten. Es ist kaum möglich, Probanden zu instruieren, nach Erleuchtung zu streben oder die buddhistischen Lehren anzunehmen. Solche Erfahrungen treten oft erst nach langer Zeit oder sehr unerwartet auf, was die Möglichkeiten einer experimentell ausgerichteten Meditationsforschung mit naiven Probanden erheblich limitiert (siehe dazu auch Ott, 2000). Schließlich beinhaltet die Induktion tiefgreifender Erfahrungen das Risiko negativer, z. B. destabilisierender Wirkungen und wirft daher ethische Probleme auf.

Eine weitere Hürde für die neurowissenschaftliche Untersuchung transpersonaler Erfahrungen Meditierender ist der Mangel an Theorien zur Erklärung tiefgreifender Änderungen von Ich-Bewusstsein und Realitätswahrnehmung. Höhere Bewusstseinszustände spielen in gängigen wissenschaftlichen Bewusstseinstheorien keine Rolle und die Transpersonale Psychologie ist bisher nicht an den deutschen Hochschulen etabliert. Die konstruktive Natur der subjektiven Realität wird zwar gemeinhin anerkannt, aber die Implikationen für mögliche alternative Zustände werden nicht thematisiert.

Schließlich ist auch der Bewusstseinshorizont des Wissenschaftlers selbst ein limitierender Faktor für das Verständnis derartiger Phänomene. Konventionelle wissenschaftliche Forschung ist eng mit einem rationalem Bewusstseinsmodus verknüpft. Mit der intuitiven Schau einer transzendenten Wirklichkeit, von der Mystiker berichten, sind die meisten Forscher nicht vertraut; es fällt ihnen daher womöglich schwer, sich diese Realitätseben vorzustellen bzw. ihre Existenz anzuerkennen

Ausblick

In den letzten Jahrzehnten hat es einen rasanten Fortschritt in den Neurowissenschaften gegeben, sowohl in methodischer als auch in inhaltlicher Hinsicht. Es werden vermehrt neurowissenschaftliche Studien zu Themen wie Bewusstsein und Spiritualität publiziert, die lange Zeit als tabu galten. Die aktivste Institution der Meditationsforschung ist das eingangs erwähnte Mind and Life Institute, das mehrere ambitionierte Projekte initiiert hat und gezielt junge Wissenschaftler an dieses Forschungsgebiet heranführt.

Das Interesse von gesellschaftlicher Seite wächst ebenfalls, was an den zahlreichen Beiträgen in den Medien (Presse und Fernsehen) ersichtlich wird. Neben Buddhisten, prominent vertreten durch den Dalai Lama, zeigen sich auch Christen und Yogis an Dialogen und Kooperationen mit Neurowissenschaftlern interessiert (z. B. Kongress „Neurowissenschaft und Religiosität" 2005, http://www-theol.uni-graz.at/neuro/ oder Swami Veda Bharati, 2006).

Das Bender Institute of Neuroimaging an der Universität Gießen ist eine der wenigen Institutionen in Deutschland, die bislang neurowissenschaftliche Meditationsforschung betreiben. Hier werden grundlegende Mechanismen der Aufmerksamkeitsteuerung (Hölzel et al., 2006) und der Emotionsregulation mit funktioneller Magnetresonanztomographie untersucht und theoretische Erklärungsmodelle entwickelt (Hempel & Ott, 2006). Als Methode kommt die Vipassana-Meditation zum Einsatz, die Techniken zur Schulung der Konzentration (Versenkung, Sammlung) und zur De-Konditionierung (Achtsamkeit und Gleichmut) beinhaltet (Hart, 1996).

Literatur

Aftanas, L. I., & Golocheikine, S. A. (2001). Human anterior and frontal midline theta and lower alpha reflect emotionally positive state and internalized attention: High-resolution EEG investigation of meditation. *Neuroscience Letters, 310*, 57–60.

Baer, R. A. (2003). Mindfulness Training as a Clinical Intervention : A Conceptual and Empirical Review. *Clinical Psychology: Science and Practice, 10* (2), 125–143.

Barinaga, M. (2003). Studying the well-trained mind. *Science, 302* (3 Oct), 44–46.

Swami Veda Bharati. (2006). Yogi in the lab: Future directions of scientific research in meditation. Rishikesh: SRSG Publications.

Bishop, S. R., Lau, M., Shapiro, S., Carlson, L., Anderson, N. D., Carmody, J., Segal, Z. V., Abbey, S., Speca, M., Velting, D. & Devins, G. (2004). Mindfulness: A Proposed Operational Definition. *Clinical Psychology: Science and Practice, 11* (3), 230–241.

Cahn, B. R. & Polich, J. (2006). Meditation states and traits: EEG, ERP, and neuroimaging studies. *Psychological Bulletin, 132* (2), 180–211

Goleman, D. (2003). *Dialog mit dem Dalai Lama. Wie wir destruktive Emotionen überwinden können.* München: Carl Hanser.

Grossman, P., Niemann, L., Schmidt, S. & Walach, H. (2004). Mindfulness-based stress reduction and health benefits: A meta-analysis. *Journal of Psychosomatic Research, 57*, 35–43.

Hart, W. (1996). *Die Kunst des Lebens: Vipassana-Meditation nach S.N. Goenka.* Frankfurt am Main: Fischer.

Heidenreich, T. & Michalak, J. (2003). Achtsamkeit („Mindfulness") als Therapieprinzip in Verhaltenstherapie und Verhaltensmedizin. *Verhaltenstherapie, 13*, 264–274.

Heidenreich, T., Ströhle, G. & Michalak, J. (2006). Achtsamkeit: Konzeptuelle Aspekte und Ergebnisse zum Freiburger Achtsamkeitsfragebogen. *Verhaltenstherapie, 16*, 33–40

Hempel, H. & Ott, U. (2006). *Emotionsregulation mittels Vipassana-Meditation.* Vortrag auf der Tagung der DKTP und SMMR, 17.–18. März 2006, Witten-Herdecke. [Folien: http://www.smmr.de/download/2006/Hempel.pdf]

Hölzel, B., Hempel, H., Ott, U., Wolf, K. & Hackl, A. (2006). Atem-Achtsamkeit: eine fMRT-Studie. Vortrag auf der Tagung der DKTP und SMMR, 17.–18. März 2006, Witten-Herdecke. [Folien: http://www.smmr.de/download/2006/Hoelzel.pdf]

Kabat-Zinn, J. (2003). Mindfulness-Based Interventions in Context: Past, Present, and Future. *Clinical Psychology: Science and Practice, 10*, 144–156.

Lazar, S. W., Kerr, C., Wasserman, R., Gray, J. R., McGarvey, M., Quinn, B. T., Dusek, J. A., Benson, H., Rauch, S. L., Moore, C. I. & Fischl, B. (2005). Meditation experience is associated with increased cortical thickness. *NeuroReport, 16*, 1893–1897.

Lehmann, D., Faber, P. L., Achermann, P., Jeanmonod, D., Gianotti, L. R., & Pizzagalli, D. (2001). Brain sources of EEG gamma frequency during volitionally meditation-induced, altered states of consciousness, and experience of the self. *Psychiatry Research, 108*, 111–121.

Lutz, A., Greischar, L. L., Rawlings, N. B., Ricard, M., & Davidson, R. J. (2004). Long-term meditators self-induced high-amplitude gamma synchrony during mental practice. *Proceedings of the National Academy of Sciences, USA, 101*, 16369–16373.

Marshall, P. (2005). *Mystical Encounters with the Natural World - Experiences and Explanations.* Oxford: Oxford University Press.

Newberg, A. B. & Iversen, J. (2003). The neural basis of the complex mental task of meditation: neurotransmitter and neurochemical considerations. *Medical Hypotheses, 61*, 282–91.

Newberg, A., Alavi, A., Baime, M., Pourdehnad, M., Santanna, J., & d'Aquili, E. (2001). The measurement of regional cerebral blood flow during the complex cognitive task of meditation: A preliminary SPECT study. *Psychiatry Research, 106*, 113–122.

Ott, U. (2000). *Merkmale der 40 Hz-Aktivität im EEG während Ruhe, Kopfrechnen und Meditation* (Schriften zur Meditation und Meditationsforschung, Band 3). Frankfurt: Peter Lang.

Schnabel, U. (2002). Wo ist Gott? Hirnforscher erklären religiöses Erleben. Sie wollen den Glauben im Zentrum des Organs gefunden haben. *DIE ZEIT, 11* (7. März), 27–28.

West, M. A. (Ed.). (1987). *The psychology of meditation.* New York: Oxford University Press.

Zusammenfassung

Die neurowissenschaftliche Untersuchung buddhistischer Meditationstechniken geschieht vorzugsweise unter zwei Perspektiven: (1) Meditation wird als „mentales Training" konzipiert, bei dem spezifische
Fähigkeiten ausgebildet werden, wie beispielsweise die Regulation der
Aufmerksamkeit und der Emotionen; (2) Meditation wird als klinische
Intervention konzipiert und auf ihre Wirksamkeit hin untersucht. Zunächst wird der Forschungsstand zu diesen Ansätzen resümiert, deren
Akzeptanz darauf beruht, dass die Meditationstechniken aus ihrem
buddhistischen Kontext herausgelöst werden. Die übergeordnete
transpersonale Zielsetzung des Buddhismus wird hierbei typischer-
weise ausgeblendet, nämlich die Ich-Illusion aufzulösen und den Zustand des Nirvana zu erlangen. Es wird erörtert, welche Annahmen
und Phänomene, die mit diesem Begriff verknüpft sind, der neurowissenschaftlichen Forschung zugänglich sind und welche praktischen,
ethischen sowie erkenntnistheoretischen Hürden bei deren Untersuchung überwunden werden müssen.

Stichwörter:
Buddhismus, Meditation, Neurowissenschaft, Bewusstseinszustände

Abstract

Neuroscientific research on Buddhist meditation techniques is con-
ducted primarily from two perspectives: (1) Meditation is conceptualized as "mental training" used to develop specific skills, e.g. the regulation of attention and emotions; (2) meditation is conceptualized as
clinical intervention and its effectiveness is tested. First, the current
state of research applying these approaches is summarized, which are
well accepted because meditation techniques are isolated from their
Buddhist context. In doing so, the superior transpersonal goals of
Buddhism, namely the dissolution of the ego-delusion and the attain-

ment of nirvana, are typically ignored. It is discussed which assumptions and phenomena that are connected to the concept of nirvana are accessible for neuroscientifically research and which practical, ethical, and epistemological difficulties have to be overcome when investigating them.

Keywords:
Buddhism, Meditation, Neuroscience, Consciousness States

Renaud van Quekelberghe

Achtsame Bewusstseinsschulung: zur Ausbreitungsproblematik einer uralten "besten Medizin"

Gliederung

I. Einführung: über eine uralte beste Medizin
II. Buddhistische Achtsamkeitsmeditation und moderne Psychotherapie und Medizin. Einige geschichtliche Stationen einer langen Annäherung
    1. Die Anfänge in der akademischen Psychiatrie und Psychoanalyse
    2. C.G. Jung und die Neofreudianer
    3. Die Verhaltenstherapie und der Buddhismus. Stationen einer Annäherung
    4. Die transpersonale Psychotherapie und der Buddhismus
III. Der Bodhisattva als mögliches Ideal einer spirituell orientierten Psychotherapie
IV. Nālandā. Eine Visionsskizze über „wisdom research centers"

I. Einführung: über eine uralte beste Medizin

Die "beste Medizin" zur Befreiung von sämtlichen Leiden wurde schon in der vedischen Tradition ersonnen. Eine im Westen besonders bekannte spätvedische Schule ist zweifellos der Buddhismus. In den letzten Jahren scheint es, dass die jahrtausend alte "beste Medizin" über die Praxis der Achtsamkeit Einzug in die moderne Medizin und Psychotherapie hält. Die "Achtsamkeit" (Pali: satipatthāna, wörtlich Weg des achtsamen Erinnerns oder Wiedererkennens) geht u.a. auf Reden Buddhas zurück und wird darin als ein Allheilmittel hoch gepriesen (Majjhimanikāya, Buch 1, 10).

"Als der Erhabene einst beim Dorf Kammasadhamma im Lande der Kurus weilte, sprach er zu den Bhikkus: Meine Bhikkus! Dieser Weg, den jeder für sich allein gehen muss, führt zur Läuterung der Wesen, zur Überwindung von Kummer und Jammer, zum Schwinden von Leid und Missstimmung, zur Gewinnung des rechten Pfades und zum Erleben des Nirvana; er heißt vierfaches Erwecken der Achtsamkeit".

Diese wenigen Zeilen künden davon, dass die Übung der Achtsamkeit zur Befreiung von sämtlichen psychischen Leiden (Kummer, Jammer, Missstimmung) führen kann. Die Metapher des rechten Weges oder Pfades, der zur vollkommenen Erlösung oder Befreiung aus dem Leiden führt, wird hier als ein vierfaches Erwecken der Achtsamkeit beschrieben. D.h., die Achtsamkeit kann in Bezug auf vier Inhaltsbereiche des Bewusstseins angewandt werden:

1. Der eigene Körper. Atmung, Verdauung, Bewegung, einzelne Körperorgane, einzelne Sinnesorgane, fremde Leichnamen, Vorstellungen von sich als Leiche, lose Menschenknochen zufällig zusammengewürfelt
2. Die eigenen Stimmungen, Gefühle, Leidenschaften
3. Die eigenen Gedanken und Vorstellungen (z.B. begehrende oder hasserfüllte Gedanken, freudige oder unausgereifte Gedanken, in Entstehung begriffene Vorstellungen, innere Bilder und Begriffe)

4. Einzelne Gegenstände, äußere Dinge oder Erscheinungen, vor allem aber die Texte der buddhistischen Lehre (z.b. die vier edlen Wahrheiten oder der achtfache Befreiungspfad).

Als erfahrener Menschenkenner und Psychotherapeut hebt Buddha bei dieser "Achtsamkeitsübung" (Pali: satipatthāna) Folgendes hervor:

- Eine nachhaltige, bewusste, fokussierte Achtsamkeit
- Gründliches und genaues Beobachten in sequentieller Abfolge einzelner Bewusstseinsinhalte wie "...ein geübter Rinderschlächter oder ein scharfsichtiger Mann, der ein Gefäß voll verschiedener Arten von Korn, Reis, Bohnen, Sesamkernen öffnet und den Inhalt genau prüft."
- Unermüdliches, stetes Nachsinnen (und dabei langes Verweilen!) über das Entstehen und das Vergehen sämtlicher Bewusstseinsinhalte
- Verschiedene pädagogische Entwicklungsstufen der geübten Achtsamkeit sind zu berücksichtigen: "Je nach Grad seiner Einsicht und seiner Achtsamkeit (Erinnern/ Wiedererkennen) macht sich der Übende klar, dass es Vorstellungen im Entstehen und Vergehen sind...".
- Damit einhergehend: Erarbeitung einer Metaperspektive: "Der Übende macht sich klar wie jeder beobachtete Gegenstand entsteht und gesetzmäßig vergeht (Pali: dhamma).
- Achtsamkeitsübungen können nicht an andere Menschen delegiert werden: "Diesen Weg muss jeder für sich allein gehen".
- Lange Ausdauer wird vorausgesetzt: "Sieben Jahre kontinuierliche Übungen, mindestens aber sieben Tage.".
- Den Übenden wird eine optimistische, motivierende Grundhaltung vermittelt: Wenn jemand diese viergliedrige Methode der Achtsamkeit kontinuierlich anwendet, führt sie mit Sicherheit zum Erfolg.

Die Satipatthāna-Sutta liest sich wie ein detailliertes, systematisches Verhaltenstherapieprogramm der dritten Generation (vgl. hierzu Hayes, 2004). Allerdings stehen manche Übungen wie die genaue Beobachtung von Leichen oder menschlichen Knochenhaufen dermaßen in einer schamanischen Tradition, dass man sich z.Zt. beim besten Willen nicht vorstellen kann, dass diese so in VT-Manuale zu Achtsamkeitsprogrammen übernommen werden könnten.

"Dann stellt er sich einen Leichnam vor, der auf dem Totenacker liegt und von Krähen oder Geiern oder Hunden oder Schakalen angefressen ist, und zieht daraus die gleiche Anwendung auf den eigenen Körper. Auch so sinnt er über den eigenen Körper nach "(Satipatthāna, 2- 39). Die Satipatthāna-Sutta basiert auf einer gängigen menschlichen Metapher, die sofort ins Spiel gebracht wird, wenn ein Ziel (hier: die Befreiung von sämtlichen Leiden) definiert wird, die Metapher oder die Symbolik des Weges, der bei seiner genauen Befolgung zum Ziel führt.

Der von Buddha vorgeschlagene Weg kann als spirituell betrachtet werden, weil er
1. ausschließlich von einem erwachten oder erleuchteten Bewusstsein in Bezug auf Ziele und Mittel handelt,
2. auf etwas Absolutes (das Nirvana) bzw. eine letztgültige Transformation (genauer gesagt ein Erinnern oder Wieder-Erkennen) des Bewusstseins hinzielt.

Sofern die Achtsamkeitsübungen das Bewusstsein auf sein absolutes Limit spirituell voranschreiten lassen, kann man das Limit selbst als eine Art "Kontext" auffassen, der niemals zum objektivierbaren Bewusstseinsinhalt werden kann. In diesem Sinne spricht man gelegentlich von "reiner Achtsamkeit", weil sie nie als Gegenstand fassbar sein wird. Ähnlich wie beim reinen oder transzendenten Bewusstsein im Sinne Kants handelt es sich um eine a priori Bedingung der Möglichkeit einer jeweils empirischen Achtsamkeit. Mit anderen Worten: die "reine Bewusstheit oder Achtsamkeit oder Erinnerung" ist wie ein

Kontext oder Hintergrund, der für die Erscheinungen so notwendig ist, dass er selbst nie zum Inhalt weder als Erkenntnisgegenstand noch als empirisch erforschbare Aufmerksamkeitsstruktur werden kann. Solche Unterscheidungen (reine Achtsamkeit als Kontext versus konkrete ichbezogene Aufmerksamkeit als Inhalt) finden sich auf Schritt und Tritt in den spirituellen Traditionen. In der bisherigen Achtsamkeits- oder mindfulness- Psychotherapieliteratur tauchen solche wichtige Unterscheidungen so gut wie nie auf, was mitunter zu verheerenden Ansichten verleiten kann wie z.B. Achtsamkeitsübungen würden pathologische Dissoziationen begünstigen, indem eine systematische, tiefgreifende Spaltung zwischen dem "Ich als Zeugen" und dem "Ich als Inhalt" eingeführt würden. Dabei wird m.E. übersehen, dass das "Ich als Zeuge" im Grund inhaltslos bzw. in diesem Sinne immer schon "ichlos" ist, will man die Trennung zwischen Kontext und Inhalt nicht von vornherein ad absurdum führen.

Klassische spirituelle Metaphern zum Kontext-Inhalt-Verhältnis der Achtsamkeit sind zum Beispiel:
- Die Stille oder Leere versus die Ich-Leidenschaften
- Der anfangs- und endlose Ozean versus die entstehenden und vergehenden Ich-Wellen
- Der blank polierte oder kristallklare Spiegel versus die oft trüben, aber stets ephemeren Ich-Spiegelungen

In den Weisheits- und spirituellen Traditionen von Ost (z.B. tibetischer Buddhismus) und West (z.B. christliche Mystik), Nord (z.B. arktischer Schamanismus) und Süd (z.B. lateinamerikanische Umbanda-Kulte) finden sich Metaphern und Parabeln in Hülle und Fülle, die sich mit der Thematik „ich-zentriertes, unreines, leidendes Bewusstsein versus ichloses, über Glück und Unglück erhabenes Bewusstsein" befassen.

Das Anhaften an gegenständlichen "Ich-Wünschen" bzw. generell an Ich-Inhalten, ob in der Form der Annäherung (lustbetont, "Ich möchte dieses oder jenes!" , "Ich bin dieses oder jenes!") oder in der Form der

Aversion und Vermeidung (unlustbetont, "Ich möchte dieses oder jenes nicht!", "Ich bin dies oder das nicht!") wird in unzähligen Kulturen - nicht nur im Buddhismus - als "beste Medizin" seit Jahrtausenden angepriesen.

Es wäre ein Zeichen großer Ignoranz anzunehmen, dass der "Weg der Mitte" (weder das Anhaften an Wünschen noch das Anhaften an A-versionen) eine ausschließlich buddhistische Entdeckung oder Angelegenheit sei. Den "Weg der Mitte" als beste Medizin findet man in jeder Weisheitstradition mehr oder weniger gut ausgeprägt wieder. Die damit stets einhergehende "Ich-Problematik" (sprich: Identitäts-, Person-, Selbst- oder Ego-Problematik) wird ebenfalls meist erkannt und auf vielfältigen symbolischen Wegen zum Ausdruck gebracht. Hierzu nur drei gängige Metapher-Beispiele.

1. Die innere Stille (Ruhe, Leere, Frieden, Harmonie, Gelassenheit etc.) der reinen Achtsamkeit versus Ich- Leiden und Ich-Leidenschaften in Hülle und Fülle

Innere Stille, innere Ruhe oder Gelassenheit, wird generell als Therapeutikum für die in Leiden und Leidenschaften verstrickte Seele von praktisch allen Weisheits- und spirituellen Traditionen erkannt und dringend empfohlen. Eine meditative oder spirituell orientierte Psychotherapie würde m.E. ihr zentrales Anliegen verfehlen, wenn sie nicht so etwas wie innere Stille oder Ruhe in den Vordergrund ihrer Bemühungen stellen würde. Generell wird mit der Entdeckung und Pflege der "inneren Stille" mitten im eigenen Bewusstsein ein "ubiquitärer Ort" beschrieben, der sich dem Kommen und Gehen, dem Entstehen und Vergehen von Leiden, Kümmernissen oder Leidenschaften entzieht. Die sog. "reine Achtsamkeit", die symbolisch meist tief im "menschlichen Herzen" und nicht im Gehirn oder im Ego verankert wird, gehört dazu. Manchmal wird dieses "achtsame, sich an Entstehen-Vergehen erinnernde Herz" als Grundlage für die Allgüte (ichlose Liebe, caritas, metta, bhakti) oder für das grenzenlose Mitgefühl (karuna, misericordia bzw. Barmherzigkeit) angesehen.

2. Der grenzenlose Ozean der "reinen Achtsamkeit" versus die (hin und wieder "stürmischen") Ich-Wellen.

Das große Wasser oder der Ozean (für reine Bergkulturen der riesige Weltberg, z.b. Meru) gilt beinahe als kulturinvarianter Archetyp für die eigentliche Realität oder die "wirkliche Wirklichkeit". Demgegenüber erscheinen die unzähligen "Ich-Geschichten" wie Wellen, die für eine kurze Weile an die Oberfläche hochsteigen, um alsbald wieder in die unendliche Weite des Meeres einzutauchen. Der sog. "Dirac-See" oder das "Quantenvakuum", aus denen alle physikalischen Phänomene wie gesetzmäßige Fluktuationen emporkommen und darin real oder virtuell wieder verschwinden, sind in der modernen Quantenphysik beliebte Annahmen, die z.T. verblüffende Ähnlichkeiten mit uralten spirituellen Metaphern zeigen (vgl. van Quekelberghe, 2005).

Im Patañjali-Yoga wird die Beseitigung der Leiden erzeugenden Ich-Wellen (skrt. vrittis = Wellen) zum Hauptanliegen der achtsamen Meditation gemacht. Solange noch leichte Kräuselungen des Wassers, sprich leiseste Beunruhigungen in Form von Gedankenabfolgen, Stimmungsschwankungen oder Vorstellungsbildern die Bühne des Bewusstseins betreten und Beachtung erwarten, kann das Yoga-Samādhi, d. h. das Bewusstsein als Kontext - und etwa nicht das Bewusstsein als Inhalt- nicht zum Vorschein kommen. Für Patañjali kann allein im vom Ich und allen seinen Inhalten befreiten Bewusstsein die einzige Realität (Âtmān bzw. Brahman, Gott, Satcitānanda) klar aufkommen. Erst dann können die "Ich-Wellen" (skrt. vrittis) nicht mehr als ozeanunabhängige Substanzen, sondern als Erscheinungen oder Fluktuationen einer unteilbaren Totalität oder Einheit, eben eines singulären "Großen Wassers" wahrgenommen werden. Die "beste Medizin" oder das Psychotherapeutikum -in dieser Metapher gleichsam enthalten - ist, dass wir daran erinnert werden, dass wir uns so weit beruhigen können, dass der grenzenlose, kraftvolle Ozean mitten in unserem Bewusstsein bzw. in unserem achtsamen Herzen (wieder) spürbar werden kann.

3. Der Spiegel der reinen Achtsamkeit und die ephemeren Ich-Spiegelungen

In vielen schamanischen Traditionen gehört ein Spiegel unbedingt zum Ritualkleid des Initiierten. Der ganze Kosmos spiegelt sich darin wie in der Seele (der "innere See") des Schamanen. Nicht selten wird auch die Seele oder - modern ausgedrückt- das Bewusstsein als der Spiegel der Wirklichkeit oder Wahrheit angesehen. In den spirituellen Traditionen des Zen-Buddhismus (z.b. Fa-tsang), des Sufismus (z.b. Rumi) oder des Christentums (z.b. Gregor von Nazianz) kann nur eine vom Ego ungetrübte "reine Achtsamkeit" Gott oder die Große Leere in sich widerspiegeln.

Hui-Neng (der 6. Zen-Patriarch in China, 638-713 n. Chr.) wurde für die Weiterführung der Dharma-Linie dem Mönchsältesten Shen-hsiu bevorzugt, der den Menschen mit dem Bodhi-Baum (unter dem Buddha vollkommene Erleuchtung erlangt haben soll) verglich und das Bewusstsein mit einem Spiegel auf dem Gestell, den man ständig putzen müsse, um ihn von allem Staub frei zu machen.
Als Antwort auf diesen Vergleich verfasste Hui-neng die in der Zen-Tradition berühmten Verse:

"Im Grunde ist Bodhi gar kein Baum
Noch ist der klare Spiegel ein Gestell.

Da alles Leere ist von Anbeginn,
Wo heftete sich Staub denn hin?"

Es besteht im Allgemeinen keinen Zweifel daran, dass diese Sichtweise den chinesischen Zen-Buddhismus treffender wiedergibt als das im Buddhismus übliche Bild der achtsamen Spiegel- oder Bewusstseinsreinigung.

Spürbare Fortschritte der spirituellen oder meditativen Achtsamkeit, der gelassenen Akzeptanz von Bewusstseinsinhalten und des Mitgefühls sich selbst und allen anderen Lebewesen gegenüber machen sich erst breit, um die Ich-Inhalte als flüchtige "ichlose" Vorgänge klar (vgl. Vipassana als Klarsicht-Weg) einzusehen. Dafür ist es wohl ratsam, zwischen den Ich-Inhalten als Leiden schaffenden Spiegelungen und der Achtsamkeit als nicht erfassbarem Kontext oder glasklarem Spiegel immer wieder zu unterscheiden, sich darin zu üben und auf jeden Fall, sich daran ständig zu erinnern.

Wie gesagt meint Pali "sati" (skrt. smrti) vorrangig Erinnerung, erst dann so etwas wie Achtsamkeit, also achtsame Erinnerung an das ständige Vergehen im Entstehen als die "ewige beste Medizin".

II. Buddhistische Achtsamkeitsmeditation und moderne Psychotherapie und Medizin. Einige geschichtliche Stationen einer langen Annäherung

Der Einzug östlicher Weisheitslehren und Meditationspraktiken in die moderne Medizin und Psychotherapie ist bis heute ein mühsames, langwieriges, aber m.E. ein sich lohnendes Unterfangen.
Man kann mindestens vier Entwicklungsstränge unterscheiden.

1. Die Anfänge in der akademischen Psychiatrie und Psychoanalyse

Franz Alexander (1891-1964), ein führender Psychiatrieprofessor, Psychoanalytiker und Begründer der weltweit ersten psychosomatischen Fakultät an der Universität Chicago, hat 1931 eine Arbeit mit dem Titel " Buddhistic training as an artificial catatonia" vorgelegt, die m.E. typisch für die damalige Rezeption der östlichen Meditationspraxis, insbesondere des Buddhismus, durch die medizinischen Wissenschaften war.

In diesem Artikel wird das buddhistische Meditationstraining als eine narzisstische Selbstabsorption, eine Art "künstliche Schizophrenie" und eine narzisstisch-masochistische Askese beschrieben, die jegliche Emotion verdrängt oder abtötet. Buddha selbst wird von Franz Alexander als ein durchweg neurotischer Mensch diagnostiziert, der es versäumt hat, seine verdrängten Objektübertragungen auf seine Nachfolger gründlich zu analysieren (S.144). Führende amerikanische Psychiater unterstrichen wie Franz Alexander die Ähnlichkeiten zwischen schizophrener Regression und Yoga- oder Zenpraktiken (vgl. z. B. Alexander & Selesnick, 1966). In diesem Zusammenhang berichten Abel et al. (1987) über einen Kulturanthropologen namens Spiro, der 1965 ein buddhistisches Kloster in einem entlegenen burmesischen Dorf besuchte und Rorschach-Tests mit den dortigen Mönchen durchführte, deren Protokolle er mehreren Psychoanalytikern vorlegte. Die Rorschach-Protokolle wiesen für die Analytiker auf eine recht genaue Psychopathologie hin, vor allem gekennzeichnet durch regressive Züge in Bezug auf orale und aggressive Bedürfnisse, durch Hypochondrie, erotische Autokachexie [etwa Konzentration der Libidoenergie auf einen selbst], Angst vor Mutter-Imagos und latente Homosexualität. Nebenbei bemerkt: Die Rorschach-Antworten der buddhistischen Mönche unterschieden sich kaum von denjenigen anderer männlicher Dorfbewohner...

Arthur Deikman (1977) war der allererste Psychiater, der vehement die "naive Arroganz" der damaligen Psychoanalyse und Psychiatrie gegenüber den östlichen Weisheitslehren angriff.

2. C.G. Jung und die Neofreudianer

Ganz anders als die akademische Psychiatrie und Psychoanalyse hat Jung schon früh positive Worte über die asiatischen Meditationsschulen, darunter den Buddhismus, geschrieben. C.G. Jung mied diesbezüglich das gängige Vokabular der damaligen Psychoanalyse wie z.B. infantile Regression, autistische Abwehrformation, narzisstische Neurose. Er glaubte allerdings nicht an eine mögliche Integration östlicher

Theorien und Praktiken durch den Westen, getreu dem Motto von Kipling:

"East is East, and West is West,
And never the twain shall meet."

Er schlug daher vor -ähnlich wie er es bezüglich Alchemie und Gnostik vormachte -, dass sich der Westen seinem eigenen Geschichtspotenzial gemäß weiterentwickeln sollte.

Neben Jung haben sich einige wenige Neo-Freudiancr, nämlich Karen Horney, Erich Fromm und Harold Kelman, mit den Ideen und Praktiken östlicher Meditation befasst.

Karen Horney (1885-1952) traf sich mit Daisetz T. Suzuki im Winter 1950/51. Sofort begann sie zen-buddhistische Grundprinzipien und -ideen in ihre Vorlesungen am "American Institute for Psychoanalysis" bis kurz vor ihrem Tod in Dezember 1952 einzubeziehen. Horney sah eine tiefe Beziehung zwischen der mitfühlenden Achtsamkeit im jeweiligen Hier und Jetzt - wie im Zen propagiert - und der psychoanalytischen Aufforderung zu "frei schwebender Aufmerksamkeit" beim Analytiker. Sie verstand diese Art der Aufmerksamkeit - anders als die damals übliche Auffassung der Analytiker in den USA - nicht als eine neutrale, strikt wissenschaftliche, positivistische und eher sterile Haltung. Vielmehr vertrat sie die Auffassung, dass Analytiker eine zen-ähnliche "unbegrenzte, nicht urteilende, aber warmherzige Empfänglichkeit" anstreben sollten (1987, S. 20). Darüber hinaus sah Horney in der "mitfühlenden Achtsamkeit" ein für Therapeuten und Patienten gemeinsames Ziel. Sie schreibt z. B. (1987, Final lectures, S. 19-21, Übers. vom Verf.) "Dass die Aufmerksamkeit herzlich sein sollte, mag banal, abgedroschen und völlig selbstverständlich erscheinen. Doch in dem Sinne wie ich "herzliche Aufmerksamkeit" meine, denke ich, dass dies recht schwer zu erreichen ist...
...Herzlichkeit der Aufmerksamkeit bedeutet ganz da zu sein zum Dienste des Patienten, aber mit einer Art Selbst-Vergessenheit...

...Den besten Rat, den ich geben kann, ist, dass wir jede Einzelheit aufkommen lassen und sie eine ihr gebührende Zeit betrachten..." Kurz vor ihrem Tod hat Karen Horney Themen berührt, die erst Mitte der 90er Jahre durch buddhistisch interessierte Psychoanalytiker wie Epstein (1995) oder Rubin (1996) breite Resonanz fanden.

Erich Fromm lud 1957 den Zen-Experten und Freund von Karen Horney, Daisetz T. Suzuki zu einem internen Austauschseminar in Cuernavaca (Mexiko) über Zen-Buddhismus und Psychotherapie ein. Fromm (1960) hob die Konvergenz zwischen Psychoanalyse und Zen-Buddhismus besonders hervor, in dem er in beiden Bewegungen die feste Absicht wahrnahm, Menschen von den Inhalten ihres Unbewussten zu lösen und sie zu einem wahrhaft befreiten Bewusstsein zu führen. Kelman (1960), ein direkter Schüler von Karen Horney, sah in der regelmäßigen Meditation bzw. in der systematischen Konzentrationsschulung auf das Hier-und-Jetzt sowie in der Entwicklung der Psychotherapeut-Patient-Beziehung in Richtung eines Meister-Schüler-Verhältnisses östlicher Prägung eine radikal neue Perspektive für die Psychoanalyse.

Der Psychologe und Psychoanalytiker Jeffrey Rubin (1985) vertrat als erster die Idee einer "Kontemplativen Psychoanalyse". In seinem Buch "Psychotherapy and Buddhism. Toward an Integration" hat er eine Ära des breiten Dialogs zwischen diesen zwei am Heilen menschlichen Leidens interessierten Traditionen vorausgesagt. Auch wenn Rubin in etlichen Bereichen vorschnelle Integrationsversuche betrieb, indem er z.b. unhaltbare westliche Vorurteile über die buddhistische Auffassung der Ichlosigkeit (Pali: anatta) mit narzisstischen Theorien der Psychoanalyse vermengte, vertrat er doch mit Nachdruck die Vorzüge eines freien Dialogs zwischen Psychoanalyse und buddhistischen Meditationstraditionen (vgl. auch Rubin, 1996, S.7). Seitdem sind eine Reihe von Büchern und Beiträgen erschienen, die den Dialog Psychoanalyse-Buddhismus intensiv fortsetzen (Brazier, 2003; Molino, 1998; Safran, 2003).

Der New Yorker Psychiater und Psychoanalytiker Barry Magid (2002) ist ein führender Repräsentant des nach Horney und Fromm neuen Dialogs zwischen Psychoanalyse und Buddhismus. Anders als Horney oder Fromm fünfzig Jahre zuvor gilt Magid als ein anerkannter Zen-Lehrer, der auf eine langjährige Lern- und Lehrpraxis des Zen zurückblickt. In seinem Zentrum in New York führt Magid zen- und psychoanalytische Praxis buchstäblich "Tür an Tür". Er vertritt eine ausgeprägte komplementäre Sicht der beiden "Therapieansätze". Auch wenn er die Autonomie jedes Systems für sich anerkennt, bevorzugt Magid doch die funktionelle Ergänzung beider Ansätze auf praktisch allen Ebenen des Erlebens und Handelns. Die "postmoderne" Sichtweise des Verhältnisses zwischen Zen und Psychoanalyse, zwischen Couch und Sitzkissen, verlangt laut Magid zu allererst eine Abkehr von allzu betonten pathologisierenden Menschenmodellen. Stattdessen werden vor allem positive, darunter spirituelle Ressourcen und wohltuende Aspekte des Lebens in den Vordergrund gestellt. Zu den spirituellen Ressourcen und wohltuenden Lebensaspekten zählt für Magid wie für viele buddhistische Psychotherapeuten die vertiefte Einübung in die meditative Achtsamkeit. Zentrale zen-buddhistische Themen wie Eins-sein aller Phänomene, ihre Flüchtigkeit oder Dinglosigkeit, die grundsätzliche Ich-Losigkeit und das Erwachen des Bewusstseins werden nicht nur wie üblich innerhalb der Zen-Praxis und der Dharma-Betrachtung beleuchtet. Sie werden bei Magid auch im Rahmen der modernen Psychoanalyse mit dem Ziel einer voll integrierten "psychoanalytischen Zenpraxis" reflektiert.

3. Die Verhaltenstherapie und der Buddhismus. Stationen einer Annäherung

Mikulas (1978, 1981) war der erste Verhaltenstherapeut, der sich für eine breite Berücksichtigung der buddhistischen Meditationslehre innerhalb der Verhaltenstherapie einsetzte. Er nannte etliche Gemeinsamkeiten zwischen beiden Ansätzen.

- Hervorhebung von individuellen Selbstkontrollfähigkeiten und -fertigkeiten
- Karger Gebrauch theoretischer Konstrukte
- Vorrangige Fokussierung auf Alltagsleiden und -probleme
- Bevorzugung einer sachlichen Beobachtung und Analyse des Verhaltens
- Fokussierung auf konkrete Inhalte individueller bewusster Erfahrungen
- Zentrierung auf das Hier-und-Jetzt , nicht auf das Dort-und-Damals
- Deutliche Trennung zwischen beobachtbarem Verhalten und problematischen Begriffen wie Ich, Identität, Person oder Subjekt
- Hervorhebung der Möglichkeit von Verhaltensänderungen durch konkrete und wiederholte Übungen
- Überwindung von Ängsten durch systematische Entspannungs-, Ablenkungs- und Selbstbeobachtungsprozeduren
- Regelmäßiges Üben und Ausdauer
- Optimistische Auffassung über das menschliche Lernpotential

Ähnlich Mikulas fand De Silva (1985) etliche Parallelen zwischen Buddhas Verhaltensänderungsstrategien und einzelnen klassischen verhaltenstherapeutischen Techniken. Er beschrieb nicht weniger als elf Techniken aus Buddhas Reden, die klassischen verhaltenstherapeutischen Verfahren ähnelten, so z.b. Gedankenstopp, Ablenkung, Exposition, verdeckte Sensibilisierung, Gegenkonditionierung und Modelllernen.

Die Parallelen sind wohl in Bezug auf kognitive verhaltenstherapeutische Maßnahmen beinahe noch deutlicher, vermutlich weil der frühe Buddhismus auf eine systematische Beobachtung der Bewusstseinsprozesse besonderen Wert legt.

Die neuere Entwicklung der Dialektischen Behaviorale Therapie (DBT) Linehans, der mindfulness cognitive behavior therapy (MCBT) von Teasdale und Segal und der Acceptance and Commitment Therapy ACT von Hayes, der sog. dritten Welle der Verhaltenstherapie, die die buddhistische Meditationspraxis in die Therapieprogramme mehr und mehr einbezieht, ist zweifelsohne durch das MBSR- Programm bzw. das sog. Mindfulness Based Stress Reduction -Programm von Jon Kabat-Zinn in vielfacher Hinsicht beeinflusst worden.

Ähnlich dem Arzt Herbert Benson, der Anfang der 70er Jahre die Transzendentale Meditation in ein für den Westen leichter annehmbares Relaxationsprogramm umwandelte, gelang es dem Arzt und Biomolekularforscher Jon Kabat-Zinn in den 80 er Jahren die Vipassana-Meditation aus der Tradition des burmesischen Mönches Mahasi Sayadaw in ein flexibles Stressbehandlungsprogramm für interessierte Patienten aller Kliniken des Universitätskrankenhauses von Massachusetts patientengerecht einzubauen.

Die Gründung der "Insight Meditation Society" (abgek. IMS) im Jahre 1975 in Massachusetts hatte kurz zuvor die buddhistische Vipassana-Tradition bzw. die Achtsamkeitsübungen (Pali: Satipatthāna) in der von Mahasi Sayadaw gelehrten Form durch ihn selbst und durch US-amerikanische Meditationslehrer wie Sharon Salzberg oder Jack Kornfield im Westen bekannt gemacht.
Bis heute gehört das IMS zu den aktivsten buddhistischen Organisationen für interessierte US-Bürger, die den Buddhismus nicht als Religion wie z.B. asiatische Einwanderer oder Bürger asiatischer Herkunft, sondern als eine spirituelle Lebenshilfe ansehen.
Jon Kabat-Zinn, der sich am IMS besonders für die Vipassana, aber auch die Zen-Tradition interessierte, gründete 1979, ebenfalls in Massauchetts, an der medizinischen Hochschule die vermutlich erste Stress Reduction Clinic und entwickelte dort sein mittlerweile weltweit bekanntes Stressreduktionsprogramm. Anläßlich der 12. "Mind-and-Life Conference" (1996) mit dem Dalai Lama schilderte Kabat-Zinn die Beweg- und Entstehungsgründe für seinen MBSR- Ansatz auf eine anschauliche und lebhafte Weise (vgl. Goleman, 1998).

Hierzu einige Auszüge:

"... wenn ich dort [die Klinik] allerdings mit einem glattrasierten Kopf erscheinen würde, in wallender Robe, mit einer Perlenkette und mit einem Singsang auf tibetisch oder in Sanskrit, dann käme das bei den meisten nicht gut an, ganz egal wie bedeutsam die Mitteilung wäre,....(S.142).

....Ein bedeutender Wert der buddhistischen Meditation und einer, dem das allgemeine Denken des Westens sehr fremd gegenüber steht, liegt in der Eigenschaft der Stille.

Sie haben sicher bemerkt, dass wir im Westen dauernd wie wild herumlaufen...

...Die tieferen Schichten unseres Bewusstseins und unserer Erkenntnis, die einen vollen und klaren Blick verlangen, sind uns hinter dieser Nebelwolke in unserem Innerem gar nicht mehr verfügbar. Das Gleiche trifft aber auch auf den Körper zu. (S. 143).

...Wir dachten uns nun, es wäre doch eine gute Idee, eine Spezialklinik aufzubauen auf der Grundlage des Achtsamkeitstrainings, gerade im Kontext eines westlichen Großklinikums."

Anschließend schilderte Jon Kabat-Zinn seinen für alle interessierten Patienten des Universitätsklinikums entwickelten Kurs.
Hier die wichtigsten Merkmale:

- Der Kurs findet grundsätzlich in Gruppen (in der Regel 20 bis 30 Pat.) statt.
- Der Kurs dauert acht Wochen bei einer wöchentlich 2 ½ Stunden dauernden Sitzung.
- Es werden neben Modellen und Ergebnissen der modernen Stressforschung vorwiegend Achtsamkeitsübungen aus den Vipassana- und Zen-Meditationen angeboten, teilweise aber auch Übungen aus dem Hatha-Yoga.
- Mit Hilfe von Audiokassetten üben die Patienten täglich ca. 40 Minuten Achtsamkeitsverfahren sechs Tage in der Woche. Dabei gibt es auch Übungen in Form einer schriftlichen Notierung einzelner Gefühle oder Gedanken, beispielsweise eine

Woche lang jeden Tag ein einziges positives Tagesereignis aufschreiben und das Ereignis achtsam erinnern.
- In der sechsten Kurswoche findet eine ganztägige Großgruppensitzung (ca. 100 bis 150 Personen) statt.
- Patienten werden nach Beendigung des achtwöchigen Kurses dazu motiviert, mit einzelnen täglichen Achtsamkeitsübungen fortzufahren. Anschließende Treffmöglichkeiten werden ebenfalls organisiert.

Über 15.000 Patienten haben an MBSR-Programmen der Universitätsklinik von Massasuchetts teilgenommen. Hinzu kommen zahlreiche Teilnehmer, die mittlerweile an ca. 250 Kliniken, vorwiegend in Nordamerika solche Programme (vgl. Davidson & Kabat-Zinn, 2004) absolvieren.

Mittlerweile verfügen wir über etliche Untersuchungen, die die Validität der kurz- und längerfristigen klinischen Wirksamkeit der MBSR-Intervention bei Patienten mit verschiedenen Beschwerden überprüft haben.

Grossman et al. (2004) haben eine umfassende Übersicht und Metaanalyse publizierter und unveröffentlichter MBSR-Studien vorgelegt. Die gemäß strengen Kriterien selegierten Studien basierten auf Angaben einer klinischen Population mit breit gestreuter Symptomatik (z.B. Schmerz, Krebs, Herzerkrankungen, Depressionen, Ängste). Sowohl die kontrollierten als auch unkontrollierte Studien wiesen eine Effektstärke von ca. 0,5 mit homogenen Verteilungen nach. Dieses Ergebnis deutet u.a. darauf hin, dass MBSR-Programme Menschen mit verschiedensten Störungen "signifikant" - nicht nur im statisitischen Sinne - helfen können, ihre klinischen Probleme und Leiden sinnvoll zu reduzieren.

Achtsamkeit und radikale Akzeptanz: Linehans DBT
Marsha Linehan entwickelte in den 80er Jahren vorrangig zur Behandlung von Borderline-Patientinnen ein ambulantes Therapieverfahren.

Sie bezog sich dabei auf die Arbeiten des Psychoanalytikers Otto Kernberg, der als Pionier der Borderline-Persönlichkeitsforschung gilt.

Achtsamkeit und radikale Akzeptanz wurden für Linehan zunehmend zu übergreifenden, strukturierenden Komponenten der Kleingruppentherapie (ca. 8 Patientinnen mit 2 Therapeuten). Ähnlich der Gestalttherapie, deren Gründer Fritz Perls (1893-1970) bekanntlich durch den Zen-Buddhismus beeinflusst wurde und für den eine Konzentration auf das Hier-und-Jetzt als Haupttherapeutikum galt, versteht Linehan Achtsamkeit als eine therapeutische Fähigkeit, sich auf das jeweils erlebte Hier-und-Jetzt wertfrei zu konzentrieren. Gemäß ihrem dialektischen Ansatz geht sie von einer intuitiven Synthese von Verstehen (These) und Fühlen (Antithese) aus, dem sog. "wise mind", das als Synthese bzw. Ursprung und Ziel zugleich der zu trainierenden Konzentration auf das Hier-und-Jetzt gilt.

Linehan unterscheidet - wie im Buddhismus - die 5-Sinne-Achtsamkeit von der inneren Achtsamkeit. Zu jedem der fünf Sinne werden spezielle Konzentrationsübungen schrittweise geübt. Die "innere Achtsamkeit" richtet sich auf alle inneren Vorgänge wie Gedanken, Emotionen, Atmung, Verdauung.
.

In Bezug auf die wirklich erlittenen Traumata verlangt Linehan von ihren Patientinnen eine "radikale Akzeptanz", weg von allen Grübeleien über unveränderliche Vergangenheitsereignisse. Darüber hinaus scheint sie die "radikale Akzeptanz" zu einer gesamttherapeutischen Haltung zu stilisieren, die aktives und effizientes Eingreifen möglich machen soll. Womöglich verleitet das Beiwort "radikal" zu unnötigen Missverständnissen einer spirituellen Dimension des "Loslassenkönnens" oder der "achtsamen mitfühlenden Gelassenheit".

In einer neueren Darlegung der DBT (Robin, Schmitt,& Linehan, 2004) wird deutlich gemacht, dass die zen-buddhistischen Einflüsse, vor allem durch Aitken (1982), die den DBT-Prinzipien "Achtsamkeit und Akzeptanz" Pate gestanden haben, kompatibel mit vielen östlichen und westlichen Kontemplations- oder Meditationspraktiken sein sollen. Das sog. "wise mind" ruht womöglich auf der Grundlage einer universellen oder transkulturellen Spiritualität.

Die "Acceptance and Commitment Therapy" (dt. Akzeptanz und Engagement Therapie) von S. Hayes

Indem ACT, die Acceptance & Commitment Therapy von Hayes (2002) die Aufmerksamkeit des Patienten stets auf das Hier-und-Jetzt lenkt, zeigen sich mit der buddhistischen Achtsamkeitsmeditation, so wie sie z.b. in der Vipassana-Tradition gelehrt wird, kaum zu übersehende Gemeinsamkeiten.

Hayes versteht seine neuartige Verhaltenstherapie als ein Produkt der sog. "dritten Generation", wozu er auch Linehans DBT und Teasdale und Segals MCBT zählt. Zur ersten Generation gehört die klassische Verhaltenstherapie im Sinne von Skinner, Eysenck, Marks und Rachman. Die kognitive Therapie-Bewegung mit Autoren wie Beck, Ellis, Mahoney und Meichenbaum wird als zweite Generation beschrieben Die nach Hayes (2004) sog. dritte Generation fokussiert vor allem auf den historischen und situativen Kontext, der bestimmte Gedanken, Emotionen oder Handlungen möglich macht. Dabei werden einzelne Erfahrungen und indirekte Veränderungsstrategien besonders hervorgehoben.

Auch wenn zu weit führende "Kontexte" wie Lebenslauf, transgenerative Familienmuster, jahrhundertelange spirituelle Traditionen aus pragmatischen Gründen kaum berücksichtigt werden, leugnet Hayes auf keinen Fall ihre mitunter entscheidende Wirkung.
Wenn verbale Regeln und Bewertungen über nicht-verbale direkte Erfahrungen wie z.B. Achtsamkeitsübungen klar dominieren, spricht Hayes von "cognitive fusion". Die Dominanz verbaler Verarbeitungen führt für ihn nicht nur zur Blockierung neuer (nicht-verbaler) Erfahrungen, sondern vor allem zu einem verstärkten Vermeidungsverhalten und somit in vielen Bereichen zu psychopathologischen, unange-

passten Reaktionen. Die ACT-Interventionen dienen dazu, die pathologisierende Dominanz in Form von "cognitive fusion" abzubauen und die aktive, nicht-bewertende Erfahrungssuche zu unterstützen.

Hayes (2004) unterscheidet sechs Grundprozesse bei der ACT:

1. Aufbau von Akzeptanz-Fertigkeiten
2. Erlernen von "defusion" (d.h. sprachliche Verstrickungen entwirren)
3. Unterscheiden lernen zwischen dem Selbst als Kontext und den gedachten "Selbst-Inhalten", wobei die Achtsamkeitsmeditation eine wichtige Rolle spielt.
4. Sich auf den jeweiligen Augenblick konzentrieren
5. Werte erkennen und von Handlungszielen unterscheiden
6. Strategien der Verhaltensänderung durch Implementierung der gewählten Werte

Diese sechs Grundprozesse verbinden miteinander aufs engste die Achtsamkeit, die Akzeptanz und das engagierte Handeln.

Nicht zuletzt durch die deutliche Unterscheidung zwischen dem "Ich oder Selbst als Kontext" und dem "Ich oder Selbst als Inhalt" (z.B. Gedanken, Stimmungen, Verhaltensweisen) eröffnet sich eine spirituelle Distanzierung der objektivierbaren "Ich-Inhalte" von einem nicht mehr fassbaren oder zu objektivierenden "Achtsamkeitskontext".

Hayes (2004, S. 20-21) spricht daher von einer transzendenten Erfahrung des Ich oder Selbst (engl. a transcendent sense of self), die auf ein Selbst vor den Inhalten, vor den ad hoc Identifizierungen mit bestimmten Hier-und-Jetzt-Perspektiven abzielt.

Die konzeptuelle Nähe der ACT zu buddhistischen Ich-Auffassungen sowie meditativen Praktiken aus Zen- oder Vipassana-Traditionen sind nicht zu übersehen. Die Unterscheidung zwischen Ich-als-Inhalt und Ich-als-Kontext weist m.E. auf eine ausgeprägte östliche Sicht der

Ich-Identität hin. Denn wo ich keinerlei Aussage mehr über das Ich-als-Kontext machen kann, befinde ich mich wohl in unmittelbarer Nachbarschaft mit Nirvana- oder ähnlichen Konzeptionen.

Manche vedische Traditionen wie der Advaita-Vedānta oder der Yoga-Vasishtha haben m.E. eine kaum überbietbare "Ich-als-Kontext"-Position eingenommen. Wie die ACT-Vertreter preisen diese Traditionen die Vorteile einer solchen Sichtweise für die endgültige Leidensbefreiung.

Mit anderen Worten: das Ich-als-Kontext lernt zunehmend, sich nicht mehr mit Ich-Inhalten (Gedanken, Gefühlen, physiologischen Parametern etc.) automatisch und unreflektiert zu identifizieren.

Hayes scheint sich dessen bewusst zu sein, denn er erwähnt bei der Darstellung vom "transcendent sense of self" die bekannte Schachbrettmetapher von Assagioli (1971, S. 211-217) in Bezug auf die Behandlung unserer Probleme und Konflikte. Diese Metapher besagt u.a., dass wir uns nicht mit einzelnen guten Gefühlen und Gedanken (z.B. einzelne weiße Schachfiguren) oder gegen einzelne schlechte Gedanken oder Gefühle (z.B. einzelne schwarze Schachfiguren), sondern einzig und allein mit den unbegrenzten Spielmöglichkeiten des Schachspiels als "Kontext" - wenn überhaupt - identifizieren sollten.

4. Die transpersonale Psychotherapie und der Buddhismus

Durch die Gründung vom "Journal of Transpersonal Psychology" im Jahre 1969 wurde ein wichtiges Austauschforum für die Psychologie des Bewusstseins, darunter auch für eine vertiefte Auseinandersetzung mit östlichen Weisheitstraditionen geschaffen.

Autoren wie Walsh (1980), Wilber, Engler und Brown (1988) trugen wesentlich zu psychologischen und psychotherapeutischen Reflexionen über östliche Meditationen, Weisheitstraditionen und ihr mögliches Verhältnis zur modernen Psychotherapie bei.

In diesem Zusammenhang ist auch der populäre Schriftsteller und Taoismus-Kenner Alan Watts zu erwähnen, der schon früh (1961) das Buch "Psychotherapy East and West" veröffentlichte. In seinem Buch verwies er sehr deutlich auf die nicht urteilende Akzeptanz und die fokussierte Achtsamkeit auf das Hier und Jetzt.

Die transpersonale Psychotherapie, die seit ihrer Gründung den Ost-West-Austausch eindeutig befürwortet und unterstützt, wird innerhalb der akademischen Psychologie und Medizin eher zögernd rezipiert.

Allein die Ansätze innerhalb der kognitiven Verhaltenstherapie und Verhaltensmedizin versprechen m.E. eine künftig breitere und vorurteilsfreiere Akzeptanz gegenüber buddhistischen Ideen und Meditationspraktiken. Allerdings ist es fraglich, ob die westliche Medizin oder Psychotherapie der Reichtumsvielfalt der östlichen Weisheitstraditionen überhaupt gerecht werden können und ob somit lang andauernde und tiefgreifende Erneuerungen der modernen Psychotherapie und Medizin möglich sind.

Im aktuell erkennbaren Trend zu mehr "spirituell orientierten" Therapien spielt übrigens die Öffnung zum Buddhismus nur eine untergeordnete Rolle. Bei weitem dominiert die ausdrückliche Hinwendung zu theistischen Sichtweisen, die die verhältnismäßig starke Religiosität der US-Bevölkerung wesentlich prägen.

III. Der Bodhisattva als mögliches Ideal einer spirituell orientierten Psychotherapie

Im Mahāyāna-Buddhismus wurde das Bodhisattva-Ideal zu einer Leitidee.
Der Bodhisattva (skrt. Erleuchtungswesen) erstrebt die Erleuchtung oder Befreiung vom Leiden nicht primär für sich selbst, sondern um den leidenden Wesen zu helfen bzw. sie zur Erlösung zu führen. Hierfür ist er bereit, das Leid aller Wesen auf sich zu nehmen und tätige Hilfe zu leisten.

Der Weg eines Bodhisattvas beginnt mit dem Fassen des Erleuchtungsbewusstseins (skrt. bodhi-citta), das im Vorsatz besteht, die eigene spirituelle Vervollkommnung zum Wohle aller Lebewesen anzustreben. Zu diesem Ziel verpflichtet sich das sog. "Erleuchtungswesen" durch ein Gelübde.

Es gibt unterschiedliche Formulierungen des sog. Bodhisattva-Gelübdes, das jeden Tag erneuert werden kann. So unterschiedlich die Formulierungen auch sein mögen, lautet die Grundidee etwa wie folgt: "möge ich zum Wohl aller Lebewesen die Buddhaschaft bzw. die Erleuchtung erreichen."

Eine klassische Formulierung ist die folgende.
"Die Wesen sind zahllos; ich gelobe alle vom Leiden zu befreien.
Die Täuschungen sind zahllos; ich gelobe sie alle zu beenden.
Die Dharma-Tore sind zahllos; ich gelobe durch sie alle zu gehen.
Die Erleuchtung ist grenzenlos; ich gelobe sie zu verwirklichen."

Der Mahāyāna-Buddhismus unterscheidet mindestens zwei Arten von "Erleuchtungswesen": irdische und transzendente Bodhisattvas. Irdische Bodhisattvas sind Menschen, die sich durch ihr Erbarmen und ihren Altruismus sowie das Streben nach Erlangung der Buddhaschaft von anderen Menschen unterscheiden.

Transzendente Bodhisattvas haben schon die Buddhaschaft erlangt, aber ihr Eingehen ins vollständige Nirvana zwecks Befreiung aller Lebewesen vom Leiden aufgeschoben. Transzendente Bodhisattvas sind im Besitz vollkommener Weisheit. Sie werden als Wegweiser und Helfer in der Not verehrt und angebetet. Avalokiteshvara wird z.B. als Bodhisattva des großen Erbarmens (skrt. mahā-karunā) verehrt. Mañjushrī verkörpert den anderen wesentlichen Aspekt der Buddhaschaft: die Weisheit (skrt. prajña).

Ikonographisch wird Avalokiteshvara oft mit zahlreichen Armen, Augen und elf Köpfen abgebildet. Die große Anzahl von Armen symbo-

lisiert seine Fähigkeit, in jeder Situation zum Wohl aller Lebewesen
zu wirken. Einer Legende nach zersprang das Haupt des Avalokiteshvaras als er auf die Leiden der Welt blickte. Amitabha (skrt. grenzenloses Licht, eine Emanation Buddhas) fügte die Stücke wieder zu elf
Köpfen zusammen. Der Wunsch, allen Wesen behilflich zu sein, ließ
ihm 1.000 Arme und Hände wachsen, in deren Handflächen sich je ein
Auge befindet. Im tibetischen Buddhismus wird Avalokiteshvara als
Chenresi verehrt. In Japan ist er unter dem Namen Kwannon als
weiblicher Bodhisattva hoch angesehen. Mañjushrī, der Bodhisattva
der Weisheit, wird ikonographisch mit Schwert und Buch dargestellt.
Mit diesen Attributen kann er die Unwissenheit und folglich das Leiden zerstören.

Die Bewusstseinstransformation eines irdischen Bodhisattvas in Richtung auf höchstes Mitgefühl und höchste Weisheit erfolgt entlang
einem fünfgliedrigen Pfad, dessen drei letzte Stufen in zehn sog.
Bhumi (skrt. Land) eingeteilt werden. Generell gilt die fortschreitende
Überwindung aller Anhaftungen an dem "Ich" und an seinen Gegens-
tänden(z.B. Dinge, Vorstellungen, Leidenschaften).

Wenn auch die meisten Menschen kaum weiter als die zwei ersten
Vorbereitungsstufen einüben, wird hier jedoch auf die sog. zehn
Bhumis kurz eingegangen, um die mögliche Relevanz des Bodhisatt-
va-Ideals für den spirituell orientierten Psychotherapeuten auszuloten.

1. Der Bodhisattva hat soeben den "Erleuchtungsgedanken" gefasst
und das Bodhisattva-Gelübde abgelegt. Dieser weise Entschluss erfüllt
ihn mit Freude über diesen ersten wichtigen Schritt auf einem langen
Weg. Mit diesem Entschluss fängt er an, die Tugend der Freigebigkeit
zu pflegen (skrt. dāna). Freigebigkeit wird im Buddhismus als ein
bewährtes Mittel angesehen, egoistische Anhaftungen zu vermeiden.
Sie ist eine der sechs Eigenschaften oder Vollkommenheiten (pārami-
tā), die ein Bodhisattva unterwegs zur Erleuchtung üben soll.

Diese Eigenschaften oder Tugenden sind:

1. Freigebigkeit
2. Sittlichkeit (d.h. rechtes Verhalten, um alle Leidenschaften zu zerstören)
3. Geduld
4. Mut, Willenskraft
5. Meditation
6. Weisheit

2. Der Bodhisattva praktiziert das rechte Verhalten, um alle Leidenschaften zu zerstören und übt sich dabei in meditativer Achtsamkeit und nicht-dualem Einheitsbewusstsein.

3. Der Bodhisattva gewinnt die Einsicht in die Vergänglichkeit (Entstehen-Vergehen) aller Phänomene und entwickelt dabei die Tugend der Geduld im Ertragen von Schwierigkeiten und in seiner Hilfe für die Befreiung aller Wesen von ihren Leiden. Gier, Haß und mangelnde Weisheit erkennt er als mögliche Wurzeln des Leidens. Er meditiert über die Unendlichkeit des Raumes, die Aufhebung aller relativen Unterscheidungen sowie über die Unendlichkeit des Bewusstseins.

4. Der Bodhisattva "verbrennt" nun seine noch vorhandenen falschen Vorstellungen und übt sich in der höchsten Weisheit, die u.a. das Loslassen sämtlicher begrifflicher Unterscheidungen abverlangt.

5. Auf dieser Stufe versenkt sich der Bodhisattva in meditative Achtsamkeit, um die vier edlen Wahrheiten des Buddhismus mit dem ganzen Herzen vollkommen zu erfassen.

6. Auf dieser Stufe erkennt der Bodhisattva die gegenseitige Abhängigkeit aller Phänomene und erfasst die Leerheit (skrt. sunyata) sämtlicher Erscheinungen. Somit erlangt er die höchste Einsicht oder Weisheit. Hier angelangt könnte der Bodhisattva ins Nirvana einge-

hen. Doch aus Erbarmen mit allen Lebewesen verbleibt er - frei von weltlichen Begierden - in dieser Welt.

7. Hier erlangt er die nötige Erkenntnis und Geschicklichkeit, um jedes Wesen entsprechend dessen Möglichkeiten auf den Weg zur Erlösung vom Leiden zu leiten. Nach Durchlaufen dieser Stufe ist kein Zurückkommen auf frühere Bewusstseinsformen des fünfgliedrigen Pfades mehr möglich.

8. Auf dieser Stufe erlangt der Bodhisattva die Fähigkeit, sich der Befreiung anderer Lebewesen aus ihren Leiden restlos zu widmen.

9. und 10. Sämtliche Tugenden sind nun verwirklicht. Der transzendent gewordene Bodhisattva sitzt umringt von allen anderen Bodhisattva in einer blühenden Lotusblume und verweilt grenzenlos in den vier sog,. "göttlichen Verweilungszuständen"(skrt. Brahma-vihara).

1. Grenzenlose Allgüte (skrt. maitri, Pali. mettā)
   d.h. die Güte oder das Wohlwollen wird bedingungslos auf alle Lebewesen erweitert.
2. Grenzenloses Erbarmen (skrt./pali karunā)
   Das Erbarmen erstreckt sich unterschiedslos auf alle Lebewesen und gründet auf Gder Erfahrung der unzertrennbaren Einheit aller Seienden in der Erleuchtung. Erbarmen muss von Weisheit begleitet sein, um in der rechten Weise wirksam zu werden. Karuna gilt über das passive Mitgefühl oder Mitleid hinaus in die tätige Hilfe. Die Übersetzung "Erbarmen" gibt diesen wichtigen Aspekt ansatzweise wieder.
3. Grenzenlose Mitfreude (skrt./ pali mudītā).
   Das Üben von mudita hilft Schadenfreude zu überwinden und die Grenzen zwischen dem eigenen und fremden Ich auszulöschen. Mitfreude drückt wesentlich die mitfühlende Teilnahme an der Befreiung anderer vom Leiden aus.
4. Grenzenloser Gleichmut (skr. upekshā, pali upekkhā)

Gleichmut bezeichnet einen Bewusstseinszustand, der über Freude und Leid hinausgeht, indem alle dualistischen Unterscheidungen überwunden werden. Gleichmut (auch manchmal als Sanftmut übersetzt) bedeutet auf keinen Fall Gleichgültigkeit, was genau das Gegenteil des Bodhisattva-Ideals implizieren würde, sondern Überwindung aller unkontrollierter Emotionen und Leidenschaften.

Das Bodhisattva-Ideal bietet sich als Meditationsgrundlage für jeden spirituell orientierten Psychotherapeuten an. Man kann über die allzu stark buddhistischen Begriffe und Vorstellungen hinwegsehen und eine Art "phänomenologische Wesensschau" betreiben, aus der der inter- oder transkulturelle Kern des therapeutischen Bodhisattva-Modells herauskristallisiert wird. Spirituelle Weisheit und menschliche Güte sind die herausragenden Merkmale des Bodhisattvas. Beide Aspekte bedingen sich gegenseitig und ermöglichen eine im Prinzip grenzenlose Vertiefung ihrer unzertrennbaren Wechselwirkung. Die Fürsorge und kompetente Güte des Bodhisattvas gründen auf einer unerschütterlichen Einsicht über die unzertrennbare, unteilbare Einheit aller Erscheinungen. Das Ich oder die Selbstwahrnehmung des spirituell orientierten Psychotherapeuten sollen zutiefst von dieser Einsicht affiziert werden, um die Anteilnahme am gemeinsamen Leiden und den Wunsch einer dauerhaften Befreiung wesentlich zu stärken. Je verbundener sich der Therapeut mit seinen Mitmenschen wahrnimmt, umso weniger fühlt er sich ihren Leidensgeschichten gegenüber fremd.

Die stete Bewusstseinsschulung des angehenden Bodhisattvas in Richtung "Mitfreude am Heilen seiner Mitmenschen von ihren Leiden, Sanftmut, Mitgefühl und Güte (die sog. himmlischen oder göttlichen Verweilungszustände)" impliziert eine Bewusstseinstransformation, die die Beziehungen zu den Mitmenschen weniger auf der Grundlage von Widerständen und Abwehrmechanismen als auf der Basis einer "radikalen Akzeptanz und Achtsamkeit" gestaltet. Für den spirituellen Psychotherapeuten bedeutet dies eine Stärkung des Einblicks in die

"Breite und Tiefe" der vernetzten Entstehungsbedingungen der jeweiligen Leidenssymptomatik seiner Patienten. Indem er zu einer bedingungslosen, warmen Akzeptanz - fernab von allzu einschränkenden "eigenen Widerständen und Abwehrhaltungen" - fähig wird, kann er hoffen die von Carl Rogers geforderte bedingungslose oder radikale, warme Akzeptanz des Patienten in jedem Hier-und-Jetzt der Therapie maximal verwirklichen zu können.

Der Bodhisattva wird überall im Mahāyāna-Buddhismus als Lernmodell verstanden. Er schreitet gleichsam mutig und geduldig voran und seine meditative Ausstrahlung (der 3. Bhumi heißt nicht ohne Grund "prabhākāri" (dt. Ausstrahlen)) soll die anderen Leidenden dazu anspornen und motivieren, ihn nachzuahmen.

Durch Ausdauer, Zuversicht und Ausstrahlung kann der Therapeut non-verbal -und wenn es stimmt, dass vieles in der Therapie auch non-verbal abläuft - einiges auslösen, was u.U. tief greifende Änderungen bewirken kann. Gerade in Bezug auf die spirituelle Dimension des Menschen ist anzunehmen, dass vieles in aller Stille, ohne Worte geschehen kann. Die ansteckende Stille des Bodhisattvas bzw. des leisen, mitfühlenden Buddha-Lächelns wird mit Recht im Bodhisattva-Modell als besonders ausstrahlend und wirksam angesehen. Zugegeben: Diese wichtige non-verbale Komponente in der Psychotherapie ist empirisch-methodisch schwer zu überprüfen. Videoaufnahmen von Therapien zeigen uns aber immer wieder, dass non-verbale Interaktionen wohl zu Unrecht in der bisherigen Therapieforschung vernachlässigt wurden. Alles in allem bietet das Bodhisattva-Ideal eine reichliche Orientierungs- und Reflexionsgrundlage für das professionelle Tun eines künftigen "spirituellen Psychotherapeuten". Obwohl die kulturelle Einbettung dieses Modells im Buddhismus nicht zu übersehen ist, lassen sich doch die allzu engen kulturell-religiösen Einbindungen weitgehend so relativieren, dass mir flexible Adaptationen oder Variationen für christliche, jüdische, moslemische, heidnische oder gar agnostische Kreise als durchaus realistisch erscheinen.

IV. Nālandā. Eine Visionsskizze über "wisdom research centers"

Nālandā, 90 km südlich von Patna (Bihar, Indien) soll Buddha immer wieder besucht haben. Einer seiner besten Schüler, Sariputra, wurde dort geboren. Erst im 5. Jh. nach Chr. wurde dort die erste buddhistische "Klosteruniversität" gegründet, vermutlich ist dies auch die erste Universität weltweit gewesen. Das buddhistische Nālandā ist aber stets offen gegenüber anderen Weisheitstraditionen gewesen, die auch dort gelehrt wurden. Zu Beginn des 13. Jh. wurde Nālandā endgültig zerstört. Die Gründung der Naropa-Weisheits- und Kunsthochschule in Boulder (Colorado) durch Chögyam Trungpa (1940-1987) im Jahre 1974 erinnert insofern an Nālandā als Nāropa dort eine hohe Position im Lehrkörper inne hatte.

Wenn die Bewusstseinsschulung im Sinne der alten Weisheitstraditionen in der modernen Medizin und Psychotherapie zum festen und dauerhaften Bestand werden soll, dann ist es m.E. keine Frage, dass sie Nālandā-ähnlicher Zentren bedarf, in denen eine internationale Forschung und Praxis auf hohem wissenschaftlichen Niveau betrieben wird. Auch brauchen Psychotherapeuten, die entsprechend uralten Weisheitstraditionen tätig sein wollen, solche Zentren, um sich weiter zu schulen bzw. qualifizierte Supervision zu erhalten. Ähnlich wie in Nālandā sollten solche Zentren längere Studien- und Forschungsaufenthalte ermöglichen, möglichst in einer kulturoffenen, nicht konfessionsgebundenen Atmosphäre.

Anders als die ursprüngliche Nālandā-Klosteruniversität, die jahrhundertlang von der indischen Gupta-Monarchie finanziell unterstützt wurde, können neue hochqualifizierte Zentren für die Forschung, Lehre und Praxis der Weisheitstraditionen in ihrer direkten Relevanz für die heutige Welt zur Zeit nicht mit der Unterstützung einer "postmodernen Gupta-Dynastie" - welcher Provenienz auch immer - rechnen. Der Weg über die Vernetzung einzelner Initiativen in Richtung auf die Bildung von Weisheitszentren als Begegnungs-, Forschungs- und Praxisstätten im Sinne des universellen Weisheitsgeistes von Nālandā ist m.E. nicht nur möglich, sondern für eine dauerhafte Implementierung der meditativen oder kontemplativen Traditionen innerhalb der modernen Wissenschaften dringend erforderlich.

Solche hochkompetenten Zentren erscheinen mir auf jeden Fall notwendig, will man die Bewusstseinsschulung als "beste Medizin" auf einem qualitativ hohem Niveau für die Psychotherapie, aber auch für viele andere Gesellschaftsbereiche auf Dauer wirksam werden lassen.

Literatur

Abel, T.M., Metraux, R., & Roll, S. (1987). *Psychotherapy and culture*. Albuquerque, University of New Mexico Press.

Aitken, R. (1982). *Taking the path of zen*. San Francisco, North Point Press.

Alexander, F. (1931). Buddhistic training as an artificial catatonia. *Psychoanalytic Review, 18,* 129-145.

Alexander, F. G., Selesnick, S.T. (1966). *The history of psychiatry: An evaluation of psychiatric thought*. New York, Harper & Row.

Brazier, C. (2003). *Buddhism on the couch*. Berkeley, Ulysses Press.

Davidson, R. J., Kabat-Zinn, J. (2004). Response to „alterations" in brain and immune function produced by mindfulness meditation: three caveats. *Psychosomatic Medicine, 66,* 148-152.

De Silva, P. (1986). Buddhism and behavior change: Implications therapy. In G. Claxton (Ed.), *Beyond therapy: The impact of Eastern traditions on psychological theory and practice* (S. 217-231). London, Wisdom Press.

Deikman, A. (1977).Comment on the GAP report on mysticism. *Journal of Nervous and Mental Disease, 165,* 213-217.

Epstein, M. (1995). *Thoughts without a thinker*. New York, Basic books.

Fromm. E. (1960). Psychoanalysis and zen buddhism. In E. Fromm, D.T. Suzuki, & R. De Martino (Eds.), *Zen buddhism and psychoanalysis* (S. 77-141). New York, Harper & Row.

Goleman, D. (1998). *Die heilende Kraft der Gefühle*. München, dtv.

Grossman, P., Niemann, L., Schmidt, S., & Walach, H. (2004). Ergebnisse einer Metaanalyse zur Achtsamkeit. In T. Heidenreich & J. Michalak (Hrsg.), *Achtsamkeit und Akzeptanz in der Psychotherapie* (S. 701-726). Tübingen, DGVT.

Hayes, S. C. (2002). Buddhism and acceptance and commitment therapy. *Cognitive & Behavioral Practice, 9*, 58-66.

Hayes, S. C. (2004). Acceptance and commitment therapy and the new behavior therapies. In S. C. Hayes, V. M. Follette, M. M. Linehan (Eds.), *Mindfulneess and acceptance* (S. 1-29). New York/London, Guilford Press.

Horney, K. (1987). *Final lectures*. In D. H. Ingram (Ed.), *Final lectures*. New York, Norton.

Kelman, H. (1960). Psychoanalytic thought and Eastern Wisdom. In J. Ehrenwald (1976) (Ed.), *The history of psychotherapy: From healing magic to encounter* (S. 328-333). New York, Jason Aronson.

Magid, B. (2002). *Ordinary mind. Exploring the common ground of zen and psychotherapy*. Boston, Wisdom Publications.

Mikulas, W. L. (1978). Four noble truths of buddhism related to behavior therapy. *Psychological Record, 28*, 59-67.

Mikulas, W. L. (1981). Buddhism & behavior modification. *Psychological Record, 31*, 331-342.

Molino, A. (1998). *The couch and the tree: Dialogues in buddhism and psychoanalysis*. New York: North Point Press.

Robins, C. J., Schmidt, H. III, & Linehan, M. M. (2004). Dialectical behavior therapy: Synthesizing radical acceptance with skillful means. In S. C. Hayes, V. M. Follette, M. M. Linehan (Eds.), *Mindfulness and acceptance* (S. 30-44). New York/London, Guilford Press.

Rubin, J. B. (1985). Meditation and psychoanalytic listening. *Psychoanalytic Review, 72*, 599-613.

Rubin, J. B. (1996). *Psychotherapy and buddhism: Toward an integration*. New York: Plenum Press.

Safran, J. D. (Ed.) (2003). *Psychoanalysis and buddhism: An unfolding dialogue*. Somerville, MA., Wisdom Publications.

van Quekelberghe, R. (2005). *Transpersonale Psychologie und Psychotherapie*. Eschborn bei Frankfurt/M., Klotz.

Walsh, R. (1980). The consciousness disciplines and the behavioral sciences: Questions of comparison and assessment. *American Journal of Psychiatry, 137*, 663-673.

Watts, A. (1961). *Psychotherapy East and West*. New York, Pantheon.

Wilber, K., Engler, J., & Brown, D. P. (1986). *Transformations.of conciousness: Conventional and contemplative perspectives on development*. Boston, New Science Library/Shambala.

Zusammenfassung

"Buddhas Medizin" als ein uraltes Heilmittel von emotionalen und Verhaltensleiden hält zaghaft in Bereiche der modernen Humanmedizin und Psychotherapie Einzug.

Wir beschreiben vier verschiedene Begegnungswege zwischen dem Buddhismus und der Psychiatrie, Psychoanalyse oder Psychotherapie. Dies wird u.a. am Beispiel der Methodik von Jon Kabat-Zinn reflektiert.

Wichtige Aspekte des Bodhisattva-Ideals werden dargelegt und dienen als eine Art Grundlage für die Entwicklung einer spirituell orientierten Psychotherapie.

Im Rahmen von Überlegungen über ein nachhaltiges Gedeihen und Weitergeben der „besten Medizin" wird eine Vision über ein neues „Nalanda" als Weisheitsforschungszentren geschildert, die vorrangig der Erforschung von Meditation, transpersonalen Psychotherapie und holisitischen Medizin dienen sollen.

Abstract

„Buddha´s medicine" of emotional and behavioral suffering, which exists since two and a half thousand years, is now slowly entering into some classic areas of modern medicine and psychotherapy.
We describe four different ways of encounter between buddhism and psychiatry, psychoanalysis, or psychotherapy. Jon Kabat-Zinn´s approach is just taken as an example to be questioned.
Central aspects of the Bodhisattva-ideal are delineated and give a sort of frame for the development of a spiritual oriented psychotherapy. In the context of such reflections, we give a sketchy vision of a new Nalanda as Wisdom Research Centers focusing on meditation, transpersonal psychotherapy , and holistic medicine.

Arndt Büssing

Zuwendung zum anderen - Die Geisteshaltung des Bodhisattvas

Die „Ausmusterung Gottes"

Die Bibel berichtet, dass Gott den Menschen mit einer liebevollen Geste erschaffen hat - und dass er zufrieden mit seiner Schöpfung war (Gen 1,31). Aber im Lauf der Zeit ist das Bewusstsein für diese Beziehung wohl in Vergessenheit geraten. Kaum jemand kann sich mehr erinnern an die fürsorgliche Liebe von Gott-Vater, Gott-Mutter.

„Meine Mutter hat mich nie geliebt, mein Vater hat uns früh verlassen", hören wir jemanden sagen, „niemand hat mich je beachtet." – Ob diese Wahrnehmung stimmt oder nicht, vergessen ist die Mühe der Mutter bei der Geburt, bei der Versorgung des Kindes, beim Füttern, Baden, Anziehen, in Vergessenheit geraten, dass die Mutter, der Vater mit Stolz in den Augen ihrem Kind bei seinem ersten Schultag nachgeschaut haben, dass sie sich so viel Mühe gegeben haben. So vieles, was nicht mehr erinnert wird - oder weil wir die „wirkliche Erfahrung" ausgeblendet haben, weil sie nicht ins Bild passt, das wir uns gemacht haben: „Gott ist tot, hat nie existiert."

Mit der irrtümlicher Entdeckung von Mittelamerika 1542 durch Cristoforo Colombo (1451-1506) hatte die Welt ihre „metaphysischen

Ränder" (Joseph Ratzinger) verloren. Wo immer man vorstieß, immer wieder tauchte nur „Welt" auf. Die Struktur der Materie ist überall gleich, der Himmel ist angefüllt mit einer unermesslichen Anzahl weiterer Welten. Ein physischer Gott war ebenso wenig zu finden wie ein organisches Korrelat der Seele. Die „Hypothese Gott" mit all ihren Implikationen war nach Aussage von Pierre-Simon Laplace (1749-1827) überflüssig geworden. Die moralischen Druckmittel „Himmel und Hölle" wurden als Konstrukte der religiösen Bevormundung entlarvt (Walach, 2005). Die Menschen werden nicht durch äußere Mächte bestimmt, sondern sind frei zu entscheiden und zu handeln wie sie wollen, formulierten es die Existentialisten. Jean-Paul Sartre (1905-1980) sprach sogar davon, dass der Mensch in Ermangelung von Werten und Geboten „zur Freiheit verurteilt" sei (Sartre, 1961).

Als ethische Prinzipien des Handelns waren nach der Verschiebung der Grundorientierung des Denkens und dem Verlust der heteronomen Prinzipienethik (Heilige Schrift, Kirche) und der durch die zwei Weltkriege ad absurdum geführten Vernunftethik Immanuel Kants (1724-1804), die auf der Annahme des sittlich Guten und der Freiheit des Willens basiert, oder der Tugendethik von Aristoteles (384 – 322 v. Chr.), dessen Tugenden Klugheit, Gerechtigkeit, Tapferkeit und Mäßigung von Thomas von Aquin (1225-1274) um die Tugenden Glaube, Hoffnung und Liebe ergänzt wurden, nur noch der Hedonismus („Gut ist, was Genuss bereitet") und der Utilitarismus („Gut ist, was das allgemeine Glück befördert") übrig geblieben. - Der nach „Übermenschlichkeit" strebende orientierungslose Mensch hat auf dem vakanten Thron Platz genommen.

Individualisierung und Egoismus

In unseren westlichen Gesellschaften, die ihren Rang an Wirtschaftskennziffern wie Exportüberschüsse, Währungsstabilität, wirtschaftlich nutzbare Innovationen, Produktivitätssteigerungen, effizienzsteigernde Technologien, Gewinnmaximierung der Unternehmen und Wachstumssteigerungen des Bruttosozialprodukts der Volkswirtschaft definieren, hat sich in Ermangelung einer allgemeinen Verbindlichkeit der deontologischen Ethik die "Ich zuerst"-Haltung etabliert: „Wie kann Ich überleben und das meiste für mich herausholen?" - Egal wer auf der Strecke bleibt.

Dies ist Ausdruck eines neoliberalen Sozialdarwinismus: Wer sich den Marktgesetzen unterwirft, überlebt. Da das Marktgeschehen als Verdrängungswettbewerb organisiert ist, ist das hedonistische Recht des Stärkeren fraglos akzeptiertes Prinzip. Mobbing in der Schule oder am Arbeitsplatz („Karrierismus") sind die logische Konsequenz dieser egozentrierten Geisteshaltung: "Du stehst mir im Weg, denn Ich muss mich behaupten."

Auch wenn dies in vielen Fällen keine bewusste Diskriminierung sein mag, keine bewusste Demonstration von Stärke und Macht, so ist es doch eine unachtsame oder nachlässige Haltung, die sich eingeschlichen hat, weil der andere eben nicht wirklich wichtig ist. Im günstigsten Fall lautet die Frage: "Was nützt es mir, wenn ich dir helfen sollte?"

Das Allensbacher Meinungsforschungsinstitut bestätigt, dass das gerade das Interesse Jugendlicher insbesondere an Politik, Umwelt- und Naturschutz und Wirtschaft nachgelassen hat, während im Gegenzug das Interesse an Telekommunikationsmedien zugenommen hat (Westfälischen Rundschau Nr. 179; 4. August 2005). 73% der 14 bis 19-jährigen nutzen den Computer als „Spielfläche" – oft genug als Projektionsfläche ungehemmter Gewaltmöglichkeit, die im realen Leben aber auch ausprobiert wird. „Die Hemmschwelle sinkt", zeigt der Blick auf die von der Polizei dokumentierten Rohheitsdelikte. Es ist wohl unbestritten, dass Gewalt-dominierte Computerspiele zu einer Desensibilisierung führen und (vor dem Hintergrund der Isolation, sozialen Enthemmung, mangelnden Aufmerksamkeit und Betreuung auffälliger Jugendlicher) eine soziale Gewaltbereitschaft fördern können. Der Übergang von der virtueller zur realen Welt wird zunehmende fließender –insbesondere für einen „harten Kern" sich als zunehmend isoliert und chancenlos empfindender Jugendlicher, die zumeist selber Opfer sind.

Aufgrund der fortschreitenden globalen Vernetzung und der damit einhergehenden Medialisierung erleben wir eine immer größere Informationsflut, die zu Beliebigkeit und Gleichgültigkeit führt und uns letztendlich sogar in eine Wertelosigkeit treiben. Die Anzahl der Veränderungen, Erneuerungen und Umbrüche überschwemmt uns in immer schnellerem Maße. – Wo sind wir eigentlich selber? Wo ist er hin, der Sinn im Leben? Welche Ideale werden Kindern übermittelt und vorgelebt außer: „Du musst die Ellenbogen benutzen, wenn du durchkommen willst!"

Menschlichkeit als Wert, als Ideal oder gar als Aufgabe verliert im allgemeinen Werte-Bewusstsein an Bedeutung. Sie wird allenfalls vage als vorhanden vorausgesetzt. Der Verlust einer Verantwortung anderen gegenüber ist letztendlich Ausdruck einer mangelnden Auseinandersetzung mit sich selbst, Ausdruck eines Mangels an Sinn und Bedeutung im eigenen Leben.

Eine andere Geisteshaltung

Bodhisattva Avalokiteshvara hat beschlossen so lange immer wieder in den Kreislauf von Leben und Sterben zurückzukehren und auf ihren Eintritt in Nirvana zu verzichten, bis nicht alle leidenden Wesen erlöst sind. Immer wieder kümmert sie sich aufopferungsvoll um die Leidenden, Hungernden, Sterbenden, bis sie selbst nicht mehr kann. Sie müsste Hunderte von Händen, Augen und Ohren haben.

Endlich hat sie es geschafft: Alle leidenden Wesen sind erlöst und in Nirvana eingegangen. Erschöpft blickt sie noch einmal auf die Erde zurück... Doch nein, die Welt ist (wieder) angefüllt mit leidenden Wesen, die der Erlösung harren!

Aus Trauer und Enttäuschung springt Bodhisattva Avalokiteshvaras Kopf in tausend Stücke. Doch damit sie ihr Werk fortsetzen kann, erhält sie von Amitabha Buddha einen neuen - und 1000 Arme und Hände dazu.

So erzählt es eine buddhistische Legende. - Die Geisteshaltung eines/r Bodhisattva mit seinem/ihrem Gelübde, alle leidenden Wesen zu erretten, ist offensichtlich eine völlig andere als die des vom neoliberalen Sozialdarwinismus geprägten „Ich-zuerst". Hierbei steht eine altruistische Haltung im Vordergrund, nicht die Egozentriertheit.

Auf die Frage, wie er mit dem Bodhisattva-Gelübde, alle leidenden Wesen zu erretten, umgehe, antwortete Zen-Meister Wu Bong: "Wie kann ich Dir helfen?" (Büssing und Wenger, 2003). Diese altruistischen Grundhaltung steht der egoistischen Rücksichtslosigkeit oder Gleichgültigkeit entgegen.

Altruismus (alter, der andere) ist die Eigenschaft der Uneigennützigkeit oder Selbstlosigkeit. Diese setzt eine bestimmte „Einsicht" voraus. Aber die altruistischen Eigenschaften sind durchaus nicht immer so uneigennützig und selbstlos, wie es die Definition suggeriert, denn auch in der Verhaltensforschung kennt man das Phänomen der Aufopferung eines Einzelnen oder mehrerer, um den Fortbestand der anderen zu sichern - weil es eben nützlich ist. In einem liberalistischen Kontext heißt das dann, dass das eigennützige Handeln der Individuen, im Sinne von Nutzenmaximierung, Unlustvermeidung und Lustgewinn, zu einer Steigerung der gesamten Wohlfahrt führen soll.

Nutzen muss in diesem Sinne aber nicht notwendigerweise dasselbe sein wie Eigennutz oder Egoismus, denn auch die Adoption eines Kindes kann von subjektivem Nutzen sein. Hier gibt es eine offensichtliche Schnittmenge mit dem ethischen Egoismus, dass man nur das tun solle, was für einen selbst (oder seine Verwandten) am besten sei. Im Alltag ist diese Haltung durchaus auch mit selbstlosem Verhalten vereinbar - wenn es nur langfristig nützt. Man könnte sogar sagen: „Ich helfe anderen, damit auch mir geholfen wird."

Ist dieser „karmische Ausgleich" die Motivation, einen helfenden Beruf zu ergreifen? - „Wenn ich jetzt helfe, dann wird mir vielleicht auch irgendwann geholfen?" Oder: „Zur Belohnung werde ich in den Himmel kommen?" - Ein Bodhisattva hat keinen persönlichen Nutzen davon, seine „Erlösung" in die Unendlichkeit hinauszuschieben, bis er alle Wesen errettet hat – er hat diese Möglichkeit aus freiem Willen hinausgeschoben.

Motivation für die Krankenpflege

Schauen wir zurück ins 19. Jahrhundert, das als „Geburtsstunde der beruflichen Krankenpflege" angesehen wird, dann steht als Motivation in der Krankenpflege eindeutig der caritative Aspekt im Vordergrund, das Prinzip der christlichen Nächstenliebe für Gottes Lohn, die moralische Verpflichtung, aufgrund der religiösen Einstellung zu helfen.

Wenn man heute nach der Berufsmotivation von Altenpflegerinnen fragt, dann wird der Kontakt zu anderen Menschen, der Wunsch, Hilfsbedürftigen zu helfen und nach sozialer Verantwortung genannt (Sell, 1995). Gleiches findet man bei angehenden Krankenschwestern oder Medizinstudenten, für die das Helfenwollen an erster Stelle steht. Bis heute verbindet man mit der Berufsbezeichnung „Krankenschwester" das Bild einer sich aufopfernden, selbstlosen Dienerin („Engel in Weiß"), die sich ohne Rücksicht auf ihre eigenen Bedürfnisse für die Patienten einsetzt. - Altruismus schließt aber immer auch die eigene Person mit ein, darf nicht zur Ausblendung der eigene Bedürfnisse und Möglichkeiten führen.

Eine Kinderkrankenschwester erzählte, dass sie aufgrund ihrer Erziehung und ihrer religiösen Überzeugungen nach dem Abitur unbedingt habe helfen wollen und Kinderkrankenschwester geworden sei. Auf einer Kinderintensivstation habe sie mit großer liebevoller Zuwendung die ihr anvertrauten Kinder versorgt. Jahrelang habe sie bis zum Umfallen gearbeitet, ohne auf ihre eigenen Bedürfnisse Rücksicht zu nehmen, bis sie selber krank geworden sei. Und nun stelle sie enttäuscht fest, dass sie mit ihren Idealen ganz allein stehe und dass nun ihren Kindern wenig Liebe, Achtung und Rücksicht entgegengebracht würde.

Eine liebevolle und achtsame Zuwendung zum Patienten wird natürlich allgemein vorausgesetzt, aber sie ist heute im Zuge der Personal-Einsparungen kaum mehr umsetzbar (auch im Bereich der Wirtschaft kennt man den Zusammenhang zwischen Personalabbau und Umsatz-/Gewinnanstieg). Bei vielen Menschen in den helfenden Berufen folgt in der Tat rasch die Ernüchterung – und oft die Berufsaufgabe. Als Gründe der Unzufriedenheit des Pflegepersonals in der stationären Altenpflege werden unter anderem Personalmangel, ständiger Zeitdruck, viele Überstunden, Leiden der Bewohner und geringes gesellschaftliches Ansehen genannt (Bermejo und Muthny, 1994). Für gestörte Pflegeinteraktion mit alten und leidenden Menschen, die viel häufiger sind als angenommen wird, wurden erkannt (Belardi, 2001), die Projektion (Ängste vor dem eigenen Altern), Übertragung (Vorwürfe oder Wiedergutmachung an die eigenen Eltern) und Rollenumkehr (die ehemals kleinen ohnmächtigen Helfer sind nun die Stärkeren).

Eine 27-jährige Altenpflegerin hatte in einem Altenpflegeheim in Wachtberg bei Bonn zwischen 2003 und 2005 neun demenzkranke Patientinnen erstickt. „Sie war sehr beliebt bei Bewohnern, bei Angehörigen. Sehr einsatzbereit, sehr engagiert und hat auch eine gute Arbeit geleistet", äußerte sich die Pflegedienstleiterin. - Häufig rechtfertigen die „Helfer" ihre Taten damit, dass sie ihr Opfer vom Leid erlösten wollen. Die Vertreibung aus dem paradiesischen Zustand der Kindheit hat zur Folge, sich mit Krankheit, Leid und Tod auseinander setzen zu müssen, selber zu einer Einsicht über die Beweggründe sei-

nes Handelns kommen zu müssen. Jeder will zurück ins Paradies –
aber erliegt der Welt.

Was ist also anders an der Haltung eines Bodhisattva, sich mitfühlend
dem Gegenüber zuzuwenden? Und welcher Weg führt zur Wandlung
egoistischer Verhaltensweisen in altruistische Handlungen?

Die Bodhisattva-Haltung

Ein Bodhisattva (bodhi, Sanskrit: Erleuchtung; sattva, empfindendes
Wesen) bezeichnet ein empfindendes Wesen, das dem Buddha-Weg
folgt und versucht sich zu vervollkommnen und das die Erlösung vom
Leiden, die Erleuchtung, anstrebt. Aber auf diesem Weg kommt die
Einsicht, dass er/sie sich nicht in eine "private" Erlösung retten kann,
solange noch so viele Wesen leiden. Aus großem Mitgefühl al-len
empfindenden Lebewesen gegenüber verzichtet er/sie auf den Eintritt
ins Nirvana, bis alle Lebewesen erlöst sind. Dieser Aufgabe widmet er
sein Da-Sein, immer wieder, von Lebensrunde zu Lebensrunde. Im
Mahayana-Buddhismus ist dies das Ideal, dem es nachzustreben gilt,
sei es als Mönch, als Nonne oder als Laie:

Empfindende Wesen sind zahllos. Ich gelobe, sie alle zu erretten.
Die Täuschungen sind endlos. Ich gelobe, sie alle abzuschneiden.
Die Lehren sind unermesslich. Ich gelobe sie alle zu erlernen.
Der Buddha-Weg ist unvorstellbar. Ich gelobe, ihn zu verwirklichen.

„Welch ein Unterfangen..., welch Zumutung", mag man denken. Oder
aber auch: „Welch ein Hochmut, zu glauben, man könne alle Wesen
erretten". „Man kann nicht allen helfen, sagt der Engherzige und hilft
keinem," spottete Marie von Ebner-Eschenbach (1830-1916).
Ein Bodhisattva vereinigt in sich die Prinzipien der Tugendethik von
Aristoteles (Klugheit, Gerechtigkeit, Tapferkeit und Mäßigung) und
der christlichen Kardinaltugenden (Glaube, Hoffnung und Liebe), aus
Immanuel Kants Pflichtethik den freien Willen zu sittlichem Handeln

und Schopenhauers Mitleid. Aber nicht aus Gründen der Vernunft oder gesellschaftserhaltender Nützlichkeit, sondern aus Einsicht und Weisheit („Erwachen").

Denn wenn ein Bodhisattva die leidenden Wesen wahrnimmt, weiß er, dass er nicht getrennt ist von "allen anderen". Das Leid der anderen ist auch sein Leid. Der Schmerz der anderen ist auch sein Schmerz. Die Erlösung der anderen ist auch seine Erlösung. Wir hängen zusammen am Stock, der uns trägt. Kein isoliert lebendes ICH. "Alles miteinander teilend, leben wir mit allen Wesen des Universums als ein Körper, ein Herz und ein Geist in gemeinsamer harmonischer Tätigkeit", formuliert es die koreanischen Zen-Meisterin Dae-Haeng Keun Sunim.

Die Haltung eines Bodhisattva ist irrational, denn sein Gelübde ist eine unerfüllbare („übermenschliche") Aufgabe, sie führt unweigerlich zur Erfahrung der Endlosigkeit der Not. Während Sisyphos seinen Stein nicht aus freiem Willen immer wieder den Berg hinaufschiebt, so ist es der freie Entschluss aus Erkenntnis oder Einsicht, die einen Bodhisattva seine Aufgabe immer wieder angehen lässt.

Bodhisattvas werden zwar gerne auf den Sockel gehoben, aber sind keine Gottheiten, die irgendwo hoch oben im Himmel zu finden wären, und denen wir unsere Gebete darbringen müssten. - Ob es nun Bodhisattvas, einen Gott, ein Weiterleben nach dem Tod des Körpers etc. wirklich gibt, lässt sich unter der Prämisse des Positivismus, dass uns primär Sinneswahrnehmungen gegeben sind, die wir interpretieren können, eben nicht so ohne weiteres beantworten. Es gibt keine „objektiven Daten", die wir erheben könnten, um diese Fragen zu beantworten. - Manchmal sind Bodhisattvas eben eine Metapher für eine Wahrheit, die unseren Horizont übersteigt. Manchmal stehen sie für bestimmte "innere Kräfte", die man erwecken kann, manchmal für transzendente Wesenheiten („Heilige", „Engel"), die hilfreich zur Seite stehen, wenn man ihrer bedarf. Manchmal sind es Verkörperungen bestimmter Eigenschaften des Einen - und manchmal fallen alle Möglichkeiten zusammen in einem Menschen, der uns gerade zur rechten Zeit über den Weg läuft, der nicht lange fackelt und fragt: „Wie kann ich dir helfen?"

Vielleicht ist es die Kinderkrankenschwester, der Lehrer, der Bäcker, die Verkäuferin oder der Müllmann? - Aber es müssen nicht immer nur „die anderen" sein? Warum nicht wir selbst?

In der buddhistischen Ikonographie findet sich eine Vielzahl unterschiedlicher Darstellungen "klassischer" Bodhisattvas (Leighton, 1998), die uns als ermutigende Anregung vor Augen stehen können. Zwei Bodhisattvas seien hier besonders erwähnt:

Avalokiteshvara (chin. Guanyin, jap. Kannon, Kanzeon, kor. Kwan Se Um), repräsentiert das Mitgefühl. Sie/er wird sowohl in einer weiblichen als auch in einer männlichen Form dargestellt, oft mit 11 Köpfen oder 1000 Armen. Diese Bodhisattva hat ihr modernes Korrelat in den caritativen Berufen.

Kshitigarbha (chin. Ti Tsang, jap. Jizo, kor. Ji Jang), der Erden-Schoß-Bodhisattva, ist Beschützer der Kinder, der Ungeborenen und der Reisenden (insbesondere von dieser Welt in das nächste Leben) und hilft allen leidenden Wesen, die sich in den „sechs Höllenbereichen" befinden. Sein modernes Korrelat wäre in der Jugend-, Hospiz- und Gefängnisarbeit zu finden.

Der Bodhisattva-Weg

Gerade in der Zuwendung zu abhängigen Personen ist es bedeutsam, sich des Spannungsverhältnisses von Mitleid und Macht bewusst zu sein. Aber es geht hier nicht primär um Mitleid, sondern um achtsame Zuwendung auf der Basis des Mitgefühls - vor dem Hintergrund der „Nicht-Getrenntheit".

Alle Menschen wollen glücklich sein und sie versuchen, Unglück zu vermeiden. Der Karma-Gedanke, das buddhistische „Gesetz von Ursache und Wirkung", besagt, dass heilsame Handlungen „Anlagen" im Geist des Handelnden hinterlassen, die später zu günstigen Bedingungen führen werden. Der an Krebs gestorbene tibetische Lehrer Geshe Thubten Ngawang (1932-2003) betonte ganz deutlich, dass das Erreichen von Glück von unserem Tun abhängt. Wer dies erkenne, werde seine Erwartungen nicht mehr auf andere richten und von ihnen verlangen, dass sie ihn glücklich machen oder ihnen zürnen, wenn sie dazu nicht das Nötige unternommen haben.

Nicht nur im Kontext einer achtsamen Zuwendung zu Patienten, sondern ganz umfassend ist der erst Schritt auf dem Bodhisattva-Weg die Aufgabe der egoistischen und egozentrischen Haltung und die Wahrnehmung des Gegenübers als empfindendes Wesen, das glücklich sein will. Dann ist es unvermeidlich auch seine eigenen Licht- und Schattenseiten wahrzunehmen. Die Einübung der 6 Paramitas („Vervollkommnungen") ist hilfreich, um die alten Denk- und Handlungsgewohnheiten zu verändern: (1) Großzügigkeit und Edelmut, (2) ethische Werte (weder andere, noch sich selbst schädigen), (3) Langmut und Geduld, (4) ein fester Vorsatz und ausdauerndes Bemühen, (5) Konzentration und Achtsamkeit durch Meditation und (6) Einsicht in die Selbst-Losigkeit und Impermanenz und damit Weisheit.

Durch den Vorsatz, allen leidenden Wesen beizustehen, werden alle egoistischen Interessen hinter sich gelassen, da es eben „nichts zu erreichen" gibt („Lohn"), wie es im Herz-Sutra heißt. Ein Bodhisattva ist nicht mehr der „Eigentümer seines eigenen Lebens", er/sie widmet es allen Wesen. Seine unmögliche Aufgabe reicht er wie ein Staffelläufer von Leben zu Leben weiter in eine der 1000 Hände von Bodhisattva Avalokiteshvara – und wird so zu einer transindividuellen Wesenheit, zu einem universalen Bodhisattva. Der Weg des vollendeten Bodhisattvas ist ausdrücklich kein Weg des „Ich-will", es ist ein Weg der Heilung, ein Weg des „Einfach-nur-Tuns" aus Einsicht.

Für jeden sind aber die spezifischen Situationen anders: Es kann die
liebevolle Zuwendung zu einem Patienten sein, die Begegnung mit
einem Obdachlosen in der Stadt, Meditationsangebote für Gefangene,
die Sorge um einen Arbeitskollegen, der Hilfe bedarf etc. Im Bodhisattva-Gelübde treffen sich die Ideale des Buddhismus mit denen des
Christentums (vielleicht sogar mit denen aller Wahrheitswege). Hier
ist die kleinmütige Trennung aufgehoben: Anpacken, wo Hilfe nötig
ist, ohne die Hand aufzuhalten und etwas zu erwarten; Anpacken, weil
der Nächste unserer Zuwendung bedarf, egal ob er Christ, Buddhist,
Moslem, Jude, Hindu oder Atheist ist - einfach, weil er ein Mensch ist,
der Hilfe bedarf.

Beziehungen

Worauf richtet sich das Grundbedürfnis nach Liebe und Zuwendung?
- Von den verschiedenen Formen einer spirituellen/religiösen Praxis
erfreuen sich insbesondere die humanistische und die Natur-
zuwendende Praxis eines hohen Zuspruchs, während Dankbarkeit und
Ehrfurcht oder Formen einer existentialistischen Praxis eher im unent-
schlossenen Mittelfeld der Ausübungspraxis anzusiedeln sind; die
Formen einer konventionellen religiösen oder einer unkonventionellen
spirituellen Praxis erfahren nur eine geringe Zuwendung (Büssing et
al., 2006). Hinter dieser humanistischen Praxis verbergen sich viele
der von der christlichen Caritas geprägten Ideale, so die Rücksicht-
nahme auf die Bedürfnisse anderer, das Einsetzen für sie, der Versuch
anderen zu helfen, das ehrenamtliche Engagement, das grundlegende
Bemühen Gutes zu tun und vor allem das Gefühl der Verbundenheit
mit dem Gegenüber. Hier drückt sich deutlich die Agape aus, die dem
anderen mit Achtung begegnende Liebe. Von den verschiedenen Ausdrucksformen der Spiritualität ist zudem gerade der Faktor „Dankbarkeit, Achtung und Respekt" derjenige, die die höchste Wertschätzung
erfährt (Büssing et al., 2007), auch bei den nicht konfessionell orientierten Menschen.

Es liegt also durchaus eine (wenn auch unbewusste) „Erinnerung" an den liebenden Ursprung vor, die sich in der prinzipiellen Zuwendung zum Gegenüber manifestiert. Dass der Imperativ der Nächstenliebe in die Natur des Menschen eingeschrieben ist, lässt sich auch an der hohen Priorität ablesen, die Menschen unterschiedlicher Religionszugehörigkeiten und Konfessionslose der Zuwendung zum anderen zuschreiben (Büssing et al., 2006, 2007).

Aber auch wenn diese „horizontale Beziehung" deutlich höhere Wertschätzung als die (verloren gegangene) „vertikale Beziehung" erfährt, so ist dennoch nicht zu leugnen, dass zum einen die Verbindlichkeit dieser Beziehungen unklar ist und zum anderen eine konkrete Umsetzung der ethischen Zielgrößen im sozialen Kontext oft genug nur ein frommer Wunsch ist. – Wir brauchen definitiv eine „neue Ethik", die auf Achtsamkeit und Wertschätzung fußt.

Ausblick

Mit dieser zuwendenden Haltung in Achtsamkeit können wir eine der 1000 Hände von Bodhisattva Avalokiteshvara sein (im Sinne einer Manifestation des Einen, die über das Individuum hinausgeht), in allem was wir tun, in jeder Begegnung mit dem Gegenüber, der nicht anders ist als wir selbst. In einer großen altruistischen Zuwendung das egoistische „Ich-zuerst" kleiner werden lassen und die eigene Menschlichkeit entdecken! So viele wunderbare Möglichkeiten, das Gute wachsen zu lassen und dem Gegenüber die Chance zu geben, die Augen zu öffnen, dass Ich und Du nur vorübergehende Erscheinungen sind, dass wir alle Möglichkeiten in uns tragen. Diese Erfahrung machen gerade Menschen in der Kranken- und Altenpflege, die sich mit großem Engagement für die ihnen Anvertrauten einsetzen, auch wenn sie oft genug hilflos vor dem individuellen Schicksal stehen und anerkennen müssen, dass eben doch nicht alles machbar ist, was möglich sein müsste. Dann bleibt nur das einfache Dasein, das Lauschen, das

Schweigen – und vielleicht ein Gebet, ein Handauflegen, eine Verbeugung in Dankbarkeit (Büssing, 2001), ein erlösendes Wort....

Der Erwachte ist nicht irgendwo hoch oben...
Steh auf und geh!

Literatur

Belard, N. (2001). Supervision in der Altenhilfe In: Supervision, Or-
ganisationsentwicklung, Evaluation. Hamburg: Chemnitzer Beiträge
zur Sozialpädagogik, 1, 44.
Bermejo, I., Muthny, F.A (1994). „Burnout" und Bedarf an psychoso-
zialer Fortbildung und Supervision in der Altenpflege, Münster; 84:
33 ff; Deutsches Zentrum für Altersfragen (Hrsg). Berlin: Expertisen
zum Altenbericht der Bundesregierung, 206.
Büssing, A. (2001). Eine Verbeugung in Dankbarkeit. In Büssing A.
(Hrsg.), „Regen über den Kiefern. Zen-Meditation für chronisch
Kranke und Tumorpatienten"; Stuttgart: Johannes M. Mayer-Verlag,
126-127.
Büssing, A., Wenger M. (2003). Der Tau am Morgen ist weiser als
wir. Alte und neue Zen-Geschichten, Berlin: Theseus-Verlag, 96.
Büssing, A., Ostermann, T., Glöckler, M., Matthiessen, P.F. (2006).
Spiritualität, Krankheit und Heilung – Bedeutung und Ausdrucksfor-
men der Spiritualität in der Medizin. Frankfurt: Verlag für Akademi-
sche Schriften.
Büssing A Ostermann T, Matthiessen PF (2007). Distinct expressions
of vital spirituality. The ASP questionnaire as an explorative research
tool. Journal of Religion and Health (zur Veröffentlichung angenommen; online seit September 2006)
Leighton, T.D. (1998). Bodhisattva Archetypes. Classic Buddhist
Guides to Awakening and their Modern Expression. New York: Pen-
guin Books.
Sartre, J.-P. (1961). Ist der Existentialismus ein Humanismus? In Drei
Essays, Berlin: Ullstein-Verlag

Sell, D. (1995). Seelische Belastungsfaktoren in der stationären Altenpflege. In: Die Schwester/Der Pfleger, 3. 499ff

Walach, H. (2005): Spiritualität als Ressource. Chancen und Probleme eines neuen Forschungsfeldes. In Ehm, S., Utsch M. (Hrsg), „Kann Glauben gesund machen? Spiritualität in der modernen Medizin." Berlin: Evangelische Zentralstelle für Weltanschauungsfragen, EZW-Texte 181, 17-40.

Zusammenfassung

Die Geisteshaltung eines Bodhisattva mit seinem/ihrem Gelübde, alle leidenden Wesen zu erretten, ist offensichtlich eine völlig andere als die des vom neoliberalen Sozialdarwinismus geprägten „Ich-zuerst". Menschlichkeit als Wert, als Ideal oder gar als Aufgabe existiert im allgemeinen Werte-Bewusstsein westlicher Gesellschaften so gut wie nicht mehr, sie wird aber insbesondere in der Alten- und Krankenpflege noch als vorhanden vorausgesetzt. Aber diese Verpflichtung zur Zuwendung führt leicht zur Frustration und Erschöpfung. Dem Bodhisattva-Weg zu folgen heißt, seine eigenen Motive und Absichten klar zu sehen, die egoistische und egozentrierte Haltung aufzugeben und sich den anderen aus Einsicht helfend zuzuwenden, sein Leben allen Wesen zu widmen. Der Bodhisattva-Weg stellt zwar vordergründig eine „irrationale Überforderung" dar, ist aber eine altruistische Form der Lebensausrichtung, in der sich die Ideale des Buddhismus mit denen des Christentums vereinigen.

Schlüsselwörter:
Ethik, Altruismus und Zuwendung, Krankenpflege, Gott, Bodhisattva-Haltung

Abstract

The mentality of a bodhisattva with his/her vow to liberate all suffering beings, obviously differs from the „Foremost-I" attitude which is the consequence of a neo-liberal social Darwinism. Humanity as a value, an ideal or a mission is not really existent any more in the general principles of western societies, but it is supposed in the nursing of sick and elderly. Caring for others is a demand which easily can result in frustration and exhaustion. To follow the route of a bodhisattva means to become clear in the own motives und intentions, to give up all egoistic and ego-centred attitudes, to help others because of insight, and to devote life to all beings. The route of a bodhisattva superficially seems to be an „irrational excessive demand", but in fact it is an altruistic orientation of life which combines the ideals of Christianity and Buddhism.

Keywords:
ethic, altruism and turning to patients, nursing, God, bodhisattva attitude

Jorge N. Ferrer

Verleiblichte Spiritualität - Embodied Spirituality: Now and Then

For in him the whole fullness of divinity dwells bodily
(Colossians 2:9)

"Embodied spirituality" has become a buzzword in contemporary spiritual circles, yet the concept has not been dealt with in a thorough manner. What do we really mean when we say that spirituality is "embodied"? Is there a distinct understanding of the body underlying this expression? What distinguishes "embodied" from "disembodied" spirituality in practice? What are the implications for spiritual practice and spiritual goals—and for our very approach to spiritual liberation—of taking embodiment seriously?

Before attempting to answer these questions, two caveats are in order. First, though the following reflections seek to capture essential features of an emerging spiritual ethos in the modern West, by no means do I claim that they represent the thinking of every spiritual author and teacher who today uses the term "embodied spirituality." It should be obvious that some authors may focus on or accept only some of these features, and that the following account inevitably reflects my own standpoint, with its unique perspective and consequent limitations. Second, this essay engages in the task of a "creative interreligious hermeneutics" that not only freely—and admittedly somewhat impetuously—weaves together spiritual threads from different religious traditions, but at times revisions them in light of modern spiritual understandings. Though this procedure is still considered anathema in mainstream academic circles, I am convinced that only through a critical fusion of past and present global spiritual horizons can we begin stitching a trustworthy tapestry of contemporary embodied spirituality.

What Is Embodied Spirituality?

In a way, the expression "embodied spirituality" can be rightfully seen as redundant and perhaps even hollow. After all, is not all human spirituality "embodied" insofar as it necessarily transpires in and through embodied men and women? Proponents of embodied spiritual practice, however, tell us that important trends of past and present spiritualities are "disembodied." But what does "disembodied" mean in this context?

In the wake of our spiritual history, I suggest that "disembodied" does not denote that the body and its vital/primary energies were ignored in religious practice—they definitely were not—but rather that they were not considered legitimate or reliable sources of spiritual insight in their own right. In other words, body and instinct have not generally been regarded as capable of collaborating as equals with heart, mind, and consciousness in the attainment of spiritual realization and liberation. What is more, many religious traditions and schools believed that the body and the primary world (and aspects of the heart, such as certain passions) were actually a hindrance to spiritual flourishing—a view that often led to the repression, regulation, or transformation of these worlds at the service of the "higher" goals of a spiritualized consciousness. This is why disembodied spirituality often crystallized in a "heart-chakra-up" spiritual life that was based preeminently in the mental and/or emotional access to transcendent consciousness and that tended to overlook spiritual sources immanent in the body, nature, and matter.

Embodied spirituality, in contrast, views all human dimensions— body, vital, heart, mind, and consciousness—as equal partners in bringing self, community, and world into a fuller alignment with the Mystery out of which everything arises. Far from being an obstacle, this approach sees the engagement of the body and its vital/primary energies as crucial for not only a thorough spiritual transformation, but also the creative exploration of expanded forms of spiritual freedom. The consecration of the whole person leads naturally to the cultivation of a "full-chakra" spirituality that seeks to make all human attributes permeable to the presence of both immanent and transcendent spiritual energies. This does not mean that embodied spirituality ignores the need to emancipate body and instinct from possible alienating tendencies; rather, it means that *all* human dimensions—not just somatic and primary ones—are recognized to be not only possibly alienated, but also equally capable of sharing freely in the unfolding life of the Mystery here on earth.

The contrast between "sublimation" and "integration" can help to clarify this distinction. In sublimation, the energy of one human dimension is used to amplify, expand, or transform the faculties of another dimension. This is the case, for example, when a celibate monk sublimates sexual desire as a catalyst for spiritual breakthrough or to increase the devotional love of the heart, or when a tantric practitioner uses vital/sexual energies as fuel to catapult consciousness into disembodied, transcendent, or even transhuman states of being. In contrast, the integration of two human dimensions entails a mutual transformation, or "sacred marriage," of their essential energies. For example, the integration of consciousness and the vital world makes the former more embodied, vitalized, and even eroticized, and grants the latter an intelligent evolutionary direction beyond its biologically driven instincts. Roughly speaking, we could say that sublimation is a mark of disembodied spirituality, and integration is a goal of embodied spirituality. This is not to say, of course, that sublimation has no place in embodied spiritual practice. The spiritual path is intricate and multifaceted, and the sublimation of certain energies may be necessary—even crucial—at specific junctures or for certain individual dispositions. To turn sublimation into a permanent goal or energetic dynamic, however, is a fast lane to disembodied spirituality.

In addition to spiritualities that blatantly devalue body and world, a more subtle type of disembodied orientation sees spiritual life as emerging exclusively from the interaction of our immediate present experience and transcendent sources of consciousness. In this context, spiritual practice is aimed either at accessing such overriding realities ("ascent" paths, such as classic Neoplatonic mysticism) or at bringing such spiritual energies down to earth to transfigure human nature and/or the world ("descent" paths, such as Sri Aurobindo's integral yoga). The shortcoming of this "monopolar" understanding is that it ignores the existence of a second spiritual pole—immanent spiritual life—that, as I elaborate below, is intimately connected to the vital world and stores the most generative power of Spirit. To overlook this spiritual source leads practitioners—even those concerned with bodily transformation—to neglect the significance of the vital world for a creative spirituality, as well as to seek to transcend or sublimate their sexual energies. A *fully* embodied spirituality, I suggest, emerges from the creative interplay of both immanent and transcendent spiritual energies in complete individuals who embrace the fullness of human experience while remaining firmly grounded in body and earth.

To be sure, religious attitudes toward the human body have been profoundly ambivalent, with the body being regarded as a source of bondage, sinfulness, and defilement on the one hand, and as the locus of spiritual revelation and divinization on the other. Our religious history houses tendencies that fall along a continuum of disembodied to embodied goals and practices. Examples of disembodied trends include the asceticism of Brahmanism, Jainism, monastic Christianity, early Taoism, or early Sufism; Hindu views of the body as unreal (mithya) and the world as illusion (maya); Advaita Vedanta's consideration of the "bodiless liberation" (videhamukti) achievable only after death as "higher" than a "living liberation" (jivanmukti) inexorably tainted by bodily karma; early Buddhist accounts of the body as a repulsive source of suffering, of nirvana as extinction of bodily senses and desires, and of "final nirvana" (parinirvana) as attainable only after death; the Christian view of the flesh as the source of evil and of the resurrected body as asexual; the "isolation" (kaivalya) of pure consciousness from body and world in Samkhya-Yoga; the tantric transmutation of sexual energy to attain union with the divine in Kashmir Saivism or to be attuned to the creative flow of the Dao in Daoist self-cultivation; the Safed Kabbalists' obsession with the sinfulness of masturbation and nocturnal emissions, or the Lurianic repudiation of the body as "preventing man from [achieving] perfection of his soul"; the Islamic consideration of the hereafter (al-akhira) as being immeasurably more valuable than the physical world (al-dunya); and the Visistadvaita Vedanta's claim that complete liberation entails the total cessation of embodiment.

Likewise, examples of embodied trends include the Zoroastrian view of the body as part of human ultimate nature; the Biblical account of the human being as made in the "image of God" (*Genesis*); the tantric affirmation of the nonduality of sensual desire and awakening; the early Christian emphasis on incarnation ("the Word became flesh"); the goal of "attaining Buddhahood in this very body" (*sokushin jobutsu*) of Shingon Buddhism; the Jewish religious enjoyment of all bodily needs and appetites in the *Sabbath*; the radical embrace of sensuality in the Sufi poetry of Rumi or Hafez; the Daoist vision of the body as a symbolic container of the secrets of the entire universe; the somatic connection to immanent spiritual sources in many indigenous spiritualities; Soto Zen's insistence on the need to surrender the mind to the body in order to reach enlightenment; the Islamic esoteric saying of the Shi'ite Imams, "Our spirits are our bodies and our bodies our spirits" (*arwahuna ajsaduna wa ajsaduna arwahuna*); and the

Judeo-Christian advocacy for social engagement and justice in the spiritual transformation of the world, among many others.

It may be important, however, to clarify our view of many apparently embodied religious practices and orientations by recognizing that they often conceal highly ambivalent views toward sensuality and the physical body. For example, Daoism did not generally value the physical body in itself, but only because it was believed to be a dwelling place for the gods; and Daoist sexual practices often involved rigorous self-restraint, inhibitory rules, and a depersonalization of sexual relationships that disdained the cultivation of mutual love among individuals. Also, whereas the Jewish *Sabbath* is a day for the consecration of sexual intercourse between husband and wife, many traditional teachings (e.g., the *Iggeret ha-Kodesh*) prescribed the need to engage in such union without pleasure or passion, as it was supposedly carried out in the Orchard before the first sin. What is more, much of the Vajrayana Buddhist appreciation of the "gross" physical body as a facilitator of enlightenment lay in considering it the foundation of a more real, nonphysical, "astral body" or "rainbow body." In a similar fashion, Hindu tantra regarded body and world as real, but some of its rituals of identification with the cosmos entailed the purification and visualized destruction of the "impure" physical body to catalyze the emergence of a subtle or divine body from the very ashes of corporeality (see, for example, the *Jayakhya Samhita* of Tantric Vaisnavism). In short, though certain religious schools generated spiritual goals more inclusive of embodiment, in living practice a fully embodied spirituality that engages the participation of all human attributes in cocreative interaction with both immanent and transcendent spiritual sources was, and continues to be, an extremely rare pearl to find.

An examination of the numerous historical and contextual variables behind the tendency toward disembodied spirituality goes beyond the scope of this essay, but I would like to mention at least a possible underlying reason. The frequent inhibition of the primary dimensions of the person—somatic, instinctive, sexual, and certain aspects of the emotional—may have been necessary at certain historical junctures to allow the emergence and maturation of the values of the human heart and consciousness. More specifically, this inhibition may have been essential to avoid the reabsorption of a still relatively weak emerging self-consciousness and its values into the stronger presence that a more instinctively driven energy once had in human collectivities. In the context of religious praxis, this may be connected to the wide-spread consideration of certain human qualities as being spiritually more "correct" or wholesome than others; for instance, equanimity over intense passions, transcendence over sensuous embodiment, chastity or strictly regulated sexual practice over open-ended sensual exploration, and so forth. What may characterize our present moment, however, is the possibility of reconnecting all these human potentials in an integrated way. In other words, having developed self-reflective consciousness and the subtle dimensions of the heart, it may be the moment to reappropriate and integrate the more primary and instinc-tive dimensions of human nature into a fully embodied spiritual life. Let us now explore the distinctive understanding of the human body implicit in embodied spirituality.

The Living Body

Embodied spirituality regards the body as subject, as the home of the complete human being, as a source of spiritual insight, as a microcosm of the universe and the Mystery, and as pivotal for enduring spiritual transformation.

Body as subject: To see the body as subject means to approach it as a living world, with all its interiority and depth, its needs and desires, its lights and shadows, its wisdom and obscurities. Bodily joys and sor-rows, tensions and relaxations, longings and repulsions are some of the means through which the body can speak to us. By any measure, the body is not an "It" to be objectified and used for the goals or even spiritual ecstasies of the conscious mind, but a "Thou," an intimate partner with whom the other human dimensions can collaborate in the pursuit of ever-increasing forms of liberating wisdom.

Body as the home of the complete human being: In this physical reality in which we live, the body is our home, a locus of freedom that allows us to walk our own unique path, both literally and symbolically. Once we fully overcome the dualism between matter and Spirit, the body can no longer be seen as a "prison of the soul" or even as a "temple of Spirit." The mystery of incarnation never alluded to the "entrance" of Spirit into the body, but to its "becoming" flesh: "In the beginning was the Word, and the Word was God . . . And the Word became flesh" [John 1:1, 14]. Would it then perhaps be more accurate to appreciate our bodies as a *transmutation* of Spirit into fleshy form at least during our physical existence? Through the ongoing incarnation of innumerable beings, life aims at the ultimate union of humanity and divinity *in the body*. Perhaps paradoxically, a complete incarnation can bring a peaceful and fulfilling death because we can then depart from this material existence with a profoundly felt sense of having accomplished one of the most essential purposes in being born into the world.

Body as source of spiritual insight: The body is a divine revelation that can offer spiritual understanding, discrimination, and wisdom. First, the body is the uterus for the conception and gestation of genuine spiritual knowledge. Bodily sensations, for example, are foundational stepping-stones in the embodied transformation of Spirit's creative energies through each human life. In the absence of severe blockages or dissociations, this creative energy is somatically transformed into impulses, emotions, feelings, thoughts, insights, visions, and, ultimately, contemplative revelations. As the Buddha said, "Everything that arises in the mind starts flowing with a sensation in the body."

Furthermore, in listening deeply to the body we realize that physical sensations and impulses can also be genuine sources of spiritual insight. In certain Zen schools, for example, bodily actions constitute crucial tests of spiritual realization and are seen as the ultimate verification of sudden illumination (*satori*). The epistemological relevance of embodiment in spiritual matters was also passionately asserted by Nikos Kazantzakis: "Within me even the most metaphysical problem takes on a warm physical body which smells of sea, soil, and human sweat. The Word, in order to touch me, must become warm flesh. Only then do I understand—when I can smell, see, touch."

Perhaps even more important, the body is the human dimension that can reveal the ultimate meaning of incarnated life. Being physical itself, the body stores within its depths the answer to the mystery of material existence. The body's answer to this conundrum is not given in the form of any grand metaphysical vision or Theory of Everything, but gracefully granted through states of being that render life naturally profound and meaningful. In other words, the meaning of life is not something to be discerned and known intellectually by the mind, but to be felt in the depths of our flesh.

Body as microcosm of the universe and the Mystery: Virtually all spiritual traditions hold that there is a deep resonance among the human being, the cosmos, and the Mystery. This view is captured in the esoteric dictum "as above so below"; the Platonic, Daoist, Islamic, Kabbalistic, and tantric understanding of "the person as microcosm of the macrocosm"; and the Biblical view of the human being made "in the image of God" (*imago Dei*). For the Bauls of Bengal, the understanding of the body as the microcosm of the universe (*bhanda/brahmanda*) entails the belief that the divine dwells physically within the human body. The Jesuit thinker Teilhard de Chardin put it this way: "My matter is not a part of the universe that I possess totally, but the totality of the universe that I possess partially."

All these perceptions portray an image of the human body as mirroring and containing the innermost structure of both the entire universe and the ultimate creative principle. In a number of traditions, this structural correspondence between the human body and the Mystery shaped mystical practices in which bodily rituals and actions were thought to affect the very dynamics of the Divine—a pursuit that was perhaps most explicitly described in Kabbalistic theurgical mysticism. Nevertheless, this does not mean that the body is to be valued *only* because it represents or can affect "larger" or "higher" realities. This view subtly retains the fundamental dualism between material body and Spirit. Embodied spirituality recognizes the human body as a pinnacle of Spirit's creative manifestation and, consequently, as overflowing with intrinsic spiritual meaning.

Body as essential for an enduring spiritual transformation: The body is a filter through which human beings can purify polluted energetic tendencies, both biographical and collectively inherited. The body being denser in nature than the emotional, mental, and conscious worlds, changes taking place in it are more lasting and permanent. In other words, an enduring psychospiritual transformation needs to be grounded in somatic transfiguration. The integrative transformation of the somatic/energetic worlds of a person effectively short-circuits the tendency of past energetic habits to return, thus creating a solid foundation for a thorough and permanent spiritual transformation.

Features of Embodied Spirituality

In light of this expanded understanding of the human body, I now offer a consideration of ten features of embodied spirituality:

1. *A tendency towards integration:* Embodied spirituality is integrative insofar as it seeks to foster the harmonious participation of all human attributes in the spiritual path without tensions or dissociations. Despite his downplaying the spiritual import of sexuality and the vital world, Sri Aurobindo was correct when he said that a liberation of consciousness *in* consciousness should not be confused with an integral transformation that entails the spiritual alignment of all human

dimensions. This recognition suggests the need to expand the traditional Mahayana Buddhist *bodhisattva* vow—i.e., to renounce complete liberation until all sentient beings attain delivery—to encompass an "integral *bodhisattva* vow" in which the conscious mind renounces full liberation until the body and the primary world can be free as well. Since for most individuals the conscious mind is the seat of their sense of identity, an exclusive liberation of consciousness can be deceptive insofar as we can believe that we are fully free when, in fact, essential dimensions of ourselves are underdeveloped, alienated, or in bondage. Needless to say, to embrace an "integral *bodhisattva* vow" is not a return to the individualistic spiritual aspirations of early Buddhism because it entails a commitment to the integral liberation of all sentient beings, not only of their conscious minds or conventional sense of identity.

2. *Realization through the body:* Although their actual practices and fruits remain obscure in the available literature, the Hindu sect of the Bauls of Bengal coined the term *kaya sadhana* to refer to a "realization through the body." Embodied spirituality explores the development of *kaya sadhanas* appropriate for our contemporary world. With the notable exception of certain tantric techniques, traditional forms of meditation are practiced individually and without bodily interaction with other practitioners. Modern embodied spirituality rescues the spiritual significance not only of the body but also of physical contact. Due to their sequential emergence in human development—from soma to instinct to heart to mind—each dimension grows by taking root in the previous ones, with the body thereby becoming the natural doorway to the deepest levels of the rest of the human dimensions. Therefore, the practice of contemplative physical contact in a context of relational mindfulness and spiritual aspiration can have a profound transformative power.

In order to foster a genuine embodied practice, it is essential to make contact with the body, discern its current state and needs, and then create spaces for the body to engender its own practices and capabilities—devise its own yoga, so to speak. When the body becomes permeable to both immanent and transcendent spiritual energies, it can find its own rhythms, habits, postures, movements, and charismatic rituals. Interestingly, some ancient Indian texts state that yoga postures (asanas) first emerged spontaneously from within the body and were guided by the free flow of its vital energy (prana). A creative indwelling spiritual life resides within the body—an intelligent vital dynamism that it is waiting to emerge to orchestrate the unfolding of our becoming fully human.

3. *Awakening of the body:* The permeability of the body to immanent and transcendent spiritual energies leads to its gradual awakening. In contrast to meditation techniques that focus on mindfulness of the body, this awakening can be more accurately articulated in terms of "bodyfulness." In bodyfulness, the psychosomatic organism becomes calmly alert without the intentionality of the conscious mind. Bodyfulness reintegrates in the human being a lost somatic capability that is present in panthers, tigers, and other "big cats" of the jungle, who can be extraordinarily aware without intentionally attempting to be so. A possible further horizon of bodyfulness was described by the Mother, the spiritual consort of Sri Aurobindo, in terms of the conscious awakening of the very cells of the organism.

4. *Resacralization of sexuality and sensuous pleasure:* Whereas our mind and consciousness constitute a natural bridge to transcendent awareness, our body and its primary energies constitute a natural bridge to immanent spiritual life. Immanent life is spiritual *prima materia*—that is, spiritual energy in a state of transformation, still not actualized, saturated with potentials and possibilities, and the source of genuine innovation and creativity at all levels. Sexuality and the vital world are the first soils for the organization and creative development of immanent Spirit in human reality. That is why it is so important that sexuality be lived as a sacred soil free from fears, conflicts, or artificial impositions dictated by our minds, cultures, or spiritual ideologies. When the vital world is reconnected to immanent

spiritual life, the primary drives can spontaneously collaborate in our psychospiritual unfolding without needing to be sublimated or transcended. Due to its captivating effect on human consciousness and the egoic personality, sensuous pleasure has been viewed with suspicion—or even demonized as inherently sinful—by most religious traditions. In a context of embodied spiritual aspiration, however, it becomes fundamental to rescue, in a non-narcissistic manner, the dignity and spiritual significance of physical pleasure. In the same way that pain "contracts" the body, pleasure "relaxes" it, making it more porous to the presence and flow of both immanent and transcendent spiritual energies. In this light, the formidable magnetic force of the sexual drive can be seen as attracting consciousness to matter, facilitating both its embodiment and grounding in the world and the development of an incarnational process that transforms both the individual and the world. Furthermore, the recognition of the spiritual import of physical pleasure naturally heals the historical split between sensuous love (*eros*) and spiritual love (*agape*), and this integration fosters the emergence of genuinely human love—an unconditional love that is simultaneously embodied and spiritual.

5. *The urge to create:* Most religious traditions are "reproductive" insofar as their practices aim to replicate either the enlightenment of their founder (e.g., the awakening of the Buddha) or the state of salvation described in purportedly revealed scriptures (e.g., the *moksa* of the Vedas). Although disagreements about the exact nature of such states and the most effective methods to attain them abound in the literature and naturally led to rich creative developments within religious traditions, spiritual creativity was regulated (and arguably constrained) by such predetermined unequivocal goals. Embodied spirituality, in contrast, seeks to cocreate novel spiritual understandings, practices, and expanded states of freedom in interaction with immanent and transcendent sources of Spirit.

The creative power of embodied spirituality is connected to its integrative nature. Whereas through our mind and consciousness we tend to access subtle spiritual energies already enacted in history that display more fixed forms and dynamics (e.g., specific cosmological motifs, archetypal configurations, mystical visions and states, etc.), it is our connection to our vital/primary world that gives us access to the generative power of immanent spiritual life. Put simply, the more that all human dimensions actively participate in spiritual knowing, the more creative spiritual life becomes. Although many variables were clearly at play, the connection between vital/primary energies and spiritual innovation may help to explain, first, why human spirituality and mysticism have been to a great extent "conservative," i.e., heretic mystics are the exception to the rule, and most mystics firmly conformed to accepted doctrines and canonical scriptures; and second, why many spiritual traditions strictly regulated sexual behavior, and often repressed or even proscribed the creative exploration of sensual desire. I am not proposing, of course, that religious traditions regulated or restricted sexual activity *deliberately* to hinder spiritual creativity and maintain the status quo of their doctrines. In my reading, all evidence seems to point to other social, cultural, moral, and doctrinal factors. What I am suggesting, in contrast, is that the social and moral regulation of sexuality may have had an unexpected debilitating impact on human spiritual creativity across traditions for centuries. Although this inhibition may have been necessary in the past, an increasing number of individuals today may be prepared for a more creative engagement of their spiritual lives.

6. Grounded spiritual visions: As we have seen, most spiritual traditions posit the existence of an isomorphism among the human being, the cosmos, and the Mystery. From this correspondence it follows that the more dimensions of the person that are actively engaged in the study of the Mystery—or of phenomena associated with it—the more complete his or her knowledge will be. This "completion" should not be understood quantitatively but rather in a qualitative sense. In other words, the more human dimensions creatively participate in spiritual knowing, the greater will be the *dynamic congruence* between inquiry approach and studied phenomena and the more *grounded in, coherent with,* or *attuned to* the nature of the Mystery will be our knowledge.

In this regard, it is likely that many past and present spiritual visions are to some extent the product of dissociated ways of knowing—ways that emerge predominantly from accessing forms of transcendent consciousness but are ungrounded from immanent spiritual sources. For example, spiritual visions that hold that body and world are ultimately illusory (or lower, or impure, or a hindrance to spiritual liberation) arguably derive from states of being in which the sense of self mainly or exclusively identifies with subtle energies of consciousness, getting uprooted from the body and immanent spiritual life. From this existential stance, it is understandable, and perhaps inevitable, that both body and world are seen as ultimately illusory or defective. This account is consistent with the Kashmir Saiva view that the illusory nature of the world belongs to an intermediate level of spiritual perception (*suddhavidya-tattva*), after which the world begins to be discerned as a real extension of the Lord Siva. Indeed, when our somatic and vital worlds are invited to participate in our spiritual lives, making our sense of identity permeable to not only transcendent awareness but also immanent spiritual energies, then body and world become *hierophanies*—sacred realities that are recognized as crucial for human and cosmic spiritual evolution.

7. *In-the-world nature:* We are born on earth. I passionately believe that this is not irrelevant, a mistake, or the product of a delusional cosmic game whose ultimate goal is to transcend our embodied predicament. Perhaps, as some traditions tell us, we could have been incarnated in more subtle planes or levels of reality, but the fact that we did it here must be significant if we are to engage our lives in any genuinely wholesome and meaningful manner. To be sure, at certain crossroads on the spiritual path it may be necessary to go beyond our embodied existence in order to access essential dimensions of our identity (especially when external or internal conditions make it difficult or impossible to connect with those dimensions in our everyday

life). However, to turn this move into a permanent spiritual *modus operandi* can easily create dissociations in one's spiritual life leading to a devitalized body, an arrested emotional or interpersonal development, or lack of discrimination around sexual behavior—as the repeated sexual scandals of contemporary Western and Eastern spiritual teachers illustrate.

If we live in a closed and dark house, it is natural that we may feel pushed periodically to leave our home in search of the nourishing warmth and light of the sun. But an embodied spirituality invites us to open the doors and windows of our body so that we can always feel complete, warm, and nurtured at home even if we may want at times to celebrate the splendor of the outside light. The crucial difference is that our excursion will not be motivated by deficit or hunger, but rather by the meta-need to celebrate, cocreate with, and revere the ultimate creative Mystery. It is here in our home—earth and body— that we can develop fully as complete human beings without needing to "escape" anywhere to find our essential identity or feel whole.

One does not need to hold a spiritual world view to recognize the miracle of Gaia. Imagine that you are traveling throughout the cosmos, and after eons of dark and cold outer space, you find Gaia, the blue planet, with its luscious jungles and luminous sky, its warm soil and fresh waters, and the inextricable wonder of embodied conscious life. Unless one is open to the reality of alternate physical universes, Gaia is the only place in the known cosmos where consciousness and matter coexist and can achieve a gradual integration through participating human beings. The inability to perceive Gaia as paradise is simply a consequence of our collective condition of arrested incarnation.

8. *Resacralization of nature:* When the body is felt as our home, the natural world can be reclaimed as our homeland as well. This "double grounding" in body and nature not only heals at its root the estrangement of the modern self from nature, but also overcomes the spiritual

alienation—often manifesting as "floating anxiety"—intrinsic to the prevalent human condition of arrested or incomplete incarnation. In other words, having recognized the physical world as real, and being in contact with immanent spiritual life, a complete human being discerns nature as an organic embodiment of the Mystery. To sense our physical surroundings as the Spirit's body offers natural resources for an ecologically grounded spiritual life.

9. *Social engagement:* A complete human being recognizes that, in a fundamental way, we *are* our relationships with both the human and nonhuman world, and this recognition is inevitably linked with a commitment to social transformation. To be sure, this commitment can take many different forms, from more direct active social or political action in the world (e.g., through social service, spiritually grounded political criticism, or environmental activism) to more subtle types of social activism involving distant prayer, collective meditation, or ritual. While there is still much to learn about the actual effectiveness of subtle activism, as well as about the power of human consciousness to directly affect human affairs, given our current global crisis, embodied spirituality cannot be divorced from a commitment to social, political, and ecological transformation—whatever form this may take.

10. *Integration of matter and consciousness:* Disembodied spirituality is often based on an attempt to transcend, regulate, and/or transform embodied reality from the "higher" standpoint of consciousness and its values. Matter's experiential dimension as an immanent expression of the Mystery is generally ignored. This shortsightedness leads to the belief—conscious or unconscious—that everything related to matter is unrelated to the Mystery. This belief, in turn, confirms that matter and Spirit are two antagonistic dimensions. It then becomes necessary to abandon or condition the material dimension in order to strengthen the spiritual one. The first step out of this impasse is to rediscover the Mystery in its immanent manifestation; that is, to stop seeing and treating matter and the body as something that is not only alien to the

Mystery but that distances us from the spiritual dimension of life. Embodied spirituality seeks a progressive integration of matter and consciousness that may ultimately lead to what we might call a state of "conscious matter." A fascinating possibility to consider is that a fuller integration of immanent and transcendent spiritual energies in embodied existence may gradually open the doors to extraordinary longevity or other forms of metanormal functioning attested to by the world's mystical traditions.

A Final Word

I conclude this essay with some reflections about the past, present, and potential future of embodied spirituality.

First, as even a cursory study of the lives of spiritual figures and mystics across traditions suggests, the spiritual history of humanity can be read as a story of the joys and sorrows of human dissociation. From ascetically enacted mystical ecstasies to world-denying monistic realizations, and from heart-expanding sexual sublimation to the moral struggles (and failures) of ancient and modern spiritual teachers, human spirituality has been characterized by an overriding impulse toward a liberation of consciousness that has too often taken place at the cost of the underdevelopment, subordination, or control of other human dimensions. This account does not seek to critique past spiritualities, which may have been perfectly legitimate in their times and contexts, but to stress the historical rarity of a fully embodied spirituality.

Second, in this essay I have explored how a more embodied spiritual life can emerge today from our participatory engagement with both the energy of consciousness and the sensuous energies of the body. Ultimately, embodied spirituality seeks to catalyze the emergence of *complete human beings*—beings who, while remaining rooted in their bodies, earth, and immanent spiritual life, have made all their attributes permeable to transcendent spiritual energies, and who cooperate in solidarity with others in the spiritual transformation of self, community, and world. In short, a complete human being is firmly grounded in Spirit-Within, fully open to Spirit-Beyond, and in transformative communion with Spirit In-Between.

Finally, embodied spirituality can access many spiritually significant revelations of self and world, some of which have been described by the world contemplative traditions, and others whose novel quality may require a more creative engagement to be brought forth. In this context, the emerging embodied spirituality in the West can be seen as a modern exploration of an "incarnational spiritual praxis" in the sense that it seeks the creative transformation of the embodied person and the world, the spiritualization of matter and the sensuous grounding of Spirit, and, ultimately, the bringing together of heaven and earth. Who knows, perhaps as human beings gradually embody both transcendent and immanent spiritual energies—a twofold incarnation, so to speak—they can then realize that it is here, in this plane of concrete physical reality, that the cutting edge of spiritual transformation and evolution is taking place. For then the planet earth may gradually turn into an embodied heaven, a perhaps unique place in the cosmos where beings can learn to express and receive embodied love, in all its forms.

Author's note: Conversations and/or exchanges with Ramon V. Albareda, Bruno Barnhart, Mariana Caplan, John Heron, Marina T. Romero, Richard Tarnas, and my students at the California Institute of Integral Studies have been helpful in the articulation of some of the ideas introduced in this essay.

Eugenia Kuhn & Regina Weiser

Achtsamkeit
und spirituelle Körperübungen

Behandle alle Dinge so, als würdest du ein neugeborenes Baby baden.
(Thich Nhat Hanh)

Einführung

In nahezu allen Kulturen haben sich Persönlichkeitsschulungen und geistige Strömungen herausgebildet, die Übungsanleitungen für eine achtsame Haltung sich selbst, den Mitmenschen sowie der gesamten Umwelt gegenüber entwickeln und pflegen helfen. In den verschiedenen Disziplinen wird dabei mal mehr der Schwerpunkt auf die Gedankenführung, auf Körperphänomene oder auf den Umgang mit alltäglichen Verrichtungen wie gehen, essen, spülen usw. gerichtet. Achtsamkeit in formellen Übungsanleitungen wird in der stillen Meditation, aber auch in Verbindung mit Bewegungen und Körperhaltungen praktiziert, wie beispielsweise in den Übungen des Yoga und des Qigong, beim sakralen Tanz, in der Eurythmie, beim langsamen Gehen usw.

Wir beschränken uns hier auf die Traditionen des Yoga und Qigong, die beide über einen umfangreichen, kostbaren Schatz an ausgefeilten Methoden und Übungen verfügen. Sie wurden über einen langen Zeitraum in Hochkulturen der Menschheitsgeschichte entwickelt und verfeinert. Sie sind essentiell mit Achtsamkeit verbunden und von ihr beseelt. Was ist Achtsamkeit? Wie ist sie zu erreichen? Wo findet sie Anwendung?

Achtsam zu sein beinhaltet eine besondere Form der Aufmerksamkeit. Es ist eine Haltung, die durch drei Merkmale gekennzeichnet ist: Sie ist ganz auf den Umstand unseres gegenwärtigen Wahrnehmungsprozesses gerichtet, sie ist ganz auf die Akzeptanz von allem, was wir gerade wahrnehmen, gerichtet und sie ist gepaart mit einer wohlwollenden Grundhaltung. Betont wird der Modus des Seins, des Spürens, des bewertungsfreien Wahrnehmens, im Gegensatz zum Modus des Tuns, der Handlung. Historisch betrachtet ist Achtsamkeit auch als das Herz der buddhistischen Meditation bezeichnet worden, sie ist im Grunde genommen aber universeller Natur und findet sich auch im Kern anderer Traditionen.

Achtsamkeit als Zustand tritt bei jedem immer wieder einmal auf, auch spontan; hier gemeint ist aber Achtsamkeit als Lebensart, als Haltung. Eine Haltung muss eingeübt und kultiviert werden. Nur so wird aus einem Zustand mit der Zeit eine innere Haltung.

Da Aufmerksamkeit immer ein Objekt braucht, ist zur Ausbildung der Achtsamkeitshaltung ein Werkzeug nötig, mit dem geübt wird, auf das wir immer wieder zurückgreifen können, ein mentales Werkzeug, das wie ein Anker fungiert. Dies ist traditionellerweise der Atem, genauer gesagt die Betrachtung der Bewegung, die der Atem im Körper vollführt. Es kann aber auch eine andere Körperempfindung sein, der wir aufmerksam (nach-)spüren. Ohne Unterstützung durch irgendeinen Fokus, ein Objekt der Aufmerksamkeit, verfallen wir immer wieder in unsere wenig bewussten, automatisierten Denk- und Verhaltensmuster, die uns das Leben schwer machen, wenn sie, wie meist, überhand nehmen. Bei fortgeschrittener, regelmäßiger Übung kann die Achtsamkeitshaltung, die zunächst mehr fokussiert, also gelenkt war - auf ein Objekt wie den Atem oder auf eine Körperempfindung - dann sukzessive ausgeweitet werden auf andere Objekte, wie die Empfindung des Körpers als Ganzem oder auf den immer vorhandenen Gedankenstrom oder auch auf dadurch ausgelöste Gefühle. Der Aufmerksamkeitsfokus ist dabei aber kein Konzentrationsobjekt, sondern ein Ort, an dem unsere Aufmerksamkeit ähnlich einem leichten Schmetterling ruhen kann. Wenn er landet, dann sehr leicht, ohne Zwang. Nach einer Weile flattert er wieder davon und landet erneut. Es kommt schließlich zu einer Ausweitung auf mehrere Objekte. Immer mehr wird in die Wahrnehmung hereingenommen, neben dem Atem auch das ganze Spektrum der Körper-empfindungen ebenso wie den Gedankenstrom und die Gefühle. Schließlich – losgelöst von allen Objekten der Aufmerksamkeit – entsteht das Gewahrsein der Ganzheit meines Seins, es erscheint Offenheit für alles, was jetzt ist und auftauchen mag, auch das Erleben der Stille und vielleicht auch der „Stille hinter der Stille" (nach Willigis Jäger).

Die Ausbildung der Achtsamkeitshaltung kostet natürlich ein bestimmtes Maß an Disziplin, besonders am Anfang. Wir sind daran gewöhnt, uns im Strom unserer Gedanken, Gefühle oder irgendwelcher Körperempfindungen oft nur halb- oder sogar unbewusst mit treiben zu lassen. Und dieser Angewohnheit tritt die Ausführung der Achtsamkeitsübungen gerade entgegen. Eine Achtsamkeitsübung kann verglichen werden damit, als würden wir immer wieder einen Stock, der in einem strömenden Fluss mit treibt, aufgreifen und ihn in den Flussboden einrammen. Das Stabilisieren der Achtsamkeit ist wie das Rammen eines Stockes in den Strom unsrer ständigen Gedanken, Gefühle, Empfindungen. Immer wieder wird der Stock während der Übungspraxis umgerissen und schwimmt eine Weile im Fluss mit. Die Disziplin beinhaltet, in diesem Augenblick den Stock wieder zu ergreifen und ihn aufs Neue fest in den Boden des Flusses zu rammen. Dadurch erhalten wir einen festen Punkt, einen inneren Bezugspunkt, einen inneren Beobachter, der sich nicht mehr mit dem Fluss identifiziert, der aber mit ihm verbunden bleibt. Auf diese Weise üben wir uns darin, aus der Befangenheit unseres Empfindungen-Gedanken-Gefühle-Stroms zu „erwachen" und bewusst wahrzunehmen, was gerade ist. Dies führt zu einem Erleben eines größeren, erweiterten Bewusstseins, welches auch spirituelle Qualitäten hat. Wir lernen, in unmittelbaren Kontakt mit den alltäglichen Geschehnissen und Herausforderungen des Lebens zu sein und diese als Möglichkeiten für inneres Wachstum und Heilung zu erfahren. Nur aus einer solchen Haltung heraus ist es uns dann möglich, eine angemessene und weitsichtige Balance zu finden zwischen Angelegenheiten in unserem Leben, die einerseits akzeptiert und so gelassen werden können, wie sie sind, wo nicht gleich gehandelt werden muss und Angelegenheiten, die andererseits wirklich verändert und reguliert werden müssen, wo Handlung angesagt ist.

Neben dem klassisch buddhistischen Rahmen findet das Konzept der Achtsamkeit in den letzten Jahren immer stärkeres Interesse in der Medizin, in der Pädagogik und auch in der Psychotherapie (J. Kabat-Zinn, D. Goleman, M. Linehan, M. Segal et al., F. Perls, R. Kurtz u. a.). Meistens spielt gerade der Körper bei der Herausbildung der Achtsamkeitsprozesse eine zentrale Rolle, da der Körper und der Atem sich als Objekt anbieten. Deshalb ist es auch kein Wunder, dass gerade auch in der Körperpsychotherapie Achtsamkeit bedeutsam ist. In den Wurzeln der Körperpsychotherapie, der Tanz- und Bewegungstherapie, aber auch in Therapien der humanistischen Psychologie wie z.B. der Gestalttherapie, arbeitet man schon lange mit dem Prinzip des Gewahrseins als Möglichkeit der Bewusstseinsweitung.

Was ist spirituelle Körperübung?

Spirituelle Übungen sind darauf ausgerichtet, etwas Höheres, etwas Umfassenderes ein Stück weit erfahrbar zu machen.
Spirituelle Körperübungen wie Yoga- oder Qigong, die mit der ihnen innewohnenden Achtsamkeitshaltung praktiziert werden, unterscheiden sich von anderen Körperübungen dadurch, dass sie dem Bedürfnis nach Sinn und Transzendenz Rechnung tragen. Es sind Übungen, die auf die ganzheitliche Dimension, also die Einheit von Körper-Geist-Seele, achten. Nur so kann es zu einer inneren Verbundenheit mit mir selbst auf allen Ebenen - der körperlichen, der energetischen, der psy-

chischen, der geistigen und der spirituellen Ebene - kommen, aber auch zu einer Einheit mit meiner Umgebung und dem Erleben des Eingebettet-Seins in den Kosmos.

Wie schon erwähnt, werden auch in vielen körperpsychotherapeutischen Verfahren, vor allem auch in den Richtungen der humanistischen Psychologie, Aufmerksamkeitsprozesse geschult. Die Übergänge dieser Therapierichtungen zu den spirituellen Körperübungen sind fließend. In beiden Fällen geht es um eine Bewusstseinsweitung. Bei den Therapieansätzen ist die Bewusstseinsweitung zunächst auf die Stärkung des Personalen und die Gesundung des Individuums ausgerichtet, wobei diese Schulen in ihrer Weiterentwicklung oftmals auch die transpersonalen Bedürfnisse mit einbeziehen. Diese Übergänge zu erforschen ist Thema der transpersonalen Psychotherapie. In den spirituellen Schulungen wie Yoga und Qigong ist der Ausgangspunkt und die Entwicklungsrichtung eine andere: Hier stand zunächst im Vordergrund das Streben nach Ausbildung der geistig-spirituellen Fähigkeiten des Menschen. Im Laufe der Entwicklung wurde dann den körperlich-seelischen Grundlagen immer mehr Rechnung getragen.

Gemeinsam ist den beiden Ansätzen das Bestreben, sinnlich wahrnehmende Zustände zu fördern, die übrigens für sich allein schon gesundheitsförderlich sind. Gemeinsam ist auch das Ziel, über den Körper einen authentischen und unmittelbaren Zugang zu sich zu finden und die Körper-Geist-Spaltung aufzulösen. Gemeinsam ist auch das Streben nach einem zunehmenden Bewusstsein über Verhalten und innere Prozesse, das eine Disidentifikation ermöglicht. Disidentifikation bedeutet die Entwicklung einer außen stehenden Instanz, die nicht mit den auftretenden Zuständen oder Teilen der Psyche identifiziert ist, aber dennoch mit allem verbunden bleibt (im Gegensatz zu einer dissoziierten Haltung). Es ist eine Instanz, die beschrieben wird als z.B. der innere Beobachter (bei Kurtz), der Pilot (bei Pesso), der Dirigent (bei Assagioli), das reflexive Selbst (in der Psychoanalyse), das Selbst (Jung, Kohut). Durch die Ausbildung dieser Instanz kommt es zu mehr innerer Freiheit. Bei den spirituellen Körperübungen steht die

körperliche Wahrnehmung - im Gegensatz zu den Körperpsychothe-
rapien - nicht im Dienste der Aufdeckung und der psychotherapeutischen Bearbeitung, sondern ist das Eingangstor zum Erleben einer
umfassenderen Einheit.

Was ist Qigong ?

Die chinesische Tradition hat wie andere Hochkulturen Methoden
hervorgebracht, die der Entwicklung des Menschen, seiner Einbettung
im Kosmos und seiner Zentrierung auf eine zu erlebende Mitte dienen.
Im Qigong wird dabei besondere Aufmerksamkeit auf die im Körper
fließende und auch ubiquitär in der Natur vorkommende feinstoffliche
Lebensenergie (Qi) gerichtet. Diese gilt es achtsam wahrzunehmen sei
es durch Bewegung oder auch in Ruhe. Durch bestimmte langsame
Körperbewegungen und unter Zuhilfenahme einer gezielten Vorstellung (Yi) sowie verschiedener Methoden der Atemführung wird das
Qi aktiviert und geführt, so dass es frei im Körper fließen kann.
Schließlich wird es in einem Zentrum (meist im Unterbauch) gesammelt. Durch bewusste Bewegung fällt es uns in der Regel leichter unsre Aufmerksamkeit auf Körperempfindungen zu richten, sie werden
gewissermaßen dadurch verstärkt. Denn gerade das, was bewegt wird,
wird von uns besonders deutlich wahrgenommen; vor allem dann,
wenn es zudem auch noch genügend langsam bewegt wird.

Es gibt verschiedene Richtungen und Schulen (z.B. die buddhistische,
die daoistische, die konfuzianische), die sich gegenseitig beeinflussen
und überlappen. Das medizinische Qigong begreift sich als Teil der
traditionellen chinesischen Medizin. Es ist von deren Vorstellungen
und Konstrukten, die ursprünglich vor allem einen daoistischen Hintergrund haben, durchdrungen. Hier werden Übungen zur Pflege des
Lebens (Yangsheng) und zur Vorbeugung, Linderung und Beseitigung
von Erkrankungen praktiziert. In der daoistischen Schule, die am be-
kanntesten ist, dienen die Übungen der Kultivierung des Lebens und
der Bewahrung der Natur, wobei zur Erreichung dieses Ziels Körper,

Geist und Seele als Einheit gesehen werden und gleichermaßen vervollkommnet werden. Der Daoismus stützt sich auf die Existenz eines Energiekörpers, die Zirkulation von Qi (bewegendes Element) und Blut (nährendes Element), auf die sechs inneren Organe in Übereinstimmung mit den kosmogenischen Theorien der fünf Elemente und der sechs Energien.

Im Stillen Qigong geht es um Übungen in Ruhe und um Übungen mit sehr kleinen, langsamen Bewegungen meist im Sitzen. Hierbei wird durch die äußere Bewegungszurückhaltung eine umso intensivere Wahrnehmung, Steuerung, Verstärkung und Verfeinerung einer inneren Bewegung ermöglicht.

Qigong und Achtsamkeit

Es ist nicht unbedingt notwendig, die altchinesisch geprägten Modellvorstellungen zu übernehmen, um die Wirkungen von Qigong zu nutzen. Wichtig ist die zugrunde liegende achtsame Haltung sich selbst, als auch der Umgebung gegenüber, um umfassend zu profitieren. Übersetzungen von Qigong mit Gymnastik oder Atemübungen oder Entspannungstechnik, in den ersten Zeiten des Bekanntwerdens des Qigongs im Westen üblich, weisen auf eine beschränkte Sicht hin, wo scheinbar mit Qigong nur auf der physiologischen Ebene Einfluss genommen werde. Das regelmäßige Praktizieren der Übungen hat ohne Zweifel eine Reihe von gesundheitsförderlichen Aspekten, die zahlreich publiziert wurden. Dass aber bei dem mit Achtsamkeit praktizierten Qigong neben physiologischen Prozessen auch andere Prozesse beeinflusst werden, nämlich spezifische psychologische, auch energetische, ist unumstritten. Die Qigong-Übungen beruhen auf einer Beeinflussung von Körper-Geist-Seele-Prozessen im Sinne einer Regulation, Stärkung und Integration. Durch die biophysikalische Forschung und die Erkenntnisse im Zusammenhang mit der im Westen geläufiger werdenden Akupunktur lassen sich auch biophysikalische Phänomene aufzeigen; wir wollen sie energetische Phänomene nennen. Besonders bei den Übungen des Stillen Qigong wird vor allem der spirituelle Kontext mit seiner achtsamen Grundhaltung offensichtlich; sie lassen sich als meditative Praxis auffassen und sind ein Weg des inneren Wachstums, der das ganze Leben vollständig erfasst.

Im tieferen Sinne werden die Übungen mit dem Ziel praktiziert, die Energien im Körper zu verfeinern, um in höhere geistige Ebenen aufzusteigen, Befreiung von allen Abhängigkeiten und die „drei Stufen der Unsterblichkeit" zu erlangen. Dieser als innere Alchemie (Nei Dan) bezeichnete Vorgang benutzt die „drei Schätze" des Körpers: Jing, Qi und Shen. Nach altchinesischer Vorstellung, die ein überwiegend energetisches Konzept verfolgt, wird das Jing, die Essenz im unteren Kessel (dem Energiezentrum im Unterbauch), in Qi, die feinstoffliche Lebensenergie, umgewandelt. Von dort muss es durch Aufmerksamkeit nach oben in den zweiten Kessel, das Energiezentrum im Brustbereich, kommen. Dadurch wird es möglich, die in Qi verwandelte Kraft des Jing auf der Ebene des dritten Auges in Shen, den Geist, zu transformieren, um dann zur Leere zu kommen und schließlich zum Dao, dem Numinosen, zurückzukehren. Es ist eine Haltung, die über eine körperliche Fitness, die sich mit einem spirituellen Mantel umgeben hat, weit hinausgeht.

Bei allen Qigong-Übungen wird zuerst geübt, die Aufmerksamkeit auf eine Vorstellung zu lenken; diese Vorstellung wird dann in körperliche Bewegung umgesetzt, Atem und Qi folgen der Bewegung von selbst. Der Aspekt des Atmens, der zwar wichtig ist, wird in der Regel (anfänglich) nicht direkt angesprochen, weil das Atmen dann leicht unnatürlich und verkrampft werden kann. Während der Ausführung der Übung wird der Körper immer wieder wahrgenommen, die Aufmerksamkeit des Übenden richtet sich also einerseits auf die Imagination, andererseits auf den Körper, genauer (mit der Zeit) auf die Wahrnehmung des Unterbauchzentrums (und damit des dort verankerten inneren Beobachters). Es kommt gewissermaßen zu einem Oszillieren der Aufmerksamkeit zwischen der Imagination und dem eigenen Körper.

An dieser Stelle möchte ich eine der grundlegenden daoistischen Übungen des Stillen Qigong zur Bewusstseinserweiterung und inneren Alchemie skizzieren, den „kleinen Energiekreislauf", der in vielen Varianten mit immer weiter und tiefer gehenden Erfahrungen praktiziert werden kann. Wie andere spirituelle Praktiken wird diese Übung durch einen erfahrenen Lehrer erlernt und begleitet. Die Übung ist erst dann sinnvoll zu praktizieren, wenn durch eine Reihe von anderen, einfacheren Übungen, wie z.b. „das innere Lächeln", „Eintreten in den Qigong-Zustand", „Pflege des Qi", „Stehen wie ein Baum", „Füllen des unteren Dantien", neben einer Erdung und Verankerung zwischen Himmel und Erde, eine gewisse Haltung an Achtsamkeit und die Herausbildung einer inneren Mitte in Ansätzen schon erreicht wurde.

Gedanklicher Hintergrund ist folgender: Zwei Leitbahnen der Akupunkturlehre, die sich jeweils in der Rumpfmitte vorn und hinten von unten nach oben ziehen, werden zu einer Kreisbahn verbunden. Auf dieser Kreisbahn des Rumpfes wird der natürliche Fluss des Qi, der Lebensenergie, aktiviert. Der Übungsaufbau ist, wie bei allen Qigong-Übungen, dreigeteilt: Anfang (Entspannung, Erdung, Zentrierung), Mitte (die eigentliche Übung) und Ende (Einsammeln und Ablegen der durch die Übung entstandenen „Früchte aller Art" in das Zentrum im Unterbauch und Zurückkommen ins Alltagsbewusstsein).

Der Übende sitzt mit sanft geschlossenen Augen und möglichst geradem Rücken, die Füße flach auf dem Boden, die Hände locker auf den Oberschenkeln abgelegt, die Zungenspitze den oberen Gaumen berührend, und vertieft die Vorstellung, wie ein Baum fest mit der Erde verwurzelt zu sein. Er beginnt mit drei vorbereitenden Übungen, wobei die erste ein Gefühl von Weite und Leichtigkeit im Stirnbereich, die zweite ein Gefühl von Ruhe und Raum und die dritte ein wohlwollendes, annehmendes Gefühl der eigenen Person und dem eigenen Körpers gegenüber- auch über die Körpergrenzen hinausgehend - entstehen lässt und „die Klarheit des Herzens" fördert. Mit Hilfe dieser vorbereitenden Übungen soll das Eintreten in den Qigong-Zustand

erreicht werden. Damit ist gemeint: „das Wahrnehmen und in Einklang kommen mit den Körperempfindungen, eine schwebende
Sammlung ohne Anspannung, ein Bewusstwerden des Raumes um
sich, ein nicht aktives Tun, sondern eher ein Eintreten lassen, so wie
eine Pflanze von sich aus wächst, ohne dass wir an ihr ziehen müssen". Der Übende lenkt nun zunächst seine Aufmerksamkeit auf den
Unterbauch mit der Vorstellung, dass sich dort ein wichtiges Energiezentrum befindet, in dem Qi konserviert, transformiert und gesammelt
wird sowie auch einfach „alles Angenehme und Unangenehme" abgelegt werden kann (unterer Dantien). Dann muss zusätzlich eine Vorstellung als Verbindung zwischen Bewusstsein und dem Qi aktiviert
werden. Auf einer imaginierten Bahn in der Körpermitte, die im Unterbauch beginnt, nach unten zum Damm und am Rücken aufwärts bis
zum Scheitel und an der Vorderseite des Kopfes und Rumpfs wieder
nach unten zum Unterbauch verläuft, wird das Qi in Bewegung gesetzt. Das bedeutet zunächst nur die Vorstellung des „sich Bewegens".
Bestimmte Qigong-Punkte auf dieser Bahn werden in den Kreislauf
integriert, die Vorstellungskraft springt zunächst von Punkt zu Punkt.
Nach einiger Übung wird ein Fluss-Gefühl spürbar, und es kann sich
z.B. das Phänomen einstellen, dass die Vorstellung langsamer oder
schneller ist als der Qi-Fluss. Durch kontinuierliche Übung wird das
Qi, welches in der daoistischen Vorstellung das Bindeglied zwischen
Shen (Geist) und Jing (Essenz, dem Körper zugeordnet) ist, im gesamten Körper aktiviert. Nach ca. 20 bis 30 Minuten wird das Qi willent-
lich im unteren Dantien eingesammelt und der Kreislauf mit bestimmten Übungen wie Händereiben, Ausstreichen und Abklopfen des Kopfes, Ohr- und Nackenmassage etc. abgeschlossen.

Es wird eine innere Haltung etabliert, mit der es möglich ist, alles,
auch Unangenehmes wie Schmerzen oder Spannungszustände, zunehmend aus der Sicht eines mehr neutralen Beobachters, der aber mit
allem verbunden bleibt, wahrzunehmen. Im Gegensatz zu dem klassischen Achtsamkeitsprinzip werden dem Praktizierenden im (Stillen)
Qigong mehr kleine, konkrete Hilfsmittel an die Hand gegeben.

Hingearbeitet wird aber auf das gleiche Ziel: Die Verbindung mit dem Kosmos (Himmel und Erde) und, darüber hinaus, die Einbettung in den Kosmos. Der Kosmos steht in Bezug zu etwas Höherem, Umfassenderen, Transzendenten, jenseits der Materie. Gleichzeitig besteht aber auch das Ziel, zu einem ruhigen Kern, der alles in sich trägt, zurück zu finden. Von diesem aus erlebt man sich selbst mehr als die aktuellen Schwierigkeiten und kann diese dadurch besser akzeptieren.

Yoga

Yoga ist ein philosophisch-ganzheitlicher Übungsweg, der in der Jahrtausende alten indischen Hochkultur entwickelt wurde. Es werden vier klassische Yoga-Pfade unterschieden, die den Schwerpunkt zwar verschieden setzen, in der Praxis sich jedoch durchaus berühren. Im Karma-Yoga wird das selbstlose Dienen durch tätige Nächstenliebe geübt. Jede Handlung wird in dem Bewusstsein ausgeführt, dass ich durch sie der belebten oder unbelebten Materie meinen (liebevollen oder lieblosen) Geist einpräge. Das Inana-Yoga, das Yoga der Weisheit, legt das Hauptaugenmerk auf das Studium wichtiger Schriften und die Begegnung mit anderen Weisheitsströmungen. Das Bhakti-Yoga, das Yoga der Hingabe, sucht die Befreiung in Ritualen der Gottesverehrung wie Beten und Singen. Im Raja-Yoga, dem Königlichen Yoga, wird Selbsterkenntnis und Selbstdisziplin geschult. Hatha-Yoga ist ein Teil dieses Pfades, bei dem Selbst- und Welterkenntnis über den Weg des Körpers angestrebt werden. Die nun folgenden Ausführungen beschäftigen sich mit diesem Teil des Yoga.

Die weisen Rishis hatten erkannt, dass man mit schmerzendem Rücken nur schwer freundlich sein kann und mit verstopftem Darm nur halb so gut denken kann. Die Sehnsucht nach spiritueller Verbundenheit ließ sie daher schon früh Anleitungen zur körperlichen Gesundheitspflege in Form von Bewegung und Ernährung geben.

Die Asanas entstanden, als die frühen Yogis sich meditativ mit den wahrgenommenen Phänomenen ihrer Umwelt verbanden und dem körperlich Ausdruck verliehen. Aus der belebten Natur wurden Tiergesten nachgebildet (Fisch, Tiger, Hund, Krokodil etc.), aber auch die Verbindung mit der unbelebten Natur wurde gesucht (z.B. Berg, Boot, usw.). Bald wurde erkannt, dass durch das Einnehmen dieser Posen auch der Körper in seiner Flexibilität und Kraft gestärkt werden kann. Im Erkennen dieser Wechselwirkung entstand eine frühe Psycho-Somatik. Der Ausgangspunkt war ein spirituelles Anliegen: Die seelischen und geistigen Energien können freier fließen, wenn der Körper flexibel und kraftvoll ist. Wenn die verschiedenen Teile des Körpers besser mit Blut und Sauerstoff versorgt werden und auf eine harmonische Balance zwischen Kraftaufwendung und Entspannung geachtet wird, kann die Meditation mehr Tiefe erreichen. Die Erfahrung der Verbundenheit mit der kosmischen All-Einheit wird möglich, das Menschsein kann sich im höchsten und edelsten Sinne verwirklichen und Liebe mit allem Seienden kann sich dann entfalten.

Die bei uns im Westen vor allem bekannten Körperübungen des Hatha-Yoga sind ein Teil des achtfachen Pfades nach Patanjali. In der 1. Stufe (Yama) und 2. Stufe (Niyama) werden Verhaltensanweisungen gegeben, die wichtig für die weiteren Schritte sind. Die erste Stufe umfasst Verbote wie Nicht-lügen, Nicht-stehlen und Gewaltfreiheit, die unseren 10 Geboten ähneln. Auf der zweiten Stufe werden Empfehlungen wie heilige Schriften lesen, auf Reinlichkeit achten, Zufriedenheit und Selbstdisziplin üben usw. gegeben.

In der meditativen Stille können sich Gewissensstimmen melden, wie „das war nicht sehr mitfühlend", „dort hast du … versäumt", „mit … bin ich nicht zufrieden." Ein immer feineres Gespür für den Umgang mit ethischen Fragen, wie in den Yamas und Niyamas beschrieben, gehört zur Entwicklung des yogischen Menschen und macht den Weg zu einer wachen und gelassenen Aufmerksamkeit mit ruhigem Geist leichter. Auf der dritten Stufe werden durch gezielte Dehn-, Streck- und Kräftigungsübungen, die Asanas, systematisch die verschiedenen Körperfunktionen angeregt, wobei auf ein Gleichgewicht zwischen Kraft bzw. Muskelaufbau und Beweglichkeit geachtet wird. Auf der vierten Stufe wird der Nähr- und Reinigungsfunktion des Atems besondere Beachtung geschenkt. Weiter geht es über das Zurückziehen der Sinne von der Außenwelt (fünfte Stufe), die Konzentration (sechste Stufe) und Meditation (siebte Stufe) zu Versenkung (achte Stufe).

Die Yoga-Philosophie unterscheidet fünf Körper-Hüllen (Koshas), die vom Grobstofflich-Materiellen immer mehr ins Feinstofflich-Subtile übergehen: 1. Anna-Maya-Kosha, die Nahrungshülle oder auch der physische Leib, der durch Asanas massiert, gekräftigt und gedehnt wird, 2. Prana-Maya-Kosha, der Vitalitäts- oder Aetherleib, er bezeichnet das unseren Körper lebendig haltende Energiesystem, das den Schlafenden vom Toten unterscheidet, dieser Leib wird besonders durch Atemübungen angeregt, 3. Mano-Maya-Kosha, der Astral- oder Emotionsleib, der Gefühle und Willensimpulse beherbergt und über Meditation harmonisiert werden kann, 4. Vijnana-Maya-Kosha, der Denk- oder Mentalkörper, der durch Studium von Weisheitsliteratur und positive Ausrichtung des Denkens pflegend ausgebildet werden kann, um so 5. Ananda-Maya-Kosha, den Freude- oder Wonne-Körper, unser Wesens-Zentrum, frei zu legen.

Es werden Hindernisse aufgezählt, die den Weg zu dieser Ebene des Seins verstellen, ein Haupthindernis ist die Bewertung, durch die einige Dinge als Glück und andere als Unglück bezeichnet werden. Der Yogaschüler übt vielmehr Vairaya, was wörtlich übersetzt „Zustand der Entfärbung" heißt. Oder an anderer Stelle heißt es: Yoga citta vritta nirodha – Yoga ist das zur Ruhe bringen des Geistes. Für die Yogis bedeutet dieser Weg jedoch nicht, immer mehr zu lernen, sondern der Weg bedeutet, immer mehr los zu lassen und sich von falschen Vorstellungen, Ablenkungen und Verblendungen durch äußere Attraktoren zu befreien. So kann sich langsam ein Vorhang öffnen, ein Schleier wird zur Seite gezogen und es offenbart sich der wahre Wesenskern.

Zu diesem Erkennen des wahren Wesens gehört auch das unseren Körper durchdringende Energiesystem, das sich siebenfältig in unseren Chakren auffächert. Die Chakren lassen sich mit Schleusen vergleichen, durch die göttliche Energie in uns Einzug halten will. Schleusen haben die Aufgabe, den Zufluss zu regulieren. So wie undichte Schleusentore zu einer Überschwemmung führen können, kann ein Zuviel an Energie in einem Chakra, das zumeist auch eine Unausgewogenheit im Verhältnis der sieben Chakren zueinander mit sich bringt, verheerende Folgen für das sensible Zusammenspiel von Körper, Seele und Geist haben.

Der Vorstellung dieser Energiezentren ist in der Yogatradition besonders differenziert erforscht und beschrieben worden, jedoch begegnet man ihr in verschiedensten Kulturen und zu unterschiedlichen Zeiten, z.B. auf den Totempfählen der Indianer oder bei spätmittelalterlichen Mystikern, auch Teile der Kabbala erinnern an dies System. Christen spüren Ähnlichkeiten zu den Sakramenten oder zu den Bitten des Vaterunser, Heilpraktiker beschreiben die Entsprechung zu dem endokrinen Drüsensystem, sie werden zu den Planeten, den Elementen, zu Sinnesfunktionen oder zu Tieren in Verbindung gesetzt. Bestimmte Laute und Farben werden ihnen zugeordnet. Wenn im Folgenden die psychischen Äquivalente beschrieben werden, so ist dies nur ein kleiner Ausschnitt aus einem umfassenden System.

Das Wurzel-Chakra, dem Element Erde zugeordnet, verleiht Sicherheit und die Fähigkeit, sich hier auf der Erde gut zu orientieren. Durch einen verlässlichen Kontakt mit einer Bezugsperson entwickelt sich in den ersten Lebensmonaten ein wohl in sich gegründetes Kernselbst. Yoga-Übungen regen das Spüren der inneren Mitte an und können daher Menschen mit mangelndem Urvertrauen helfen, innere Sicherheit zu entwickeln, die nicht von äußeren Faktoren wie anderen Menschen, Geld oder einer Wohnsituation abhängt. Aus diesem körperlich erlebbaren Vertrauen in die eigene Person heraus erwächst die intuitive Sicherheit für den Kontakt mit einem anderen Menschen (Polaritäts- oder Sexual-Chakra). Dies 2. Chakra ist dem Element Wasser zugeordnet, es verleiht Beweglichkeit, Flexibilität, Spiel und Genuss. Wie das Wasser, dem ja mythologisch auch die Gefühle zugeordnet

werden, ist es durch Ebbe und Flut, Auf und Ab, Ich und Du gekennzeichnet. Auf dieser Kontaktfähigkeit zu einer Bezugsperson, wie
Mutter, bester Freund oder Partner, baut sich die Fähigkeit auf, sich in
einer Gruppe behaupten und Ziele durchsetzen zu können, die Fähigkeit zur gesunden Aggression, die im 3. Chakra, das dem Element
Feuer zugeordnet ist, beheimatet ist. Durch die Erfahrung, sich auch in
einem größeren Kreis behaupten zu können, wird Liebe und Verzicht
um eines höheren Zieles oder eines anderen Menschen willen möglich, die Fähigkeit aus dem 4., dem Herz-Chakra, heraus zu leben, das
dem Element Luft zugeordnet ist. So wie die Luft sich mit allem –
dem Rosenduft und den Autoabgasen – verbinden kann, verleiht das
Herz-Chakra die Möglichkeit, sich in andere einzufühlen und offen zu
sein für andere Wünsche und Ideen. Diese in den unteren Zentren
entwickelten Fähigkeiten drücken sich, wenn sie nicht durch schlechte
Erfahrungen oder Gewohnheiten blockiert sind, im 5., dem Kehlkopf-
Chakra, aus, das aus dem Sanskrit übersetzt „Rad der atmenden
Wahrheit" heißt. An der Stimme lässt sich erkennen, ob der Sprecher
erregt, schüchtern, streng, ehrlich o.ä. ist. Hier ist der authentische
Selbstausdruck zu Hause. Während die unteren Zentren die Fähigkeit
zur Persönlichkeit, die in dieser Welt lebt, bilden, geben die oberen
Chakren geistigen Qualitäten Raum. Über das 6. Chakra, das dritte
Auge, kann sich die Fähigkeit zu höherer Einsicht und Intuition aus-
bilden. Die Weisheit, die Konflikte und Polaritäten überwunden hat
und größere Zusammenhänge erkennen kann, liegt jenseits aller personalen Gebundenheit. Im 7. oder Kronen-Chakra kann durch einen
Akt der Gnade eine Erleuchtungserfahrung möglich werden.

Achtsames Yoga – ein Beispiel

Nach diesen allgemeinen Erläuterungen der Yoga-Philosophie, soll
nun am Beispiel der Drehübung aufgezeigt werden, wie Achtsamkeit
durch Yoga geschult werden kann. Es folgen nun Übungsanleitung
wie sie in einer Yogastunde gegeben werden:

Wir machen uns die innere Achse bewusst, die von unserem Wurzel-
punkt am unteren Ende der Wirbelsäule nach oben zum Scheitelpunkt
führt. Um ein Gespür dafür zu bekommen, lenken wir die Aufmerksamkeit zunächst auf den Punkt zwischen den beiden Sitzbeinhöckern
(evtl. mit den Händen fühlen). Wir fühlen die Verbindung mit der
Unterlage und achten darauf, dass wir ausatmend unser Gewicht an
diesen Bereich abgeben. Unser Becken sollte weder nach vorne noch
nach hinten gekippt sein, so dass unser Körpergewicht nicht unsere
Wirbelsäule belastet, sondern mittig nach unten fließen kann (evtl.
Keil oder Kissen unter den Po). Auch achten wir darauf, wie wir einatmend unseren gesamten Rumpf in alle Richtungen – nach vorne,
hinten, rechts, links und oben – leicht ausdehnen und ausatmend alle
Spannung loslassen.

Diese Vorbereitung ist in zweierlei Hinsicht notwendig: Zum einen
darf nur um eine aufgerichtete gerade Wirbelsäule gedreht werden.
Wenn nicht darauf geachtet wird, können Schädigungen - bei schwa-
cher Muskel- und Sehnenbildung bis hin zu Bandscheibenvorfall –
auftreten. Und zum anderen gilt es zu beachten, dass eine Drehung
stets um eine Achse herum stattfindet. Die Vorstellung einer Tür, die
nur gut aufgehängt in den Türangeln sich verlässlich dreht, kann hilfreich sein. Die Drehübung darf nicht zu einem Überdrehtsein oder
Verdrehtsein führen. Das Entspannen durch bewusste Ausatmung ist
eine Voraussetzung dafür, dass im Asana nur die Muskeln angespannt
werden, die für diese konkrete Übung gebraucht werden. Der Anfän-
ger spannt in der Regel zu viele (unnötige) Muskeln an oder - genauer
formuliert - er hält viele Muskeln, ohne es zu wissen, angespannt, was
unnötigen Stress zur Folge hat. Die Bezeichnung „Ha-Tha" (von
Hatha-Yoga) bedeutet übersetzt Sonne – Mond, wobei Sonne für Kraft
und Muskelanspannung und Mond für Entspannung steht. In den Bereichen, wo wir verspannt sind, gilt es, das Loslassen zu lernen, und in
anderen Bereichen gilt es, Muskeln und Kraft zu entwickeln.

Nach diesen Vorbereitung drehen wir uns, indem wir einatmend immer wieder zur Mitte kommen und ausatmend unseren gesamten

Rumpf einschließlich Kopf und Schultergürtel um die Achse winden, wobei das Becken die ruhige und sichere Basis verleiht. Wird das Becken in die Bewegung mitgenommen, besteht Gefahr, das Gleichgewicht zu verlieren. Wir spüren: Je sicherer ich unten verankert bin, umso flexibler kann ich oben sein, eine Erfahrung, die bei vielen Yogaübungen eine wichtige Rolle spielt. Mit dem Bewusstsein sind wir ganz bei der Übung und konzentrieren uns auf unsere Wahrnehmungen: Was passiert auf der körperlichen Ebene? Wir spüren, wie die einzelnen Brustwirbel sich gegeneinander verdrehen, wie die kleinen Muskeln zwischen den einzelnen Wirbelkörpern gedehnt werden und wie unser Brustkorb insgesamt freier und geschmeidiger wird. Das Verbinden von Atem, Bewegung und Bewusstsein erfordert volle Konzentration. In der Regel führt der Atem die Bewegung, je mehr ich mich dem Impuls zur Ein- bzw. Ausatmung überlassen kann, umso müheloser und geschmeidiger wird die Bewegung. Mit dem Bewusstsein bei der Bewegung zu bleiben ist wichtig, nicht nur um die Aufrechte in der Haltung nicht zu verlieren, sondern auch um die eigenen Grenzen zu spüren. Der Yogaschüler wird angehalten, weder über die eigenen Grenzen zu gehen (siehe 1. Stufe des achtgliedrigen Pfads, Yamas: Gewaltfreiheit) noch vor den eigenen Grenzen stehen zu bleiben (siehe 2. Stufe, Niyamas: Selbstdisziplin). Beim Spüren der Grenzen kann der Yogaschüler durch Einatmung den Grenzbereich dehnen und beim Ausatmen entspannen und dadurch eventuell diesem Bereich etwas mehr Vitalität und Flexibilität schenken.

Wichtig ist das Nachspüren nach der Asana-Durchführung, es ist die Phase des „Früchte erntens". Was hat die Übung ausgelöst, welche Wirkung kann ich auf der körperlichen Ebene, welche auf der seelischen und welche auf der geistigen Ebene wahrnehmen? Fühlt sich der Brustkorb anders an, was spüre ich im Schultergürtel, wie hat sich meine Atmung im Vergleich zu vorher verändert? Hat die Übung meine seelische Verfassung verändert? Sind die Bereiche, die eben gedehnt oder angespannt wurden, jetzt vielleicht lebendiger, wärmer, entspannter?

Die Drehübung soll besonders hilfreich bei depressiven Verstimmungen sein. Es regt zu einem Wahrnehmen der Umwelt und der Mitmenschen auf Augenhöhe an, wenn die innere Achse ins Bewusstsein genommen wird. Bekanntlich blicken Depressive ja gerne auf den Boden, sie schauen fixiert in die Richtung, wo ein Problem liegt. Die Übung hält dazu an, das gesamte Spektrum des Blickfelds mit seiner Vielfalt rechts wie links ins Auge zu nehmen. Da eine Stimmung auch stets typische Gedankenmuster mit sich führt, lässt sich vielleicht auch der Einfluss auf die Geistesverfassung spüren. Drehübungen halten das Denken geschmeidig und beweglich.

In der vorangegangenen Übung wurde die Drehung um die Achse vom Erdmittelpunkt zum Himmel durchgeführt. Im dreidimensionalen Raum gibt es drei Achsen, um die gedreht werden kann. Und diese lassen sich wiederum an verschiedenen Stellen unseres Körpers denken. Dies soll hier jedoch nicht weiter ausgeführt werden. Vielmehr sollte an dem Beispiel deutlich werden, wie Yoga auf Achtsamkeit angewiesen ist.

Achtsamkeit durch Yoga

Vielleicht wurde durch die bisherigen Ausführungen bereits deutlich, dass Hatha-Yoga in besonderer Weise geeignet ist, Achtsamkeit zu üben. Achtsamkeit wird zunächst dadurch gefordert und gefördert, dass die Bewegungen jenseits der Routine liegen. Dabei wird die Aufmerksamkeit auf viele Details gelenkt. So kann der Übende sich immer tiefer mit dem Asana verbinden und in das Geheimnis der menschlichen Ganzheit eindringen. Die statische Ausführung einer Yoga-Übung, bei der eine spezifische Körperstellung über einen längeren Zeitraum gehalten wird, löst in besonderem Maße Achtsamkeit aus, da sie schmerzfrei nur möglich ist, wenn sie aufmerksam ausgeführt wird. Durch achtsames und bewusstes Hinatmen an die Stelle, wo Spannung entsteht, können auch tiefer liegende Muskelschichten sich lösen. Während das dynamische Üben eher die oberflächlichen

Muskeln bewegt und stärkt, erreicht das Verweilen in einer Haltung auch die tieferen und früheren Schichten. Es ist eine Übung für Fortgeschrittene, da hier bereits kleine Abweichungen von der präzisen Haltung eine wesentlich stärkere Wirkung auslösen. Der fortgeschrittene Schüler verfügt über eine feinere Wahrnehmung darüber, welche Muskeln und Muskelgruppen Spannung brauchen und wo entspannt und losgelassen werden kann.

Yoga ist ein Übungsweg, bei dem im Mittelpunkt die Selbsterkenntnis steht, wobei der Weg über den Körper und die Förderung der Selbstaufmerksamkeit führt. Einatmend wird ein bestimmter Körperteil gedehnt und ausatmend kann er sich lösen. Die Erfahrung, dass Spannung an Körperstellen sitzt, wo losgelassen werden könnte, und andererseits die Spannung und Kraft an Stellen fehlt, wo sie gebraucht würde, führt zu einer tiefen körperlich-seelischen Selbstbegegnung. Jede Körperpose entspricht einer spezifischen Seelen-Qualität und stellt den körperlichen Aspekt von Gefühlen dar, die sich im Verweilen der Übung entfalten können. Durch Hinatmen und behutsame Aufmerksamkeitslenkung zu dem verspannten Bereich kann sich die seelische Gefühlslage, die zu dieser Verspannung führte, offenbaren.

Das Wahrnehmen und bewusste Spüren dieser Körper-Seele-Einheit ermöglicht andererseits wiederum ein noch tieferes sich Verbinden mit der Körperhaltung. Die dazu nötige klare Wachheit gepaart mit einem tiefen Loslassen und Entspannen ist nur mit einer Haltung der Achtsamkeit möglich. Besonders eindrücklich macht sich dies bei den Gleichgewichts-Übungen bemerkbar, trifft jedoch auch auf andere Asanas zu. Der Stand im Baum-Asana, bei dem das Gewicht auf einem Fuß ruht, während der andere Fuß gegen den Oberschenkel des Standbeins gedrückt wird, wird wacklig, wenn die Gedanken abschweifen. Der Verlust des Gleichgewichts ruft zur Bewusstheit zurück und macht die Abschweifung deutlich. Das Halten dieser Position verlangt ein waches, distanziertes In-sich-Ruhen. Eine zu starke Konzentration – möglicherweise sogar gepaart mit Ehrgeiz – blockiert die inneren Kräfte und führt zu einem unsicheren, verkrampften

Stand. Die Wahrnehmung der Abschweifung oder inneren Unruhe wird gelassen und ohne Wertung zur Kenntnis genommen. Hilfreich ist eine Haltung, in der der Schüler die Bewusstheit „surfen" lässt über das Spüren körperlicher Phänomene, zum Atem, zur inneren Haltung und zum tieferen Verständnis der Stellung. Alles im Hier und Jetzt wird achtsam ins Gewahrsein genommen.

Ein Nicht-Beachten der Yamas und Niyamas wie z.B. durch Ehrgeiz, Vergleich mit anderen oder Ärger, der die eigenen Grenzen nicht respektiert, führt zu Anspannung an falscher Stelle und kann die Wirkung einer Übung ins Gegenteil verkehren. Yoga unterscheidet sich ja gerade dadurch von Gymnastik oder anderen Sportarten, dass das Bewusstsein sich achtsam dem Körper-Seele-Geist-Geschehen zuwendet. Zum Yoga gehört daher auch die bewusste und gelassene Akzeptanz der eigenen Grenzen. Wenn übertriebene Anspannung und Verkrampfung zu Schmerz führt, wurde die Grenze der eigenen Leistungsfähigkeit nicht beachtet, wenn im Ausführen der Übung nichts gespürt wird, wurden die eigenen Möglichkeiten nicht voll ausgeschöpft. Auch hier findet wieder die Selbstbegegnung statt: Neige ich zu Über- oder zu Unterforderung? Es ist die absichtsfreie Haltung und Akzeptanz dessen, was ist, die Yoga und Achtsamkeit kennzeichnet. Besonders deutlich wird dies in den vorwärts beugenden Übungen des Yoga: Je mehr ich z.B. das Ziel, mit meiner Nase das Knie zu berühren, loslasse, um so näher komme ich diesem Ziel.

Zum Yoga-Unterricht gehören Fragen wie: Kannst Du den Unterschied spüren, wenn Du die Rückwärtsbeuge mal mit gestreckten Armen und dann mit angewinkelten Ellenbeugen machst? Oder nach dem einseitigen Bein-Anwinkeln: Spürst Du den Unterschied zwischen dem rechten und dem linken Bein? Auf welcher Höhe wird die Wirbelsäule gedreht und gedehnt, wenn Du die Krokodil-Übung mal mit geschlossenen und dann mit auseinander gespreizten Beinen machst? Die Aufmerksamkeit wird immer wieder gebündelt und zur Bewegung geführt. Da jede Beobachtung auch eine Rückwirkung auf das Beobachtete hat, löst die gezielte Lenkung der Aufmerksamkeit auf körperliche Prozesse über die subtile Veränderung der Körperspannung hinaus auch Veränderungen aus, die sich im Bewusstsein widerspiegeln, so dass im Sinne einer Rückkopplungsschleife die Wahrnehmung zwischen der Körperhaltung und der Seelen- und Geistesverfassung hin- und her oszillieren kann. Das Geistige kann sich immer mehr mit den Körper-Seele-Vorgängen verbinden und der Erfahrungshorizont wird in beide Richtungen hin erweitert.

Die Schulung der Achtsamkeit braucht zu Beginn ein Objekt. Dem zur Unruhe neigenden menschlichen Geist fällt es leichter, Bewegungen über einen längeren Zeitraum aufmerksam zu verfolgen als Ruhendes. Der Körper bietet sich an, weil er zum einen immer zur Verfügung steht und zum anderen das Spüren des Körpers stets im Hier und Jetzt stattfindet. Das Üben der Achtsamkeit als Haltung zum Leben verlangt häufig eine Änderung von Gewohnheiten, und die sind körperlich verankert. Wir wissen aus der modernen Hirnforschung, dass unser spontanes Verhalten körperlich in den frühen unteren Hirnschichten verankert ist; eine tief greifende Veränderung der Automatismen im Verhältnis zu meiner Umwelt wird daher nur durch wiederholendes Üben ermöglicht, das andere Ganglienvernetzungen ausbildet. Darüber hinaus bietet sich die Einbeziehung des Körpers auch noch deshalb an, weil den Yogareihen ein hoch differenziertes Wissen über energetische Kraftlinien und –punkte im Körper zugrunde liegt, die durch die Asanas angeregt werden. Indem die Übungen das Energieniveau anheben, erleichtern sie den Übungsprozess.

Der Atemprozess, dem im Yoga besondere Aufmerksamkeit geschenkt wird, liegt an der Schnittstelle zwischen willkürlichem und autonomem Nervensystem. Es ist daher ein besonders wichtiger Bereich, mit dem wir Einfluss auf unseren Körper und seine Organe, unsere seelische Verfassung und unseren Geisteszustand haben. Viele spirituelle Richtungen nutzen daher auch den Atem als Werkzeug. Ein bestimmter Kohlendioxyd-Gehalt im Blut gibt dem Atemzentrum des Stammhirns quasi automatisch - ohne unser bewusstes Zutun - den Impuls für den nächsten Atemzug. Gleichzeitig kann jedoch mehr oder weniger bewusst die Atmung gesteuert werden. Zum einen wird der Yoga-Schüler dazu angehalten, die Übung im Einklang mit dem Atem auszuführen, andererseits sind viele Asanas auch gezielt so gestaltet, dass sie eine tiefe Atmung, z.b. in den Brustkorb oder in andere Bereiche des Körpers, nahe legen. Eine Bewegung wirkt auf den Atem und der Atem wirkt auf die Bewegung. Durch eine vertiefte und regelmäßige Atmung wird Prana, die Lebensenergie, angereichert, die auf alle 5 Körper – vom physischen, über den Äther-, Astral- und Mentalkörper bis zum Freudekörper – anregend wirkt. Zunächst spürt der Schüler die Wirkung auf den physischen Leib: Die Wirbelsäule verbindet sich entspannter mit der Unterlage. Die Wirkung auf den Ätherleib kann sich z.b. in Wärme und mehr Lebendigkeit bemerkbar machen. Vielleicht kann er auch wahrnehmen, wie sich die Stimmung, Gefühlslage und gedankliche Ausrichtung verändert. Schließlich kann die Lösung und Entspannung ein Gefühl von völligem Einverstandensein und damit verbunden ein tiefes Glücksgefühl möglich machen.

Die Atembeachtung erfordert viel Achtsamkeit: Zunächst geht es um das behutsame und gelassene Gewahrsein des individuellen Atemrhythmus und seiner Tiefe im Hier und Jetzt - in Akzeptanz und ohne Wertung. Da der Atem – vom ersten bis zum letzten Atemzug - zutiefst mit dem individuellen In-der-Welt-Sein verbunden ist, ist er in der Lage, die Tiefen der Seele zu erreichen. Seine Beachtung kann lebensbedrohliche Angstgefühle und höchste Glücksgefühle auslösen. Wenn es gelingt, sich in absichtsfreier Absicht einem tiefen, langsamen, regelmäßigen und gleichmäßig fließenden Atemprozess zu überlassen, kann die Erfahrung der Verbundenheit mit dem gesamten Kosmos auftauchen, der von der kleinsten Pflanze bis zum entfernten Planeten ebenfalls in Rhythmen lebt, ja dass Leben nur in Rhythmen möglich ist. Sich dem Atmen anvertrauen, heißt loslassen: Es atmet mich, es leben Rhythmen in mir – ohne meine Kontrolle und ohne mein Zutun.

Yoga will mit dem Weisheits- und Möglichkeitsschatz des ganzheitlich verstandenen Körpers vertraut machen. Der Weg führt über das Zusammenführen von Atem, Bewegung und Bewusstsein, was zunächst eine Bündelung der Aufmerksamkeit nötig macht. Wenn dies jedoch zu einer das Leben durchdringenden Haltung geworden ist, wenn jede Handlung mit wachem und gelassenen Zeugenbewusstsein und im Einklang mit dem individuellen Biorhythmus ausgeführt wird, ist ein konkretes Objekt überflüssig geworden: Ich bin achtsam jeden Augenblick. Es gibt kein Yoga ohne Achtsamkeit, aber es lässt sich Achtsamkeit üben ohne Yoga, wenn diese Haltung im Gewahrsein anderer Objekte geübt wird. Yoga ist ein philosophisches System mit Vorannahmen, die in den Achtsamkeitsschulen keine Rolle spielen. In beiden Disziplinen wird eine Erweiterung der geistigen Kapazitäten gepflegt, sie schulen beide eine Disziplinierung der Gedanken und erfordern eine gelassen akzeptierende, ruhevolle Wachheit. Das eigene Bewusstseinsfeld wird in die Aufmerksamkeit genommen: Wenn der Fokus abschweift, merke ich, dass ich meinen Fokus verloren habe und gehe zurück zum Fokus. Indem ich mir der Ablenkung bewusst werde, ist sie nicht mehr so zwingend und gibt mir die Entscheidungsfreiheit. Ich identifiziere mich nicht mehr mit meinen Gedanken und gebe ihnen dadurch weniger Gewicht. Während die Konzentration die Aufmerksamkeit gezielt auf ein Objekt oder Thema lenkt, strebt die Achtsamkeit danach, nicht-selektiv immer mehr Stimuli gleichzeitig in den Bewusstseinsraum aufzunehmen. Das Bewusstsein kann so auf subtile Weise immer weiter werden und sich auf das Gewahrsein aller vom Individuum wahrnehmbarer Stimuli ausdehnen.

Literatur

Belschner, W. (1996). Salutogenese im Qigong. In: Vortrag anläßlich der zweiten Deutschen Qigong-Tage, Bonn.
Braach, Holger. (2002). Mind-Body-Medicine. Verlag Hans Huber, Bern.
Cohen, K. (1998). Qigong Grundlagen Methoden Anwendungen. Frankfurt a. M.: Krüger-Verlag.
Desikachar, T.K,V. (2003). Über Freiheit und Meditation – das Yoga Sutra des Patanjali. Petersberg: Verlag Via Nova

Geuter, Ulfried (2006). Körperpsychotherapie – Teil 1 und Teil 2. Psychotherapeutenjournal, Jahrgang 2/2006, S. 116-122, und Jahrgang 3/2006, S.258-264

Goleman, Daniel (Hg.) (1998). Die heilende Kraft der Gefühle, Gespräche mit dem Dalai Lama über Achtsamkeit, Emotion und Gesundheit. München: DTV-Verlag.

Gunaratana, M.H. (1996). Die Praxis der Achtsamkeit. Heidelberg: Werner Kristkeitz-Verlag.

Heidenreich, T., Michalak, J. (2006). Achtsamkeit und Akzeptanz. Psychotherapie im Dialog, 7, 231-342.

Hüther, Gerald (2003). Wie aus Stress Gefühle werden. Göttingen: Vandenhoeck & Ruprecht

Iyengar, B.K.S. (2001). Yoga – der Weg zu Gesundheit und Harmonie. München: Dorling Kindersley Verlag.

Jiao, G. (1989). Die 15 Ausdrucksformen des Taiji-Qigong. Uelzen: Medizin. Verlagsges.

Kabat-Zinn, J. (2000). Gesund durch Meditation (amerik. Originaltitel: "Full Catastrophe Living"). Bern, München, Wien: Scherz-Verlag für O.W.Barth-Verlag.

Keleman, Stanley (1999). Verkörperte Gefühle. München: Kösel-Verlag

Pfannstiel, Cai (1997). Handbuch Yoga. München: Deutscher Taschenbuch Verlag

Kuhn, E., Kuhn W. (1999). Qi-Gong. In: Engel, K., Meditation, Geschichte, Systematik, Forschung, Theorie. Frankfurt a. M.: Peter Lang-Verlag.

Kuhn, E. Eigene Aufzeichnungen (unveröffentlicht) aus dem ersten Ausbildungslehrgang in Qi Gong bei Zhi-Chang Li, München 1991/92.

Marlock, G., Weiss, H.(Hrsg.) (2006) Handbuch der Köperpsychotherapie. Stuttgart: Schattauer-Verlag.

Olvedi, U. (1994). Yi Qi Gong Das Stille Qi Gong nach Meister Zhi-Chang-Li. Bern: Scherz-Verlag.

Reddemann, L. (2001). Imagination als heilsame Kraft. Stuttgart: Pfeiffer-Verlag bei Klett-Cotta.

Servan-Schreiber, D. (2004). Die neue Medizin der Emotionen, Stress, Angst, Depression. München: Kunstmann-Verlag.

Popp, F.A., Klimek, W., Maric-Oehler, W., Schlebusch, K.-P. (2006). Visualisierung von meridianähnlichen Ausbreitungspfaden...Dt. Zeitschrift für Akupunktur, 49, 6-16.

Thich Nhat Hanh (1992). Ich pflanze ein Lächeln – der Weg der Achtsamkeit. München: Wilhelm Goldmann Verlag

Thich Nhat Hanh (1999). Das Herz von Buddhas Lehre. Freiburg i. Br.: Herder-Verlag.

de Witt, H. F. (1998). Die verborgene Blüte. Petersberg: Via Nova-Verlag.

Weiser, R. (2000) Yoga und Energie, Diplom-Abschlußarbeit zur Yogalehrerin am Mahindra-Institut in Birstein

Zusammenfassung

Das Prinzip Achtsamkeit ist ein grundlegender Bestandteil verschiedener spiritueller Übungssysteme, so auch der Yoga- und Qigong-Tradition. In beiden Traditionen gibt es gut ausgearbeitete Anweisungen zur Beachtung des Körpers, mit dem achtsam umgegangen wird, der in seiner Gesamtheit wahrgenommen und beübt wird. Durch bewusste Bewegung fällt es in der Regel leichter, die Aufmerksamkeit auf Körperempfindungen zu richten als im Ruhezustand. Den Übungen des Yoga und Qigong liegt zudem ein hoch differenziertes Wissen über energetische Kraftlinien und –punkte im Körper zugrunde, die durch spezielle Haltungen, Bewegungen, gepaart mit bestimmten Vorstellungen angeregt werden. Durch regelmäßige Praxis kommt es zu einer Anhebung des allgemeinen Energieniveaus. Das Bewusstsein weitet sich auf immer subtilere Phänomene.

Die Körperübungen in dieser Weise auszuführen heißt, das Selbst in seiner Ganzheit als Körper-Seele-Geist zu sehen. Indem der Fokus zunächst auf die Körperempfindungen und den Atem gelenkt wird, entsteht mit der Zeit neben dem direkten gesundheitsförderlichen Aspekt auf physiologischer und psychischer Ebene eine darüber hinaus gehende bewusste, gelassene Akzeptanz des gegenwärtigen, gesamten Spektrums unserer Erfahrung, wie immer diese auch gerade ist, ohne Urteil und ohne Streben. Es öffnet sich ein Raum, in dem die Einheit mit mir und die Verbundenheit mit meiner Umgebung sowie die Bewusstseinsweitung auf etwas Höheres hin wahrnehmbar wird.

Stichwörter:
achtsames Yoga, achtsames Qigong, Körper-Seele-Geist-Einheit, Bewusstseinsweitung, Körpermeditation

Abstract

The principle of mindfulness forms a fundamental part of different spiritual exercise-systems, such as Yoga and Qigong. Both traditions give detailed instructions for developing awareness of ones body, which has to be treated with care, exercised and viewed in its entirety. Focussing attention on bodily sensations is more easily achieved through conscious movements than in a quiet state. The exercises of Yoga and Qigong are based on highly differentiated knowledge of energetic powerlines and points in the body, which are stimulated through special postures and movements combined with particular imaginations. Regular practise results in a rise of general energy levels, and consciousness grows along with an increasingly awareness of subtle phenomena.

Carrying out the exercises in this way means to see the self as an entirety of body, soul and spirit. By focussing on physical sensations and breath, we experience positive effects on physical and mental health. Over time, one additionally develops a conscious, calm acceptance of the entire present spectrum of our experience, without judgement or ambitions. A space opens in which awareness of unity with myself and a communal sense of belonging to my surrounding is perceptible, and expanded consciousness to something beyond me is possible.

Key words:
Mindful Yoga, mindful Qigong, body-soul-spirit-unity, expanded consciousness, body-meditation

Heinrich Dauber

Achtsamkeit in der Pädagogik
Zur Dialektik von Selbstverwirklichung
und Selbsthingabe

„Haben wir erst einmal gespürt, dass es uns trotz aller bestehender Schwierigkeiten möglich ist, so weit zu uns zu kommen, dass wir still werden, so merken wir auch bald, dass wir uns in solchem Zustand mit Menschen und Dingen in einer größeren Wachheit auseinandersetzen können, als es uns sonst in der uns gewohnten Unruhe möglich ist." Elsa Gindler, 1931 (Ludwig 2001, 97).

Ich sehe noch die leichte Handbewegung, mit der Wilfried Belschner mich eingeladen hat, auf diesem Kongress etwas zum Thema Achtsamkeit und Pädagogik beizutragen. Ich fühlte mich angeregt und geehrt und sagte leichten Mutes zu. Dieser leichte Mut ist mir in den Tagen zwischen den Jahren, als ich etwas Zeit zum Recherchieren, Lesen und Überlegen hatte, erst einmal abhanden gekommen.

Erstes Stichwort: Achtsamkeit

Wie heute in der Wissenschaft, vor allem bei Studierenden weithin üblich, habe ich zum Spaß meine Suchmaschine zum Stichwort befragt. Was schätzen Sie, wie viel Ergebnisse allein Google geliefert hat? 303.000! (Selbst auf meinem Computer waren 132 Einträge gespeichert, von denen ich nichts wusste.)

Unter den ersten 10 Einträgen fand sich etwa: Achtsamkeit bei Amazon; ein Glücksarchiv: Achtsamkeit; mehrere Institute und unzählige Kursangebote für Achtsamkeit, aber auch so tiefe Einsichten wie: „Es gibt keinen Weg, es gibt nur Schritte" oder „Wieder griff der Meister zum Pinsel und schrieb ‚Achtsamkeit. Achtsamkeit'".

Dann habe ich die Suche eingegrenzt auf die zwei Stichworte ‚Achtsamkeit' und ‚Pädagogik'. Da waren es noch 17.500 Einträge. Mit der noch eingegrenzteren Suche nach ‚Achtsamkeit *in der* Pädagogik' gab es nur noch einen Eintrag, den Titel dieses Vortrags auf diesem Kongress. Da saß ich nun, ich alter Tor und war so klug als wie zuvor. (So kann es einem mit äußeren Suchmaschinen gehen.)

Also fing ich nach alter wissenschaftlicher Manier an zu lesen. Je mehr ich las, desto gedrückter wurde meine Hintergrundstimmung, bis ich mich entschloss, etwas zu meditieren oder wie ich es für mich nenne ‚still zu sitzen'. Dabei wurde mir deutlich, woher meine Niedergeschlagenheit kam. In der spirituellen, transpersonalen Literatur, die mir vorlag, war, von wenigen Ausnahmen abgesehen (Almaas, o.J.), vor allem die Rede von Pfaden der persönlichen Erleuchtung, Wegen zu innerem und äußerem Wohlbefinden, aber wenig von Krisen, Erschöpfungszuständen, Enttäuschungen durch spirituelle Lehrer und ähnlichen Themen. Allenthalben liest man von der Notwendigkeit, die ‚richtige', tiefe Sehnsucht nach Erlösung zu entwickeln.

Findet man all dies bei sich selber nicht (oder wie ich nur gelegentlich), bleibt einem nach dieser Lektüre nur die Schlussfolgerung: Du selbst stellst (mit deinem EGO) das eigentliche Problem dar, bist im Grunde ein hoffnungsloser Fall, musst dich mehr anstrengen...; dabei solltest du dich doch selbst mehr liebevoll annehmen, aber natürlich auch disziplinierter üben... – ein einziges Top-dog-Programm hätte Perls gesagt.

Ivan Illich, der wohl wichtigste Lehrer in meinem Leben, hätte es als Programm zur Verschlimmbesserung gegeißelt, als ‚corruptio optimi, quae est pessima' – als Versuchung, etwas verbessern zu wollen und es dadurch zu verschlimmern.

Meine erste Annäherung an das Thema führt also zu der Einsicht, achtsam zu sein, *Achtsamkeit nicht zu einem pädagogischen, therapeutischen oder spirituellen Programm zu machen.*

Und doch ist es nicht nur modisch, von Achtsamkeit zu sprechen, auch wenn der Begriff inzwischen zum fast beliebig einsetzbaren Plastikwort zu verkommen droht. In einer Welt, die weithin von Gier, Habsucht ('Geiz ist geil') und Gewalt geprägt ist, leuchtet die Achtsamkeit etwa eines Thich Nath Hanh (1996) oder einer Charlotte Joko Beck (2000), in der sie ihren Alltag leben, wie ein wärmendes Feuer in einer kalten, zugigen Nacht. In ihrem Verständnis heißt Achtsamkeit nicht mystische Zurückgezogenheit, sondern 'Achtung vor dem Leben' in allem, was wir alltäglich tun, ohne Trennung in heilige und profane Angelegenheiten.

Achtsamkeit, wie ich sie bei Thich Nath Hanh und Charlotte Joko Beck und anderen finde und in kleinen Ansätzen in meinem Leben zu praktizieren versuche, ist also keine besondere Tugend, stellt auch keinen 'erwachten' Zustand dar, den es zu erreichen gilt, sondern meint einfach die klare Aufmerksamkeit und Hinwendung zu mir selbst, meinem eigenen Leben und dem Leben, das mich umgibt und leben will.[1]

Als wir vor Jahren nach einem Namen für unseren Jüngsten suchten, stießen wir auf Gregory. Gregor kommt aus dem Griechischen, von γρηγορειν, was soviel bedeutet wie 'mit allen Sinnen dabei sein, wach sein, präsent sein, bewusst, reaktionsbereit sein'. Im Neuen Testament taucht γρηγορειν beispielsweise auf, als Jesus sich vor seiner Verhaf-

---

[1] Damit beziehe ich mich auf Albert Schweitzer, dessen berühmte (Erleuchtungs-)Idee auf dem Ogowe bekanntlich lautete: „Ich bin Leben, das leben will, inmitten von Leben, das leben will." In dieser Tradition heißt Achtsamkeit: Elementares Denken. Reines Wollen. Rechtes Tun.

tung in den Garten Gethsemane zum Gebet zurückzieht und seine Jünger auffordert: ‚Wachet mit mir'. (Wir Heutigen, auf diesem Kongress, würden vielleicht sagen: ‚Meditiert mit mir'.) Vielleicht erinnern Sie sich noch, was geschieht: Die Jünger schlafen ständig ein und als die Häscher Jesus festnehmen, zieht einer ein Schwert und schlägt dem Knecht des Hohenpriesters ein Ohr ab (Matthäus 26, 36 ff.). Achtsamkeit, so könnte eine zweite Annäherung lauten, bedeutet nichts anderes als ‚*volle Präsenz im gegenwärtigen Augenblick, wach sein'*. Und genau so kommen Kinder auf die Welt, in ungeteilter Aufmerksamkeit, und wenn sie Glück haben, bleiben sie es die ersten Jahre.[2]/[3] Wie kommt es dann, dass wir als ‚grown ups', als Erwachsene, uns so schwer damit tun und bereit sind, viel Zeit aufzuwenden und Geld für Bücher, Seminare und Kongresse auszugeben, um wieder zu lernen, achtsam zu sein? Was ist dazwischen geschehen? Ganz einfach: Wir wurden auf-gezogen und er-zogen. Damit sind wir beim Thema Pädagogik.

Zweites Stichwort: Pädagogik

Dass Menschen sich seit jeher Gedanken über die Erziehung der nachfolgenden Generation gemacht haben, hängt schlicht mit der Tatsache zusammen, dass Kinder nicht als Erwachsene auf die Welt kommen, sondern sich entwickeln. Genauso alt ist der kritische Blick auf die Nachkommenden und die Sorge, diese seien schlecht erzogen, unerzogen, und damit eine Gefahr für das Fortbestehen der Gesellschaft.[4] Bis in allerjüngste Zeit, und bis heute im größten Teil der

---

[2] Von Albert Schweitzer ist der Ausspruch überliefert: „Wenn die Menschen das würden, was sie mit 14 Jahren sind, wie ganz anders wäre die Welt." Ob er das heute auch noch sagen würde?

[3] Die Beobachtung eines kleinen Mädchens, das seinem Spiel völlig selbstvergessen hingegeben war, war bekanntlich das pädagogische Erleuchtungserlebnis von Maria Montessori, einer der großen Pädagoginnen des letzten Jahrhunderts und wurde als ‚Polarisation der Aufmerksamkeit' zu einem Schlüsselkonzept ihrer Pädagogik.

[4] Vorzugsweise werden hier zwei historische Quellen zitiert. Eine Tontafel aus Babylon (ca. 1000 a. Chr.) besagt: „Die heutige Jugend ist von Grund auf verdorben.

Welt, war es darum Aufgabe der Erziehung, dafür zu sorgen, dass die Elterngeneration im Alter ein gesichertes Auskommen hatte und anständig behandelt wurde, nicht zuletzt, dass die gegebenen sozialen und ökonomischen Verhältnisse erhalten blieben. Dies wurde sichergestellt durch eine entsprechende standesgemäße bzw. klassenspezifische Bildung und Ausbildung, am besten getrennt nach sozialer Herkunft und Schicht.[5] Bei etwas selbstkritischer Betrachtung kennen wir das alle aus eigener Erfahrung. Denn im Grunde ihres Herzens wollen alle Eltern – und auch wenn wir vielleicht nicht alle Kinder haben, haben wir doch alle Eltern gehabt –, dass ihre Kinder in ihre Fußstapfen treten, ja es vielleicht sogar besser haben möchten im Leben als sie selbst. Dafür haben sie uns *auf*gezogen und nach ihren Vorstellungen *er*zogen und damit meine ich nicht nur nach ihren Wertmaßstäben, sondern auch nach dem Bild geformt, das sie sich von uns gemacht haben. Und selbst wenn wir dagegen als Jugendliche rebelliert haben und uns alle Mühe gegeben haben, anders zu werden als sie und unseren eigenen Weg zu suchen und zu finden, stellen wir doch später (spätestens als Großeltern) fest, wie ähnlich wir unseren Eltern geworden sind, obwohl oder gerade weil wir uns ein Leben lang, vielleicht auf vielen Umwegen, innerlich mit diesen Bildern unserer Vorbilder auseinandersetzen mussten. (Gott sei Dank gibt es Therapeuten, die einem dabei helfen können, diese späte Einsicht zu verdauen.) Aber schließlich wurden wir so zu brauchbaren Menschen und erträglichen Zeitgenossen. Kurz: Auch wenn die ‚Pädagogiker' aller Zeiten, wie Siegfried Bernfeld, der erste psychoanalytische Pädagoge, vor etwa 80 Jahren seine idealistischen Berufskollegen abschätzig nannte (Bernfeld 1967), zu großen Menschheitsidealen erziehen wollten; Erziehung ist im Kern und in ihrer wesentlichen Funktion *konservativ*

Sie ist böse, gottlos und faul. Sie wird niemals so sein wie die Jugend vorher und es wird ihr niemals gelingen, unsere Kultur zu erhalten." Und von Sokrates (ca. 400 a. Chr.) ist überliefert: „Unsere Jugend liebt den Luxus, hat schlechte Manieren und keinen Respekt vor dem Alter. Die heutigen Kinder sind Tyrannen. Sie widersprechen den Eltern, schlürfen beim Essen und wollen alles besser wissen als ihre Lehrer."
[5] Dass sich daran bis in unsere Tage wenig geändert hat, haben die letzten PISA-Ergebnisse wieder bestätigt.

im Blick auf die bestehenden sozialen und psychischen Verhältnisse, unter denen sie stattfindet, in der Familie wie im öffentlichen Bildungswesen. Und selbst wo sie verändert, sorgt sie für den Erhalt dessen, was sie verändert.[6]

Das klingt zunächst recht ernüchternd, muss aber ergänzt werden. Denn in der Entwicklungstatsache, die Erziehung einerseits notwendig macht, ist andererseits auch angelegt, dass Heranwachsende sich gegen diese konservative Tendenz zur Wehr setzen. So gehört es von klein auf zum Wesen des Menschen, auch ,Nein-Sagen' zu *können*, ja zu *müssen*, um ein selbständiger Mensch zu werden.[7] Noch deutlicher wird dies im sog. Trotzalter und dann nochmals in der Pubertät, wo letztlich nur erfolgreich angeeignet werden kann, was heftig bekämpft und abgelehnt werden musste.[8] Dies scheint ein dialektisches Grundprinzip in der menschlichen Entwicklung zu sein, das vielleicht mit der Grundpolarität unseres Daseins und dem lebenslangen Pendeln zwischen den Polen Autonomie und Verbundenheit zusammenhängt. Auch der Bildungsprozess, die Aneignung eines bestimmten Welt- und Selbstverständnisses, scheint diesen Widerspruch als kreative, widerständige Tendenz in sich selbst zu tragen. Was nämlich wirklich kritisch angeeignet wurde, wendet sich früher oder später auch gegen die Verhältnisse, unter denen es angeeignet wurde.[9]

Man könnte also vorsichtig dialektisch verallgemeinernd sagen: Jede geistige Entwicklung sucht das zu erhalten, worauf sie aufbaut und was siegleichzeitig transformiert. Indem geistige Entwicklung trans-

---

[6] Das ganze modische Geschrei um den großen Innovationsbedarf unserer Gesellschaft, durch die nach dem Bonmot des ehemaligen Bundespräsidenten Herzog ,ein Ruck gehen muss', besagt im Grunde nichts anderes.

[7] Im Schwäbischen, der Kultur meiner Kindheit, begann das Menschsein nach Aussagen meines Vaters erst eigentlich mit dem ersten „Noi, neta", also etwa im zweiten Lebensjahr.

[8] Das gilt in psychoanalytischem Sinn für den sog. Ödipuskomplex, aber auch für kulturelle Milieus und deren Inhalte (siehe Babylon).

[9] Ein wunderbares literarisches Zeugnis dafür liegt vor in dem autobiographischen Roman von Ulla Hahn (2003).

formiert, ‚hebt' sie dialektisch ihre eigenen Grundlagen ‚auf'[10] und erschließt sich neue Potentiale.

Achtsam zu sein hieße dann, *genau zu unterscheiden, in welchen Kontexten und unter welchen Bedingungen neue Entfaltungsräume für Leben und Bewusstsein eröffnet oder eingeschränkt werden.*

Damit ist auch das Credo einer Humanistischen Pädagogik, wenngleich nicht des mainstreams heutiger akademischer Erziehungswissenschaft, bezeichnet:

Im Zentrum achtsamer pädagogischer Praxis steht die Erschließung von Potentialen als Möglichkeitsräumen, nicht jedoch deren Nutzung als Ressourcen für wechselnde ökonomische oder gesellschaftliche Zwecke.[11]

Kleiner historischer Exkurs:

Vielleicht ist es hilfreich, sich mit wenigen Strichen den historischen Zusammenhang unserer heutigen Bemühungen zu vergegenwärtigen. Die Transpersonale Psychologie ist aus der sog. Humanistischen Psychologie, der Dritten Kraft zwischen Behaviorismus und Psychoanalyse nach Ende des 2. Weltkriegs in den USA, hervorgegangen und war ganz wesentlich beeinflusst durch die Beiträge von Wissenschaftlern, die aus rassischen oder politischen Gründen aus Deutschland geflohen waren (vgl. ausführlich Dauber 1997).

Die Wurzeln der Humanistischen Psychologie reichen zurück in die Zeit zwischen den beiden Weltkriegen, die geprägt war durch eine

---

[10] Im Deutschen hat ‚aufheben' genau diese doppelte Bedeutung von ‚bewahren' und ‚übersteigen'.

[11] Erich Fromm hat im Blick auf Ivan Illich das entscheidende Kriterium so formuliert: „Das […] bedeutet, dass der radikale Humanismus jeden Gedanken und jede Institution dahin in Frage stellt, ob sie die Fähigkeit des Menschen zu mehr Lebendigkeit und Freude fördern oder behindern" (Fromm, Einleitung zu: Illich 1972, 8).

Vielzahl von humanistischen Reformbewegungen in psychologischen und pädagogischen Arbeitsfeldern und getragen waren vom Geist der Völkerverständigung, der allgemeinen Menschenrechte (auch für Frauen und Kinder) und einer sittlichen Grundsätzen verpflichteten moralischen Erziehung. Auf den zahlreichen internationalen Kongressen der Zwischenkriegszeit hatten Psychologen wie Pädagogen ohne disziplinäre Abgrenzungsprobleme in zentralen gesellschaftlichen Fragen eng zusammengearbeitet.

In der Gründungserklärung der Association for Humanistic Psychology aus dem Jahr 1962 hieß es:

1. Im Zentrum der Aufmerksamkeit steht die erlebende Person. Damit rückt das Erleben als das primäre Phänomen beim Studium des Menschen in den Mittelpunkt. Sowohl theoretische Erklärungen wie auch sichtbares Verhalten werden im Hinblick auf das Erleben selbst und auf seine Bedeutung für den Menschen als zweitrangig betrachtet.
2. Der Akzent liegt auf spezifisch menschlichen Eigenschaften wie der Fähigkeit zu wählen, der Kreativität, Wertsetzung und Selbstverwirklichung – im Gegensatz zu einer mechanistischen und reduktionistischen Auffassung des Menschen.
3. Die Auswahl der Fragestellungen und der Forschungsmethoden erfolgt nach Maßgabe der Sinnhaftigkeit – im Gegensatz zur Betonung der Objektivität auf Kosten des Sinns.
4. Ein zentrales Anliegen ist die Aufrechterhaltung von Wert und Würde des Menschen, und das Interesse gilt der Entwicklung der jedem Menschen innewohnenden Kräfte und Fähigkeiten. In dieser Sicht nimmt der Mensch in der Entdeckung seines Selbst, in seiner Beziehung zu anderen Menschen und zu sozialen Gruppen eine zentrale Stellung ein (Bühler/Allen 1974, 7).
Wenngleich bezogen vor allem auf das *Erleben* und nicht primär auf das *Bewusstsein* der Person liegt hier doch eine ähnliche Grundannahme zugrunde, nämlich die einer *Potentialität* von lebendiger geistiger (heute würden wir vielleicht sagen: evolutionärer) Entwicklung. Ein wesentlicher Anstoß zur Gründung der Transpersonalen Psycho-

logie (als Vierter Kraft) durch Abraham Maslow, Stanislaw Grof u.a. kam aus der Erfahrung, dass Selbstverwirklichung im Sinn der Humanistischen Tradition selbst wiederum über sich hinausweist oder andersherum formuliert, sich mit tieferen Grundlagen des Seins zu verbinden sucht.[12]

Erich Fromm hat es im Dialog mit Daisetz Suzuki 1957 schon auf die einfache Formel gebracht, dass wir zwar „im Überfluss leben und doch ohne Freude sind" (Fromm 1971, 112). Er hat, von einem kritischen existentialistischen Humanismus ausgehend, meines Wissens auch als erster die beiden grundlegenden Wege benannt, die sich auf dem Hintergrund verschiedener Traditionen und Menschenbilder hier eröffnen.

„Der Mensch ist ohne seinen Willen in diese Welt geworfen und wird ohne seinen Willen wieder aus ihr genommen. [...] *Er muss* sein Leben *leben*, er *wird nicht* davon *gelebt*. Er ist *in* der Natur und geht doch *über sie hinaus*; er ist sich seiner selbst bewusst, und dieses Bewusstsein seiner selbst als Einzelwesen bewirkt, dass er sich unerträglich einsam, verloren und machtlos fühlt. [...] Die *Frage* ist immer die gleiche. Es gibt jedoch *verschiedene Antworten*, im Grunde nur zwei. Die eine versucht, die Isoliertheit zu überwinden und zur Harmonie zu gelangen durch Rückgang in den Zustand der Harmonie vor der Entstehung des Bewusstseins, das heißt, in den Zustand vor der Geburt. Die andere Antwort lautet, ganz geboren zu werden, das Bewusstsein, die Vernunft, die Fähigkeit zu lieben bis zu einem Grad zu entwickeln, dass man seine eigene egozentrische Einbezogenheit hinter sich lässt und zu einer neuen Harmonie, einem neuen Einssein mit der Welt gelangt. [...] Das Ziel des Lebens ist es, ganz geboren zu werden, und seine Tragödie, dass die meisten von uns sterben, bevor sie ganz geboren sind. Zu leben bedeutet, jede Minute geboren zu wer-

---

[12] „Sie hatten erfahren, dass bei aller Selbstentfaltung, bei aller therapeutischen Durcharbeitung biografischer Hindernisse doch immer wieder Unzufriedenheit aufkam, Probleme mit den Verhältnissen entstanden, und dass diese sich häufig durch spirituelle Praktiken veränderten" (Walach 2005, 220).

den. Der Tod tritt ein, wenn die Geburt aufhört. [...] Viele [...] schreiten auf dem Pfad des Lebens weiter und können doch die Nabelschnur sozusagen nicht vollständig zerreißen; sie bleiben symbiotisch mit Mutter, Vater, Familie, Rasse, Staat, Stand, Geld, Göttern usw. verknüpft; niemals werden sie ganz sie selbst und sind daher niemals ganz geboren" (Fromm 1971, 113 f.). Was Fromm auf dem Hintergrund seiner biographischen Erfahrung mit dem Nationalsozialismus und seiner ‚rassischen Volksgemeinschaft' als zwei Wege beschreibt, hat, wenn ich recht verstehe, bei Ken Wilber in anderem Kontext später zur Unterscheidung von prae- und transpersonalen Prozessen geführt, eine für die pädagogische (und therapeutische) Praxis enorm wichtige Differenzierung. Und was bedeutet dies für die intergenerative Weitergabe von Werten und psycho-sozialen Grundmustern in der eigenen Familie? – ein Thema, das wir in der Lehrerbildung an der Universität Kassel den Studierenden nahe zu bringen versuchen, wenn wir sie bitten, ihre Eltern und ihre Großeltern im Sinne narrativer Biographieforschung nach deren Erziehungserfahrungen (zu Zeiten von Adenauer bzw. Ulbricht oder Hitler) zu befragen. ‚Geboren werden' im Sinne Erich Fromms bedeutet eben auch, sich aus den intergenerativen Verschmelzungsmustern zu lösen, ist also auch eine pädagogisch-politische Aufgabe (vgl. insbesondere die Arbeiten von Ancelin Schützenberger 2005).

Ist ein kritisches, selbst-bewusstes, autonomes Ich, das sich gegen ideologische Indoktrination und gesellschaftliche Vereinnahmung zu wehren weiß, nicht unhintergehbare Voraussetzung für transpersonale Wachstumsprozesse? Oder, wieder andersherum gefragt: Sind nicht Menschen, die eine tiefe Anbindung und Verankerung in über sie als Person hinausgehenden Ebenen aus eigener Erfahrung kennen, viel weniger anfällig für die Versuchung praepersonaler Verschmelzungen[13] und darüber hinaus auch besser gefeit gegen Burn-out-Prozesse? (Geiss, Belschner & Oldenbourg 2005).

---

[13] „Von guten Mächten wunderbar geborgen, erwarten wir getrost, was kommen mag. Gott ist mit uns am Abend und am Morgen und ganz gewiss an jedem neuen Tag", dichtet Dietrich Bonhoeffer in der Todeszelle Silvester 1944.

Dennoch bleibt offen, wie es zu der von Fromm und anderen, insbesondere Goodman und den beiden Perls konstatierten Erfahrung von Isolation und Sinnlosigkeit kommt, unter der so viele Menschen leiden, ob und wie sie mit erlittener Erziehung zu tun hat und welche Konsequenzen sich daraus für Achtsamkeit in der Pädagogik ergeben.

Achtsamkeit in der Pädagogik

Achtsamkeit, war die *erste* These, taugt nicht als spirituelles oder pädagogisches Programm, sondern bedeutet im Alltag verankerte Präsenz.

Erziehung wie Bildung, war die *zweite* These, vollzieht sich in einer sich selbst aufhebenden Dialektik: Nur das, womit man sich kritisch auseinandergesetzt hat, kann wirklich angeeignet werden. Diesen Prozess weder aufzuhalten noch beschleunigen zu wollen, sondern achtsam zu begleiten, ist Aufgabe der erziehenden Generation. Um die eigene Erziehungs- und Beziehungsgeschichte nicht an der nächsten Generation ‚blindlings' zu wiederholen, sollte diese wenigstens soweit bewusst sein, dass man aufmerksam dafür ist, wenn man sich in Mustern verstrickt, die aus der eigenen Vergangenheit stammen.

Achtsamkeit in der pädagogischen Praxis, so lautet die dritte These, unterstützt äußere und innere Wachstums- und Reifungsprozesse in einer Weise, dass jeweils frühere Stufen integriert und nächste evoziert werden. Dies geschieht in einer Haltung bedingungsloser (d.h. keine Bedingungen stellender), liebevoller Akzeptanz der Person und Verständnis für die mit der jeweiligen Entwicklungsphase verbundenen inneren und äußeren Konflikte. Mit der schrittweisen Bewusstwerdung dieser oft widersprüchlichen und komplexen Prozesse, insbesondere der ständigen Polarität zwischen dem Streben nach Autonomie und dem Wunsch nach Verbundenheit, können jeweils frühere Prägungen und damit verbundene Selbstkonzepte reflektiert und neue Handlungsmöglichkeiten eröffnet werden. In der pädagogischen/ the-

rapeutischen Begleitung von Kindern, Jugendlichen und Erwachsenen kann dies je nach persönlicher Situation bedeuten, die Ausbildung eines starken Ich zu unterstützen oder einschränkende Ich-Fixierungen bewusst zu machen und transpersonale Lernprozesse zu fördern.

Pädagogik ist – in meinem Verständnis – eine auf Praxis bezogene Wissenschaft. Darum erlaube ich mir in aller Vorläufigkeit, einige, ebenso wissenschaftlich wie normativ begründete oder zumindest begründbare, praktische Grundsätze zu formulieren.

1. Achtsamkeit in der Pädagogik bedeutet: altersphasen- bzw. stufengerechte Förderung.
Seit die grundlegenden Arbeiten von Jean Gebser aus den 40er Jahren des letzten Jahrhunderts in den 80ern für die öffentliche Diskussion wieder entdeckt und durch Ken Wilber, Don Beck und Christopher Cowan, im deutschsprachigen Bereich vor allem durch Martina Gremmler-Fuhr und Reinhard Fuhr, weiterentwickelt und ausdifferenziert wurden, verfügen wir über eine komplexe Landkarte individueller und kollektiver Bewusstseinsentwicklung.[14] Ich sehe allerdings auch die Gefahr, dass diese Landkarten als Klassifikationssysteme im diagnostischen Sinn missverstanden werden können.[15]

2. Achtsamkeit in der Pädagogik bedeutet: Vermeidung von Festlegungen und die Eröffnung neuer, weiterer Erlebnis-, Erfahrungs- und Reflexionshorizonte.
Praktischer Grundsatz: ‚Du bist mehr, als du im Moment von dir sehen und begreifen kannst.' Noch wichtiger ist fast die umgekehrte Formulierung, die Gabrielle St. Clair und Michael Plesse in ihren Se-

---

[14] Im deutschsprachigen Bereich wurde die meines Wissens erste Dissertation zu diesem Themenbereich 1991 von Christian Brehmer vorgelegt (Brehmer 1992).
[15] Zumindest in der Grobeinteilung sind sie jedoch hilfreich, um Kernprobleme oder Dreh- und Angelpunkte geistiger Entwicklung zu beschreiben, z. B. die Einteilung in eine egozentrierte, eine soziozentrierte, eine geozentrierte und eine integrale Stufe.

minaren zu verwenden pflegen: ‚Wenn du dir bewusst machst und anschaust, welche alte Folie, welches alte Muster deine Wahrnehmung im Moment bestimmt, dann mach dir bewusst, wer du nicht (mehr) bist.' Die uneingeschränkte Bestätigung und Würdigung dessen, was ein Kind/Jugendlicher/ Erwachsener in seiner Lebenssituation und im gegenwärtigen Moment erlebt, unterstützt, fast wie von selbst, die organismischen Selbstverwirklichungstendenzen, die allem geistigen und körperlichen Wachstum zugrunde liegen.

Carl Rogers hat dies einmal so beschrieben:
„Wenn ich als Gruppenleiter oder Therapeut in meiner besten Form bin, [...] stelle [ich] fest, dass von allem, was ich tue, eine heilende Wirkung auszugehen scheint, wenn ich meinem inneren, intuitiven Selbst am nächsten bin, wenn ich gewissermaßen mit dem Unbekannten in mir in Kontakt bin, wenn ich mich vielleicht in einem etwas veränderten Bewusstseinszustand befinde. Dann ist allein schon meine Anwesenheit für den anderen befreiend und hilfreich. Ich kann nichts tun, um dieses Erlebnis zu forcieren, aber wenn ich mich entspanne und dem transzendentalen Kern von mir nahe komme, dann verhalte ich mich manchmal etwas merkwürdig und impulsiv in der jeweiligen Beziehung, ich verhalte mich auf eine Weise, die ich rational nicht begründen kann und die nichts mit meinen Denkprozessen zu tun hat. Aber dieses seltsame Verhalten erweist sich merkwürdigerweise als richtig: Es ist, als habe meine Seele Fühler ausgestreckt und die Seele des anderen berührt. Unsere Beziehung transzendiert sich selbst und wird ein Teil von etwas Größerem. Starke Wachstums- und Heilungskräfte und große Energien sind vorhanden" (Rogers 1983, 80).

3. *Achtsamkeit in der Pädagogik bedeutet, auch transpersonale Erfahrungen im Sinne partizipatorischen Bewusstseins, die auf jeder Alters- und Entwicklungsstufe möglich sind, nicht abzuwerten, sondern in ihrer jeweiligen Ausdrucksform ernst zu nehmen.*[16]

---

[16] Damit schließe ich mich der Auffassung an, dass transpersonale Erfahrungen nicht erst als Folge eines langen Entwicklungsprozesses in höherem Alter möglich sind,

Auch ein ‚regressiver' Rückzug auf frühere Stufen ist erlaubt und, je nach Situation, angemessen, vielleicht überlebensnotwendig. Im Alter von etwa 5 Jahren stand einer unserer Jungen mit mir an einem späten Abend im August überwältigt unter einem südlichen Sternhimmel. Dann deutete er plötzlich auf einen einzeln stehenden Stern und stellt ganz nüchtern fest: „Das ist mein Stern. Dort war ich und habe auf die Erde heruntergeschaut und mir lange überlegt, zu welchen Eltern ich gehen will. Und dann bin ich zu euch gekommen." Da konnte ich nur sagen: „Ja, wir haben dich erwartet." Nach dem Tod eines mir sehr lieben Freundes besuchte mich sein Sohn und bat mich auf einem langen Waldspaziergang in seiner Depression um therapeutische Hilfe. Die konnte ich ihm aus bestimmten Gründen nicht zusagen, bot ihm aber die Freundschaft an, die mich mit seinem Vater verbunden hatte. Wir saßen im Gespräch auf einem Baumstamm, als direkt vor uns ein Fuchs unter einer Tanne auftauchte, auf drei Beinen zu uns lief, kurz seine verletzte Vorderpfote zeigte und hinter uns im Gras verschwand. Nach einem langen Schweigen fragte ich ihn: „Was fällt dir zum Fuchs ein?" „Zähmen heißt: Sich vertraut machen, sich-binden-an", antwortete er.[17] Eine therapeutische Intervention hatte sich erübrigt.

4. *Achtsamkeit in der Pädagogik bedeutet: Formen und Möglichkeiten des Gewahrseins und Bewusstheit in allen Bereichen, Körper, Seele und Geist zu fördern und sich dabei des unauflöslichen Wechselspiels zwischen diesen nur begrifflich trennbaren Dimensionen bewusst zu sein.*
Liest man die heute üblichen Kompetenzkataloge in modularisierten Ausbildungsprogrammen werden diese Dimensionen in künstlich isolierte, weil dann angeblich besser überprüfbare Fähigkeiten aufgesplittert oder sie fallen zugunsten rein kognitiver Fähigkeiten völlig unter den Tisch. Die einfühlsame Bobachtung besonders von sehr kleinen

---

sondern eine durchgängige Dimension menschlicher Erfahrung auf verschiedenen Entwicklungsstufen darstellen.
[17] „Zähmen bedeutet, ›sich vertraut machen‹ (Apprivoiser signifie, crées des liens)" (Saint-Exupéry 2000, 69).

Kindern am Anfang des Lebens und sehr alten Menschen an dessen Ende, zeigt besonders deutlich, wie eng miteinander verflochten der körperliche, der emotionale und der geistige Bewegungsraum sich am Anfang ausdehnen und gegen Ende zusammenziehen, ein Prozess, in dem Ich-Grenzen aufgebaut werden und sich wieder auflösen. Diese Pulsation von Struktur*aufbau* und *Strukturauflösung* scheint, wie oben ausgeführt, grundlegend für Wachstums- und Lernprozesse. Mit jeder neuen Strukturbildung, körperlich, emotional oder mental, entstehen neue Muster, die neue Möglichkeiten bieten, den inneren und äußeren Bewegungsraum zu erweitern. Damit sind jedoch auch immer, in der Regel unbewusste Entscheidungen verbunden, die andere Strukturbildungen ausschließen oder in gegebenen Kontexten gar nicht erst möglich machen. So entstehen Muster, die Orientierung im Verhalten bieten und sich an entsprechende Selbstbilder heften. Insbesondere diese Selbstbilder, unsere inneren Stimmen, die als Folge unserer Erziehung vielleicht zunächst sagen: „Ich kann nicht", später: „Ich darf nicht" und schließlich: „Ich will nicht mehr" (eine berühmte Karikatur von Marie Marcks), bestimmen dann unsere Möglichkeiten. Diese, unsere Wahrnehmung und unser Erleben einschränkende Strukturen, Muster und Selbstkonzepte wieder zu verflüssigen, steht im Zentrum körperlicher, emotionaler und geistiger Achtsamkeits-Meditation. Dies ist auch schon mit Kindern, insbesondere nach traumatischen Erfahrungen, in einem Grenzgebiet zwischen pädagogischer, therapeutischer und spiritueller Begleitung möglich. Mit 10 Jahren wurde unser Jüngster von einem Auto erfasst und durch die Luft geschleudert. Er erlitt einen schweren Knochenbruch und war im Schock, als wir, durch andere Kinder alarmiert, zu ihm kamen. Zwei Nächte später, wir wechselten uns an seinem Bett im Krankenhaus ab, fragte er mich: „Papa, was ist eigentlich passiert? Erzähl mir alles ganz genau.". Nach meiner Schilderung der äußeren Umstände des Unfallhergangs schwieg er lange und sagte dann: „Papa, weißt du, ich wusste einen Moment lang nicht mehr, ob ich noch leben oder sterben wollte. Aber dann habe ich mich für das Leben entschieden." Nicht nur diese Geschichte hat mir deutlich vor Augen geführt, wie wenig wir unser Leben wirklich kontrollieren können und wie wenig wir unsere Kinder vor existentiellen Erfahrungen schützen können.[18]

5. Achtsamkeit in der Pädagogik bedeutet: Selbstreflexion der eigenen Prägungen und Muster, insbesondere Klärung der Beziehung zu den eigenen Eltern und Geschwistern.
Schon Freud hat das sozial-emotionale Erbe klar erkannt, das wir aus unserer Erziehung in der Familie mit uns herumtragen und unbewusst an andere weitergeben.

„Schon in den ersten sechs Jahren der Kindheit hat der kleine Mensch die Art und den Affektton seiner Beziehungen zu Personen des nämlichen und des anderen Geschlechts festgelegt, er kann sie von da an entwickeln und nach bestimmten Richtungen umwandeln, aber nicht mehr aufheben. Die Personen, an die er sich in solcher Weise fixiert, sind seine Eltern und Geschwister. Alle Menschen, die er später kennen lernt, werden ihm zu Ersatzpersonen dieser ersten Gefühlsobjekte [...]. Diese späteren Bekanntschaften haben also eine Art von Gefühlserbschaft zu übernehmen, sie stoßen auf Sympathien und Antipathien, zu deren Erwerbung sie selbst nur wenig beigetragen haben" (Freud 1914, 206).

Damit in achtsamer und sich nicht identifizierender Weise umgehen zu können, ist eine der größten Herausforderungen an professionelles Handeln im Beruf des Pädagogen (vgl. ausführlicher Dauber 2006).

Aus der Therapie wissen wir, wie viele Menschen unter einem tiefen Groll auf ihre Eltern leiden, der sich dann als Selbsthass gegen sie selbst richtet. Wie der chilenische Gestalttherapeut Claudio Naranjo immer wieder betont hat, ist die Versöhnung mit den eigenen Eltern

---

[18] Der polnische Arzt, Schriftsteller und Pädologe Janusz Korczak, 1942 mit seinen Warschauer Waisenkindern in Treblinka ermordet, hat als seine drei wichtigsten pädagogischen Grundsätze formuliert: „Das Recht des Kindes auf den Tod, auf den heutigen Tag und das Recht des Kindes, das zu sein, was es ist" (Korczak 1999, 45).

die entscheidende Voraussetzung dafür, mit sich selbst akzeptierend-
liebevoll umzugehen.[19]

Wie eng verflochten die Beziehung zu sich selbst und zur Welt mit der
Beziehung zu den Eltern ist, zeigt der Brief eines erwachsenen Sohnes
an seinen Vater nach Verlassen des Elternhauses und einem Jahr selbständiger Berufstätigkeit:
„Lieber Papa,
es ist mal wieder Zeit, einen Brief an meinen Vater zu schreiben [...]
Als erstes möchte ich Dir danken für die gute Bildung und Erziehung,
welche ich bei/unter Dir erfahren habe, weil sie ist letztlich geprägt
von einer positiven Einstellung zum Leben und einer ‚humanistischen'
Bildung (ich denke gerade insbesondere an die Liebe zu Gedichten
und Prosa) und Weltoffenheit. Vielen Dank. Ich glaube, fühle, dass es
gut ist, Dich dies wissen zu lassen. Ich selbst gehe mit gehobenem
Haupt und stolzer Brust durch den Tag [...] nur im Inneren, denn
mein Großvater lehrte mich Bescheidenheit [...] Nachtrag: The most
difficult thing – but an essential one – is to love life, to love it even
while one suffers, because Life is God and to love Life means to love
God. (Tolstoj, War and Peace)."

*6. Achtsamkeit in der Pädagogik bedeutet: keine künstlichen Tren-
nungen, sondern fließende Übergänge zwischen pädagogischen, therapeutischen und spirituellen Prozessen und Interventionen.*[20]

---

[19] „So wie die mangelnde Liebe zu den Eltern die Beziehung eines Menschen zu
sich selbst und zur Welt im allgemeinen stört, kann die Wiederherstellung einer
liebevollen Beziehung zu den Eltern [...] auf einer anderen Ebene die Liebe zum
Selbst und daraufhin auch zu anderen wiederherstellen" (Naranjo 2000, 95).
[20] Wir müssen „uns immer dessen bewusst sein, dass Wachstum untrennbar mit
einem Prozess der Heilung verbunden ist. Wir können die Bereiche der Erziehung,
der Psychotherapie und spiritueller Disziplinen nur künstlich voneinander trennen,
denn tatsächlich gibt es nur einen einzigen Prozess von Wachstum-Heilung-
Erleuchtung. Das Tabu, die Psychotherapie in die Erziehung mit hinein zu nehmen,
muss als das regressive und defensive Symptom gesehen werden, das es tatsächlich
ist. Wenn wir uns in der Erziehung nicht mit der Welt der Gefühle auseinandersetzen, wird unsere Welt weiterhin aus einer Menge Menschen bestehen, die auf kind-

Auf dem Hintergrund meiner eigenen, persönlichen Erfahrung, die ich auch nicht aufteilen könnte in pädagogisch, therapeutisch, spirituell, scheint es mir vor allem darauf anzukommen, allem, was sich in den verschiedenen Dimensionen unserer Existenz auf leiblicher, emotionaler, mentaler oder spiritueller Ebene zeigt oder zu Wort meldet, *liebevoll* zu begegnen. Dies schafft Raum für organismische Selbstregulation, würde Carl Rogers sagen; dies ermöglicht Zugänge zum essentiellen Sein, würden Gabrielle St.Clair und Michael Plesse sagen.

„Wir alle kennen Momente, in denen wir intuitiv, spontan genau das tun oder nicht tun, was der Moment erfordert und darin eine beflügelnde Atmosphäre von Stimmigkeit, Einklang und Verbundenheit erfahren [...] Bewusstheit, sensibilisierte Wahrnehmung im Klima von ‚Ja, es ist gut so, wie es ist', bewirkt das Wunder Verlangsamung und Reinigung neurotischer Verhaftung" (Plesse & St. Clair 1995, 70). Dies ist eine andere Haltung als die grüblerische Selbsterforschung der eigenen Gedanken und Gefühle.

7. Achtsamkeit in der Pädagogik bedeutet: Selbst-verwirklichung und Selbst-hingabe verweisen aufeinander, ja bedingen sich in gewisser Weise gegenseitig. Nur ein in sich gefestigtes, geklärtes Ich kann sich hingeben. Also geht es zunächst um Selbstverwirklichung, um Auseinandersetzung mit der Welt und eben darin ihrer An-eignung.

Im kulturellen Kontext des Westens, in dem die meisten von uns sich bewegen, fällt es mir – persönlich – schwer, mich auf spirituelle Lehren einzulassen, in denen die Außenwelt und ihre Probleme zu reinen Phantasieprodukten unseres Denkens erklärt werden. Eine integrale Pädagogik (vgl. Fuhr 2004), die es zu entwickeln gilt und in deren Zentrum Achtsamkeit steht, könnte ihre Integrationskraft genau darin zeigen, alle Quadranten der Wilberschen ‚Weltformel' einzubeziehen, die subjektiven und die kollektiven Prozesse der inneren und der äußeren Welt.

---

liche Verhaltens-, Gefühls- und Denkmuster fixiert sind, und es wäre absurd zu meinen, dass wir das Ziel des persönlichen Wachstums auf diese Weise erreichen können" (Naranjo 2000, 90).

„Eine neue Erziehung – eine Erziehung des ganzen Menschen für die ganze Welt ist bei weitem kein Luxus, sondern sowohl eine dringende Notwendigkeit als auch unsere größte Hoffnung, denn alle unsere Probleme würden sich durch einen gesunden Menschenverstand und der daraus resultierenden Liebesfähigkeit drastisch vereinfachen. Der Friede des Einzelnen ist als Basis für den Frieden der Welt unerlässlich" (Naranjo 2000, 87; vgl. auch ders. 2004).

Darum kann – aus meiner Sicht – eine integrale Pädagogik auch nicht nur allgemeine transpersonale Lern- und Bewusstseinsprozesse im Blick haben, sondern muss sich mit den konkreten Situationen von Lehrenden und Lernenden in dialogischer Weise auseinandersetzen. „Der effektive Lehrer wird sich nicht nur mit der persönlichen Situation des Schülers befassen, sondern optimalerweise auch in der Lage sein, genau das Bewusstsein zu verkörpern und zu manifestieren, das ein bestimmter Schüler zum gegebenen Zeitpunkt vor allem benötigt. Der Schüler braucht den Kontakt mit den Lehren des Bewusstseinszustandes, der die genaue Lösung für seine momentane Situation ist. Wenn der Schüler zur Zeit zum Beispiel mit Themen von Stärke und Schwäche zu tun hat, wird es nicht angebracht sein, zu versuchen, ihn Freiheit von Begehren oder ich-lose Bewusstheit oder gar kosmisches Bewusstsein zu lehren" (Almaas, o.J., 46 f.).

8. Was hier von einem modernen spirituellen Lehrer formuliert wird, hat eine alte pädagogische Tradition. Johann Friedrich Herbart, der Nachfolger Kants auf dessen philosophischem Lehrstuhl in Königsberg, hat dafür in seiner ersten pädagogischen Vorlesung an der Universität Göttingen im Jahr 1802 den Begriff ,pädagogischer Takt' geprägt. Darunter verstand er die grundlegende pädagogische Fähigkeit, Einfühlungs- und Urteilsvermögen in einer Weise zu verbinden, dass Theorie und Praxis, in völliger „Besonnenheit an die Regel zugleich die wahre Forderung des individuellen Falles [...] treffen" (Herbart 1964, 13).[21]

---

[21] Herbart plädiert schon vor nunmehr über 200 Jahren für eine pädagogische Haltung, die wir heute als ,selbstreflexiv' bezeichnen würden. „Er [der pädagogische

Ist Achtsamkeit in der Pädagogik nun ein (neues/altes) regulatives theoretisches Prinzip oder eine praktische Kunst?

Herbart versuchte mit seinem ‚pädagogischen Takt' die Brücke zu schlagen zwischen philosophischer und (erziehungs)-wissenschaftlicher *Theorie* und pädagogischer *Praxis*.

Achtsamkeit könnte in unserer Zeit als neues Brückenkonzept zwischen Pädagogik und Psychologie (und Psychotherapie) dienen, insbesondere wenn sich beide als Beziehungs- und Bewusstseinswissenschaften verstehen und unsere eigenen persönlichen Erfahrungen wie die unserer Beziehungspartner auf allen Ebenen (körperlich, emotional, verstandesmäßig und geistig) selbstreflexiv in ihrer wissenschaftlichen Arbeit aufgreifen.[22]

Takt, H.D.] bildet sich erst während der Praxis; er bildet sich durch die Einwirkung dessen, was wir in dieser Praxis erfahren, auf unser Gefühl; diese Einwirkung wird anders und anders ausfallen, je nachdem wir selbst anders oder anders gestimmt sind; auf diese unsere Stimmung sollen und können wir durch Überlegung wirken; von der Richtigkeit und dem Gewicht dieser Überlegung, von dem Interesse und der moralischen Willigkeit, womit wir uns ihr hingeben, hängt es ab, ob und wie sie unsere Stimmung *vor* Antretung des Erziehungsgeschäfts, und folglich ob und wie sie unsre Empfindungsweise *während* der Ausübung dieses Geschäfts, und mit dieser endlich jenen Takt ordnen und beherrschen werde, auf dem der Erfolg oder Nichterfolg unserer pädagogischen Bemühungen beruht" (Herbart 1964, 13 f.).

[22] „Unsere Zeitschriften, Bücher und Tagungen sind primär für die Mitteilung und Diskussion des Rationalen, Abstrakten, Logischen, Öffentlichen, Unpersönlichen, Nomothetischen, Wiederholbaren, Objektiven, Unemotionalen geeignet. Sie nehmen daher genau jene Merkmale an, die wir „Persönlichkeits-Psychologen" ändern wollen. In anderen Worten, sie machen eine petitio prinzipii, sie stellen eine prinzipielle Frage. Eine Folge davon ist, dass wir Therapeuten oder Selbstbeobachter noch immer von der akademischen Gepflogenheit gezwungen werden, über unsere eigenen Erfahrungen oder diejenigen der Patienten in derselben Weise zu sprechen, wie wir es über Bakterien oder den Mond oder weiße Ratten tun würden. Wir werden dadurch gezwungen, anzunehmen, dass wir (und die wahrgenommenen Objekte) vom Akt der Beobachtung unverändert sind, dass wir distanziert und unbeteiligt bleiben, dass die Subjekt-Objekt-Kluft existiert, dass wir das „Ich" vom „Du" trennen können, dass alle Beobachtung, alles Denken, aller Ausdruck und alle Mitteilung kühl sein müssen, dass Erkennen von der Emotion nur kontaminiert oder verzerrt werden kann usw.

Achtsamkeit in der Pädagogik bedeutet dann, bei dem zu sein, was ist und nicht auf das zu schielen, was sein sollte; aber in dem, was ist, auch zu erkennen, was sich zeigen und entfalten will. Dies war die hoffnungsvolle Haltung, die alle großen Pädagogen im Innersten bewegt hat – vielleicht auch ihre größte Illusion.[23]

9. Selbstverwirklichung bleibt jedoch in Selbstbezogenheit hängen, wenn sie nicht mit Selbsthingabe verknüpft ist.
Martin Buber hat schon vor einem halben Jahrhundert auf dem Hintergrund seiner eigenen spirituellen Tradition, dem Chassidismus, davor gewarnt, sich auf dem transpersonalen Weg in der eigenen Seelenbetrachtung zu verlieren und zu verfehlen.

Buber veranschaulicht dies an der chassidischen Geschichte von Eisik Sohn Jekel aus Krakau, dem dreimal im Traum befohlen worden war, in Prag unter der Brücke nach einem Schatz zu suchen. Aber die Brücke wurde Tag und Nacht bewacht. Schließlich fragt ihn der Hauptmann der Wache, was er wolle und Eisik erzählt seinen Traum. Der Hauptmann lacht ihn ob seines Traumes aus und erzählt ihm seinen eigenen Traum, er solle nach Krakau reisen und in der Stube eines Juden, Eisik Sohn Jekels, unter dem Ofen nach einem Schatz graben.

Mit einem Wort, wir versuchen weiterhin, die Gesetze und die ausgefahrenen Wege der unpersönlichen Wissenschaft für unsere persönliche zu verwenden, aber ich bin überzeugt, dass das nicht gelingen kann. Mir ist auch ziemlich klar geworden, dass die wissenschaftliche Revolution, die manche von uns zusammenbrauen (indem wir eine Wissenschaftsphilosophie konstruieren, die umfassend genug ist, um Erfahrungswissen einzuschließen), sich auch auf die Gebräuche der intellektuellen Kommunikation erstrecken muss" (Maslow 1973, 215 f.).
[23] Diese Haltung, die dem Hier und Jetzt Prinzip in der Gestalttherapie verwandt ist und sich in vielen Ansätzen der reformpädagogischen Bewegung in der ersten Hälfte des 20.Jahrhunderts auffinden lässt, kann auch als leitendes Prinzip einer bewusstseinsorientierten Erforschung der pädagogischen Praxis verstanden werden. Inwieweit Achtsamkeitstraining als pädagogische Methode, vergleichbar ihrer Anwendung in der achtsamkeitsbasierten kognitiven Verhaltenstherapie, in verschiedenen pädagogischen Praxisfeldern zum Einsatz kommen kann, muss weiter erforscht werden (vgl. Heidenreich & Michalak 2004).

Eisik verneigt sich, wandert heim, gräbt den Schatz aus und baut davon das Bethaus, das Reb Eisik Reb Jekels Schul heißt.
„Es gibt etwas, was man an einem einzigen Ort in der Welt finden kann. Es ist ein großer Schatz, man kann ihn die Erfüllung des Daseins nennen. Und der Ort, an dem dieser Schatz zu finden ist, ist der Ort, wo man steht. Die meisten von uns gelangen nur in seltenen Augenblicken zum vollständigen Bewusstsein der Tatsache, dass wir die Erfüllung des Daseins nicht zu kosten bekommen haben, dass unser Leben am wahren erfüllten Dasein nicht teilhat, dass es gleichsam am wahren Dasein vorbei gelebt wird. Dennoch fühlen wir den Mangel immerzu, in irgendeinem Maße bemühen wir uns, irgendwo das zu finden, was uns fehlt. Irgendwo in irgendeinem Bezirk der Welt oder des Geistes, nur nicht da, wo wir stehen, da wo wir hingestellt worden sind – gerade da und nirgendwo anders ist der Schatz zu finden" (Buber 1981, 45).

Wir brauchen eine Pädagogik, die sich in der Dialektik von Selbstverwirklichung und Selbsthingabe, des sich ‚Be-hauptens' wie des Sich-Verbindens in vielfältiger und je nach Person und Kontext angemessener Weise mit dem übergreifenden Gewebe des Lebens verknüpft; eine Pädagogik, die in Beziehungen achtsam zur Strukturbildung des Bewusstseins beiträgt, aber diese nicht verfestigt, sondern neue Potentiale eröffnet. Achtsamkeit in der Pädagogik heißt letztendlich: volle Präsenz in der Gegenwart.

In Zeiten, in denen in der Wissenschaft weithin nur noch gilt, was operationalisiert und gemessen werden kann, zögere ich, eine zeitgemäße ‚Achtsamkeitspädagogik' zu entwerfen. Auch wenn dies vielleicht nicht sehr befriedigend ist und ganz sicher nicht als Verdikt gemeint ist, genauer über eine ‚achtsame Praxis' im Alltag der Pädagogik (wie in der Wissenschaft) nachzudenken, geht es mir doch mehr um eine Haltung als um ein Verfahren zum ‚Training' von Achtsamkeit.

Was für diese Haltung ‚getan' werden kann, will ich zum Schluss mit einer buddhistischen Anekdote andeuten:
Einst kam ein Schüler zu seinem Meister und fragte ihn: „Meister, ich möchte alle Lebewesen retten, wie kann ich das tun?" Der Meister erwiderte: „Du kannst so viel dazu tun, wie du dazu beitragen kannst, dass die Sonne aufgeht." „Dann kann ich ja gar nichts tun", entgegnete der Schüler enttäuscht. „Doch", meinte daraufhin der Meister, „wach sein, wenn die Sonne aufgeht" (zitiert nach Zölls 2005, 3).

Literatur

Almaas, A. H. (o.J.). Das Elixier der Erleuchtung. Freiamt: Arbor.

Ancelin Schützenberger, A. (2005). Oh, meine Ahnen! Wie das Leben unserer Vorfahren in uns wiederkehrt. Heidelberg: Carl-Auer.

Beck, C. J. (2000). Zen im Alltag. München: Droemer Knaur.

Bernfeld, S. (1967). Sisyphos oder die Grenzen der Erziehung. Frankfurt/M.: Suhrkamp.

Brehmer, C. (1992). Die Evolution des Bewusstseins und die Möglichkeit der Erforschung ihres zukünftigen Verlaufes im Rahmen eines erweiterten Wissenschaftsverständnisses. Frankfurt/M.: Peter Lang.

Buber, M. (1981). Sich mit sich nicht befassen. In Buber, M., Der Weg des Menschen nach der chassidischen Lehre. Heidelberg: Lambert Schneider.

Bühler, C., Allen, M. (1974). Einführung in die Humanistische Psychologie. Stuttgart: Klett.

Dauber, H. (1997). Grundlagen Humanistischer Pädagogik. Bad Heilbrunn: Verlag Julius Klinkhardt.

Dauber, H. (2006). Selbstreflexion im Zentrum pädagogischer Praxis. In Dauber, H. & Zwiebel, R. (Hrsg.), Professionelle Selbstreflexion aus pädagogischer und psychoanalytischer Sicht. Bad Heilbrunn: Verlag Julius Klinkhardt, 11-39.

Freud, S. (1914). Zur Psychologie des Gymnasiasten. In Gesammelte Werke X. Frankfurt/Main: S. Fischer.

Fromm, E. (1971). Psychoanalyse und Zen-Buddhismus. In Fromm, E., Suzuki, D. T. & Martino, R. de (Hrsg.), Zen-Buddhismus und Psychoanalyse. Frankfurt/M.: Suhrkamp.

Fuhr, R. (2004). Integrale Pädagogik – eine konkrete Utopie. Unveröffentlichtes Manuskript. Göttingen: Pädagogisches Seminar der Universität.

Geiss, G., Belschner, W. & Oldenbourg, R. (2005). Ohne meinen Glauben könnte ich diese Arbeit hier nicht tun. Hat die spirituelle Orientierung Auswirkungen auf die subjektive Belastetheit bei Menschen, die professionell mit sterbenden Menschen zu tun haben? Transpersonale Psychologie und Psychotherapie, 11. Jg., H. 2, 42-55.

Hahn, U. (2003).Das verborgene Wort. Köln: dtv.

Heidenreich, T. & Michalak, J. (Hrsg.) (2004). Achtsamkeit und Akzeptanz in der Psychotherapie, Tübingen: dgvt-Verlag.

Herbart, J. F. (1964). Vorlesungen über Pädagogik. Vom Pädagogischen Takt. Heidelberg: Quelle & Meyer.

Illich, I. (1972). Schulen helfen nicht. Über das mythenbildende Ritual der Industriegesellschaft. Reinbek b. Hamburg: Rowohlt.

Korczak, J. (1999). Wie liebt man ein Kind. In Sämtliche Werke, Bd. IV. Gütersloh: Gütersloher Verlagshaus.

Ludwig, S. (2001). Elsa Gindler – Von ihrem Leben und Wirken. Hamburg: Christians Verlag.

Maslow, A. H. (1973). Psychologie des Seins. Ein Entwurf. München: Kindler.

Naranjo, C. (2000). Das Ende des Patriarchats und das Erwachen einer drei-einigen Gesellschaft. Petersberg: Via Nova.

Naranjo, C. (2004). Cambiar la educación para cambiar el mundo. Vitoria-Gasteiz: La Llave.

Plesse, M. & St. Clair, G. (1995). Orgodynamik – Tür zum Sein. In Zundel, E. & Loomans, P. (Hrsg.), Im Energiekreis des Lebendigen. Körperarbeit und spirituelle Erfahrung. Freiburg Herder, 60-87.

Rogers, C. (1983). Der neue Mensch. Stuttgart: Klett-Cotta.

Saint-Exupéry, A. de (2000). Der kleine Prinz. Düsseldorf: Rauch.

Thich Nhat Hanh (1996). Zeiten der Achtsamkeit. Freiburg: Herder.

Walach, H. (2005). Wissenschaftstheorie, philosophische Grundlagen und Geschichte der Psychologie. Stuttgart: Kohlhammer.

Zölls, D. (2005). Die Geburt des Ungeborenen. In Benedictushof Unterwegs, 3.

Zusammenfassung

Achtsamkeit eignet sich nicht als pädagogisches oder therapeutisches Programm, sondern bedeutet Präsenz im gegenwärtigen Augenblick. Diese Präsenz wird erschwert durch die Muster und Vorbilder, die uns in der Erziehung vermittelt wurden und mit denen wir uns im Alltag orientieren. Achtsamkeit in der pädagogischen Praxis unterstützt äußere und innere Wachstums- und Reifungsprozesse in einer Weise, dass jeweils frühere Stufen integriert und nächste evoziert werden. Dies geschieht in einer Haltung bedingungsloser, liebevoller Akzeptanz der Person und Verständnis für die mit der jeweiligen Entwicklungsphase verbundenen inneren und äußeren Konflikte. Mit der Bewusstwerdung dieser oft widersprüchlichen und komplexen Prozesse, insbesondere der ständigen Polarität zwischen dem Streben nach Autonomie und dem Wunsch nach Verbundenheit, können jeweils frühere Prägungen und damit verbundene Selbstkonzepte reflektiert und neue Handlungsmöglichkeiten eröffnet werden. In der pädagogischen/ therapeutischen Begleitung von Kindern, Jugendlichen und Erwachsenen kann dies je nach persönlicher Situation bedeuten, die Ausbildung eines starken Ich zu unterstützen oder einschränkende Ich-Fixierungen bewusst zu machen und transpersonale Lernprozesse zu fördern.

Stichwörter:
Achtsamkeit, Präsenz, Selbstkonzept, Ich-Fixierungen

Abstract

Mindfulness should not be taken as an educational or therapeutical program but understood as awareness in the present moment. This kind of presence is limited by patterns and idols which shaped our upbringing and help us to find orientation in ordinary life. Mindfulness in educational settings means to support external and internal processes of growing and maturing in a way that earlier stages of development can be integrated and next steps be evoked. This takes place in an attitude of unconditional loving acceptance of the person and appreciation of the internal and external conflicts connected with specific stages of development. Raising consciousness for these conflicting and complex processes, esp. the underlining polarity between the search for autonomy and the wish to be connected, can open up broader fields of action by reflecting former patterns of behaviour based in self-concepts. Accompanying children, adolescents and adults in their specific personal situations could either mean to support the building up a strong Ego or to become aware of restricting Ego-fixations and open up transpersonal horizons of learning.

Keywords:
Mindfulness, awareness, self-concepts, Ego-fixations

Christa Mosch, Brigitte Lörcher & Gudrun Kappmeyer

Achtsamkeit und Erziehung
- Living Values -

Ein pädagogischer Ansatz zur Schulung von Achtsamkeit

Ende der neunziger Jahre wurde das internationale pädagogische Programm „Living Values Education – Werte leben in Erziehung und Bildung" von engagierten Pädagoginnen und Pädagogen auch in Deutschland gestartet. Es wendet sich an Pädagogen, Eltern, Kinder und Jugendliche und hat sich zum Ziel gesetzt Persönlichkeit und Lebenskompetenz von Kindern und Jugendlichen zu stärken. Das Training bietet einen neuen Ansatz zur Förderung des inneren Wertesystems des Einzelnen als stützendes Element von Aktion und Interaktion. Da Werte die natürlichen Kräfte des Guten im Menschen sind, sind sie die Grundlage für einen respektvollen und achtsamen Umgang miteinander. Living Values kann in Schulen, Kindergärten, sozialen und pädagogischen Einrichtungen durchgeführt werden. Inhalte sind: Bewusst machen und Erfahren von Werten, Identifizieren und Stärken eigener Werte, Training von Werteaktivitäten und Methodenvermittlung, Lernen und Vermitteln von werteorientiertem Handeln.

Die Werteaktivitäten können in die verschiedenen Unterrichtsfächer und Inhalte integriert werden oder auch als Projekte durchgeführt werden. Lernziel ist das Nutzen des eigenen Wertepotentials (des immanenten Wertesystems), das jeder Mensch besitzt, und welches er auch leben möchte, denn der Umgang mit Anderen auf der Grundlage innerer Werte ist bereichernd und erfüllend. Wenn das Gefühl für die eigenen Werte (Selbst-Wert-Gefühl) da ist, ist auch das Bewusstsein für den Wert und für die Würde des Anderen vorhanden. Selbstachtung bewirkt Achtung für Andere. „Living Values" ist einerseits ein methodisches Training für pädagogisch und erzieherisch tätige Erwachsene, andererseits wird durch die Erfahrung von Werten als natürliche, persönliche und „urmenschliche" Eigenschaften das Bewusstsein und die Entwicklung eigener Werte gefördert. Der Identifikation von persönlichen Werten und wachsendem Wertebewusstsein folgen durch Achtsamkeit und Übung gefestigtes werteorientiertes Handeln, denn Letzteres bildet die Grundlage zwischenmenschlicher Beziehungen. Selbstbewusstsein und Selbstwertgefühl beruhen auf der Erfahrung, dem Bewusstwerden und dem Gefühl für Werte. Das Einsetzen der individuellen inneren Werte für sich selbst und für Andere geschieht durch Achtsamkeit, Bewusstheit und Einfließen lassen in die Handlung. Werte wie Frieden, Toleranz, Glück, Selbstachtung und Achtung für Andere sind die Säulen des Umgangs miteinander – zusammen mit Ehrlichkeit, Verantwortung, Kooperation, und Liebe sind sie andererseits auch die Grundlage einer stabilen gefestigten Persönlichkeit. Das Wertesystem einer Gesellschaft basiert somit auf dem inneren Wertesystem jedes Einzelnen. Nicht nur um des eigenen Wohles willen, sondern auch um des Wohls der Gesellschaft willen, muss daher an eigenen, inneren Werten orientiertes Denken und Handeln wieder gelernt werden. Somit hilft die „Living Values Werteerziehung" mit, das gesunde soziale Fundament des Einzelnen, der Familie und der Gesellschaft zu stabilisieren. Der Ruf nach Werten in der heutigen Zeit ist ein Aufruf zur Rückbesinnung auf unser gemeinsames Fundament. (s. Präambel der UN-Charta: „Unseren Glauben an...Würde und Wert des Menschen...bekräftigen")

Gleichzeitig kann jedoch der tiefe innere Wertekern eines Menschen, der die Persönlichkeit prägt und im Handeln zum Ausdruck gebracht wird, niemals von außen bestimmt werden, sondern kann nur selbst entdeckt, gefördert und (vor)gelebt werden.

Einblick in die Wertearbeit an Hand eines 90-minütigen Workshops zur Einführung in das LV-Programm

Thema: Achtung und Selbstachtung

Ziele und Methoden:

Durch
a. Erschaffen einer werteorientierten Atmosphäre, in der sich jeder geachtet, wertgeschätzt, verstanden und sicher fühlt und
b. die Verbindung reflexiver, selbstreflexiver, kreativer und interaktiver Methoden einen achtsamen und achtungsvollen Umgang mit sich und Anderen fördern, indem sich jeder seines eigenen inneren Werts und des Werts/der Qualitäten anderer bewusst wird.

Ablauf:
1. Ankommen
In Stille ankommen und sich mit Musik einstimmen

2. Sich vorstellen
Jede TeilnehmerIn zieht eine Wertekarte und stellt sich den Anderen vor, indem er/sie die Bedeutung dieses Werts für sich beschreibt.

3. Reflektieren
Den Zusammenhang von Werten mit dem Kongressthema umreißen:
Achtung als menschliches Grundrecht („Wert und Würde des Menschen sind unantastbar")
Achtung und Selbstachtung als menschliches Grundbedürfnis (Elementare Bedeutung von Selbstachtung für die Persönlichkeitsentwicklung von Kindern und Jugendlichen)

Achtung als Grund-Baustein im LV-Programm – Selbstachtung als wesentliches Fundament der Werteentwicklung

4. Visualisieren
Sich mit Hilfe eines Kommentars einen inneren Garten vorstellen und darin eine spezielle Blume auftauchen lassen, die die eigene Persönlichkeit ausdrückt.

5. Gestalten
Durch Zeichnen oder Basteln der Blume gestalterischen Ausdruck verleihen.

6. Andere wahrnehmen
Die Bilder oder Gestaltungen reihum gehen lassen, den Ausdruck jeder Blume auf sich wirken lassen und die wahrgenommenen Qualitäten und Werte auf das jeweilige Blatt dazu schreiben.

7. sich selbst wahrnehmen
Nach der Runde seine eigene Darstellung mit den schriftlichen Kommentaren der anderen als einen Ausdruck der eigenen Persönlichkeit betrachten.

8. Austauschen und Feed-back geben
Welche Kommentare haben mich am meisten berührt oder gefreut?
Was kann ich mit diesem Ansatz anfangen und was nehme ich für mich und meine Arbeit mit?

Allgemeines zum LVE- Programm: Werte leben in Erziehung und Bildung*

*(LVE ist die Abkürzung für Living Values Education, zu deutsch „Werte leben in Erziehung und Bildung". Im Folgenden handelt es sich um die deutsche Übersetzung eines englischsprachigen, allgemeinen Einführungstextes zu LV)

Einführung

In der ganzen Welt ist die Jugend von Gewalt und sozialen Problemen umgeben. Es fehlt immer mehr an gegenseitiger Achtung. Eltern, Erzieher und besorgte Mitmenschen halten in vielen Ländern Ausschau nach einem Weg, dieser alarmierenden Zeiterscheinung entgegenzuwirken. Viele von ihnen sehen in der Werte-Erziehung einen Lösungsansatz. Es ist unsere Aufgabe, unseren Kindern und Jugendlichen nicht nur theoretisches und praktisches Wissen („to know" and „to do") zu vermitteln, sondern auch Fähigkeiten im Umgang mit sich selbst und anderen („to be" and „to live together") (Delors). Qualitative Erziehung erfasst die ganze Persönlichkeit und schließt sowohl die affektive als auch die kognitive Ebene ein. Werte wie Frieden, Liebe, Respekt, Toleranz, Kooperation und Freiheit gelten überall in der Welt als wesentlich und erstrebenswert. Solche Werte sind das Fundament der Gesellschaft und des menschlichen Fortschritts. Was Kinder und Jugendliche lernen, schlägt sich in der gesellschaftlichen Struktur nieder und deshalb müssen der Erziehung positive Werte mit dem Ziel zugrunde liegen, diese auch zum Ausdruck zu bringen, wenn wir uns eine bessere Welt für alle wünschen. In einer Welt, in der negative Rollenvorbilder und die Verherrlichung von Gewalt und Materialismus vorherrschen, eignen sich Kinder und Jugendliche positive soziale Verhaltensweisen kaum dadurch an, dass sie dazu angehalten werden. „Gute" Schüler mögen sich wertorientierte Verhaltensweisen durch die Beschäftigung mit Werten aneignen. Weniger „gute" Kinder oder Jugendliche in Randgruppen hingegen wehren sich gegen einen moralisierenden Ansatz in der Charaktererziehung. Daher sind zum einen Pädagogen und zum anderen Aktivitäten von entscheidender Bedeutung, die die SchülerInnen aktiv einbeziehen und ihnen die Möglichkeit bieten, ihre eigenen Charakterstärken zu erforschen und zu erfahren. SchülerInnen ziehen großen Nutzen aus dem Erwerb von Fähigkeiten, Werte kognitiv zu erforschen und zu verstehen. Ebenso wichtig für die Motivation der SchülerInnen soziales Verhalten zu lernen und anzuwenden ist eine werteorientierte Atmosphäre, in der sie sich ermutigt, gehört, und wertgeschätzt fühlen. In diesem Zusammenhang und als Antwort auf den Ruf nach Werten als Herzstück allen Lernens wurde das Programm: „Werte leben in Erziehung und Bildung" entwickelt.

Worum geht es bei „Werte leben in Erziehung und Bildung"?
LVE ist ein umfassendes Werte-Erziehungs-Programm. Dieses innovative weltweite Programm zur Charakterbildung bietet ein weit gefächertes Angebot an experimentellen Werteaktivitäten und praktischen Methoden für LehrerInnen, KursleiterInnen, Eltern und Erziehungsberechtigte. Es befähigt Kinder und junge Erwachsene 12 universelle Werte - Frieden, Respekt, Zusammenarbeit, Freiheit, Glück, Ehrlichkeit, Demut, Liebe, Verantwortung, Einfachheit, Toleranz und Einheit - zu erforschen und in sich zu entwickeln. Die Werteaktivitäten beziehen sich auf den Menschen als Ganzes und helfen, ein Gefühl und eine Beziehung sowohl zu sich selbst als auch zu anderen entstehen zu lassen. Durch Reflexion, Visualisation und künstlerische Aktivitäten bringen die SchülerInnen ihre Ideen zum Ausdruck; durch Situationsanalysen und Suchen nach Lösungswegen entwickeln sie kognitive und emotionale Fähigkeiten. Der Ansatz ist kindzentriert, flexibel und interaktiv. Erwachsene fungieren als Begleiter. Während ihrer Arbeit mit Werten sollten die Unterrichtenden eine werteorientierte Atmosphäre kreieren, in der sich alle SchülerInnen respektiert, geschätzt, verstanden, geliebt und sicher fühlen. Die Qualifikation eines LVE - Pädagogen zeigt sich darin, inwieweit er oder sie selbst Werte vorlebt, die Meinung der SchülerInnen respektiert und Kindern und Jugendlichen Freude am Lernen und an Werte-Projekten vermitteln kann.

Zur Organisation
LVE wird von ALIVE (Association for Living Values Education International), einer gemeinnützigen Vereinigung von Pädagogen aus aller Welt, koordiniert. LVE wird von der UNESCO unterstützt und von einer Vielzahl von Organisationen, Institutionen und Individuen gefördert und in allen Kontinenten der Welt eingesetzt. LVE ist Teil der weltweiten Bewegung für eine Kultur des Friedens im Rahmen der UN-Dekade für eine Kultur des Friedens und der Gewaltlosigkeit für

die Kinder der Welt. Der internationale Dachverband ALIVE ist in der Schweiz registriert. In einigen Ländern wurden bereits nationale LVE-Vereine gegründet. Mitglieder sind meist Pädagogen, Vertreter von Behörden, Vereinen und Organisationen, die sich mit Bildung und Weiterbildung befassen.

Internationale Verbreitung
Das LVE-Programm wird gegenwärtig in rund 80 Ländern an 8000 Orten, meist Schulen, aber auch in Kindergärten, Jugendclubs, Elternvereinen, bei der Arbeit mit Straßenkindern, in Gesundheitszentren und Flüchtlingslagern eingesetzt. Die Anzahl von Kindern und Jugendlichen, die an „Werte leben"- Aktivitäten teilnehmen, differiert von Ort zu Ort beträchtlich – zwischen 10 und 3000!

Ziel und Zweck
Das Programm „Werte leben in Erziehung und Bildung" möchte Leitlinien und Methoden für eine ganzheitliche Persönlichkeitsentwicklung auf physischer, intellektueller, emotionaler und geistiger Ebene anbieten. Die Ziele sind:

Den Einzelnen dabei zu unterstützen, sich verschiedener Werte bewusst zu werden, über sie nachzudenken und sie im Umgang mit sich selbst, mit andern, der Gemeinschaft und der Welt insgesamt auszudrücken.

Verständnis, Motivation und Verantwortung zu entwickeln, um sich in persönlichen und sozialen, Angelegenheiten positiv entscheiden zu können.

Den Einzelnen zur bewussten Wahl seiner persönlichen, sozialen, moralischen und geistigen Werte anzuregen und sich praktischer Methoden bewusst zu werden, diese zu entwickeln und zu vertiefen.

Pädagogen, Eltern und Erziehungsberechtigte zur Vermittlung einer Lebensphilosophie in der Erziehung zu ermutigen, die den Kindern ganzheitliches Wachstum, Entwicklung und Wahlfreiheit ermöglicht, so dass sie sich mit Respekt, Vertrauen und Entschlossenheit in die Gemeinschaft integrieren können.

Materialien

Die ersten Materialien des „Werte leben" Programms wurden im März 1997 erprobt. Es wurden allmählich immer mehr, da sich die Nachfrage erhöhte und sich Pädagogen auf der ganzen Welt mit Ideen und Aktivitäten beteiligten. Eine Serie von 5 Living Values Büchern wurde von Health Communications im April 2001 herausgebracht. Die Serie erhielt 2002 den „Teachers-Choice-Award", einem von der Zeitschrift „Learning" (nationale Zeitschrift für Lehrer und Erzieher in den USA) gestiftetem Preis. Diese Serie besteht aus den folgenden Büchern:

Living Values Aktivitäten für Kinder im Alter von 3 bis 7 Jahren
Living Values Aktivitäten für Kinder im Alter von 8 bis 14 Jahren
Living Values Aktivitäten für junge Erwachsene
Leitfaden für LVE - KursleiterInnen
Leitfaden für KursleiterInnen von LVE - Elterngruppen

Es wird empfohlen, zur Einführung und Arbeit mit LV selbst an LV-Seminaren für Pädagogen teilzunehmen, die überall auf der Welt angeboten werden. Im LVE sieht man in den Pädagogen, Ausbildern, Eltern und Erziehungsberechtigten wichtige Vorbilder. Sie können den ersten Schritt zu einer Werte-Erziehung tun, indem sie eine werteorientierte Atmosphäre erschaffen. Übersetzungen aller 5 Bücher liegen in folgenden Sprachen vor:
Chinesisch, Englisch, Hindi, Indonesisch (Bahasa), Japanisch, Polnisch, Portugiesisch. Einige der LVE-Bücher sind in Isländisch und Spanisch übersetzt. Das Elternbuch ist in Kiswahili erhältlich. Die Bücher werden derzeit in 21 weitere Sprachen übersetzt: Arabisch, Malaiisch (Bahasa), Niederländisch, Farsi, Französisch, Deutsch, Griechisch, Hebräisch, Ungarisch, Italienisch, Karen, Khmer, Koreanisch, Papiamento, Rumänisch, Russisch, Serbisch, Thai, Türkisch,

Urdu und Vietnamesisch. In den Büchern LVE-Aktivitäten für Kinder im Alter von 3-7, 8-14 und für junge Erwachsene regen Reflexionsübungen und Gedankenreisen die Kinder und Jugendlichen an, einen Zugang zu ihrer Kreativität und ihren inneren Gaben zu entwickeln. Kommunikationsübungen helfen ihnen bei der Ausbildung sozialer Umgangsweisen, künstlerische Aktivitäten, Lieder, Tanz und Theater, etc. ermutigen sie, einen Wert auszudrücken und dabei den behandelten Wert zu erfahren. Spiele inspirieren zum Nachdenken und machen Spaß; Austausch, Diskussion und Reflektion tragen dazu bei, verschiedene Einstellungs- und Verhaltensweisen zu erforschen. Andere Übungen sensibilisieren für individuelle und soziale Verantwortung und für soziale Gerechtigkeit. Bei allen Übungen wird Selbstachtung und Toleranz gefördert. Die Pädagogen werden dazu ermuntert, ihr eigenes reiches Kulturgut zu nutzen, wenn sie Werte in alltägliches Handeln und ins Curriculum einbauen.

Leitfaden für LVE-KursleiterInnen
In diesem Handbuch sind Bausteine für LVE-Fortbildungskurse aufgeführt. Folgende Lektionen sind thematisch aufbereitet:
das Bewusstsein für Werte wecken,
eine wertorientierte Atmosphäre aufbauen und dafür benötigte Fähigkeiten entwickeln

Es enthält auch ein theoretisches Modell von LVE und Beispiele für den Aufbau von LVE- Fortbildungsveranstaltungen.

Leitfaden für KursleiterInnen von Living Values Elterngruppen
Dieses Buch enthält sowohl den Kursinhalt als auch Kursverlauf und ist für KursleiterInnen bestimmt, die LV-Gruppen mit Eltern und Erziehungsberechtigten ins Leben rufen und zum tieferen Verständnis, zur Ermutigung, positiven Förderung und Entwicklung von Werten in Kindern beitragen möchten. Der 1. Teil beschreibt den Inhalt einer Einführungsveranstaltung und sechs Schritte zur Erkundung jedes einzelnen Wertes. In diesem Prozess reflektieren Eltern und Erziehungsberechtigte ihre eigenen Werte, wie sie diese leben und lehren.

Der 2. Teil enthält Vorschläge und Ideen dafür, wie Eltern bzw. Elterngruppen Werte praktisch auch Zuhause umsetzen können. Im 3. Teil werden häufige Anliegen von Eltern angesprochen sowie Möglichkeiten, damit umzugehen. Ein kleiner Teil befasst sich mit spezifischen Bedürfnissen von 0-2 jährigen Kindern.

Materialien für Kinder in Krisengebieten

Für Krisensituationen hält LVE ein Training für LehrerInnen in Flüchtlingslagern mit LVE-Aktivitäten für Flüchtlinge und Kinder in Kriegsgebieten bereit. Es stehen auch besondere Werteaktivitäten für die Arbeit mit Straßenkindern und den von Erdbeben betroffenen Kindern zur Verfügung - allerdings nur nach vorausgehendem Training und Einführung in diese speziellen Materialien. In verschiedenen Ländern wurde mit Straßenkindern mit den gängigen LVE-Materialien gearbeitet, aber z.Z. werden dafür besondere Unterlagen entwickelt. Das Material für die Arbeit mit Kindern in Notlagen besteht aus folgenden Unterlagen:

LVE-Aktivitäten für Flüchtlingskinder und Kinder in Kriegsgebieten im Alter von 3-7 Jahren
LVE-Aktivitäten für Flüchtlingskinder und Kinder in Kriegsgebieten im Alter von 8-14 Jahren
LVE-Aktivitäten für Erdbeben geschädigte Kinder (Ergänzungsteil zum Tsunami) von 3-7 Jahren
LVE-Aktivitäten für Erdbeben geschädigte Kinder von 8-14 Jahren
LVE-Aktivitäten für Straßenkinder im Alter von 3-6 Jahren
LVE-Aktivitäten für Straßenkinder im Alter von 7-10 Jahren
LVE-Aktivitäten für Straßenkinder im Alter von 11-14 Jahren
LVE-Aktivitäten zur Drogenrehabilitation

LVE-Aktivitäten für Kinder in Flüchtlingslagern und Kriegsgebieten

Dieser Anhang enthält Übungen zu Frieden, Respekt und Liebe, die den Kindern bei ihrem Heilungsprozess helfen. 49 Lektionen sind für 3-7 jährige und 60 Lektionen für 8-14 jährige Kinder und Jugendliche konzipiert. Sie sollten von LehrerInnen, die in den Flüchtlingslagern leben und die demselben Kulturkreis wie die Kinder entstammen, eingeführt werden. Die Lektionen bieten Methoden zur Trauerarbeit für Kinder durch Entwicklung positiver sozialer und emotionaler Fähigkeiten an. Ein Teil bezieht sich auf die Einbeziehung des ganzen Flüchtlingslagers mit Vorschlägen für eine Friedenskultur, für die Leitung von Wertegruppen für Eltern und Erziehungsberechtigte, für kooperative Spiele und unterstützende Konfliktlösungen. Nach Abschluss dieser Lektionen fahren die LehrerInnen mit den regulären LV-Übungen fort.

LVE-Aktivitäten für Kinder in Erdbebengebieten.
Dieser Ergänzungsteil ist für 3-7- und 8-14 jährige Kinder und Jugendliche gedacht und als Antwort auf Anfragen von Pädagogen in El Salvador entwickelt worden. Die Lektionen bieten den Kindern ein Forum, um ihre Gefühle auszudrücken, sie als normale Reaktionen auf schwierige Situationen zu akzeptieren und die Fähigkeit zu erlernen, mit ihnen umzugehen.

LVE-Aktivitäten für Straßenkinder
Diese Materialien bestehen aus übernommenen LVE-Aktivitäten zu den Werten Frieden, Respekt, Liebe und Kooperation und einer Serie mit Geschichten über eine Straßenkinderfamilie. Die Geschichten dienen als Mittel zur erzieherischen Bearbeitung und Diskussion von Themen, wie häusliche Gewalt, Tod, Aids, Drogenhandel, sexueller und physischer Missbrauch, Hygiene, gesunde Ernährung.
Die LVE-Materialien für die 11-14jährigen Straßenkinder beinhalten auch Themen wie Sexualität, Kinderprostitution, Kinderarbeit und Menschenrechtsfragen. Die Geschichten werden mit Diskussionen, Übungen und der Entwicklung positiver sozialer und emotionaler Fähigkeiten verbunden. LVE-Aktivitäten zur Drogenrehabilitation enthalten 102 Lektionen. Grundlagen sind Werte-Einheiten aus dem Buch für die jungen Erwachsenen. Sie werden ergänzt durch Lektionen, die sich auf Drogenmissbrauch (eigene Drogenkarriere und ihre Konsequenzen), emotionale Fragen zu Sucht und ihren Begleiter-

scheinungen (Schmerz und Scham als wertvolle Lebenslektionen akzeptieren lernen) und die Bildung sozialer und rückfallverhindernder
Kompetenzen (durch Diskussion, Kunst, Rollen- und Theaterspiel).

Entstehung

Living Values wurde ins Leben gerufen, als 20 Pädagogen aus aller
Welt 1996 im Hauptsitz der UNICEF in New York zusammentrafen.
Ihr Anliegen war ein Austausch über die Bedürfnisse von Kindern und
darüber, wie Pädagogen Kinder und Jugendliche mit Hilfe von Werten
besser auf lebenslanges Lernen vorbereiten können. Auf der Grundla-
ge von Living values – a Guidebook, einer Publikation von Brahma
Kumaris zu Ehren des 50.Jahrestags der Vereinten Nationen und der
Kinderrechtskonvention der Vereinten Nationen verständigten sich die
Pädagogen über Ziel und Zweck einer weltweiten werteorientierten
Erziehung in den Industrie- und Entwicklungsländern.

Ergebnisse

In den Auswertungen von Pädagogen aus aller Welt werden am häufigsten positive Änderungen in Lehrer-Schüler-Beziehungen und in
Schüler-Schüler-Beziehungen innerhalb und außerhalb des Klassen-
raums genannt.
Die Pädagogen stellen fest, dass Respekt, Fürsorge, Kooperation, Motivation und die Fähigkeit, Konflikte von Gleichaltrigen untereinander
zu lösen, zunehmen. Aggressives Verhalten nimmt ab, sobald positive
soziale Verhaltensweisen und Respekt anwachsen. LVE hilft den Pädagogen, eine sichere, fürsorgliche, werteorientierte Atmosphäre für
qualifiziertes Lernen zu erschaffen. Hier einige Kommentare dazu: Im
Libanon praktizieren Schüler einer Schule die Konfliktlösungsmetho-
de so effektiv, dass sie alle Konflikte untereinander alleine lösen können. Die Lehrerin gewinnt dadurch Zeit fürs Unterrichten. Ein neun-
jähriger Schüler aus Australien berichtet: „Werte-Unterricht gefällt
mir nicht nur, ich genieße ihn richtig. Anfangs war ich absolut dagegen. Ich hatte nicht das Gefühl, dass mir dieser Unterricht irgendetwas brachte. Ich lenkte die Mitschüler ab und machte überhaupt nicht
mit. Dann nahm ich mir vor, einmal wirklich mitzumachen. Das hat`s

gebracht. Seit dieser Stunde kann ich mit allem, worüber wir sprechen, etwas anfangen. Ich entdecke Dinge über mich, von denen ich
bis dahin gar nichts wusste. Werte-Unterricht lohnt sich echt." In Süd-
afrika leiten ehemals gewaltbereite Realschüler jetzt LVE-Workshops
für ihre Mitschüler und wirken friedensstiftend. Aus Thailand berichten 9 von 24 Pädagogen, die Kinder und Jugendliche in Flüchtlingslagern betreuen, dass die Gewaltbereitschaft nach einjähriger Arbeit mit
dem LVE-Programm vollkommen verschwunden war. Die anderen
Lehrer beobachteten eine 80%ige Reduzierung aggressiver Verhaltensweisen. In Vietnam haben Pädagogen bei ihrer Arbeit mit Straßenkindern eine beträchtliche Abnahme von aggressivem und gefähr-
lichem Verhalten beobachtet. „Sie gehen jetzt vertrauensvoll und
freundlich mit den Erwachsenen und ihren Altersgenossen um. Im
Unterricht und nach der Schulzeit gibt es kaum Konflikte. Sie spielen
gerne Sketche über gefährliche Erwachsene und zeigen dabei, wie
man sich vor ihnen schützt. Wenn sie Kinder treffen, die neu auf der
Straße sind, unterstützen und beraten sie diese. Sie laden sie ein, ihre
Lehrer kennen zu lernen und am Unterricht teilzunehmen." Weitere
Kommentare und Informationen finden Sie in den Berichten über die
einzelnen Länder und in den Nachrichten auf der Website:

www.livingvalues.net
germany@livingvalues.net

Literaturangaben:

Delors, J. (1997) Lernfähigkeit: Unser Verborgener Reichtum, U-
NESCO, Bericht zur Bildung für das 21. Jahrhundert. Neuwied: Luch-
terhand-Verlag.
Remus, M. (2002). Globale ethische Grundlagen für ein friedliches
Zusammenleben. Deutscher Entwicklungsdienst: ded - brief 4. 37-39
Buchserie:

Tillmann, D., Hsu, D. (2000). Living Values Activities for children Ages 3 – 7.

Tillmann, D. (2000). Living Values Activities for children Ages 8 – 14.

Tillmann, D. (2000). Living Values Activities for Young Adults.

Tillmann, D. (2000). Living Values Parent Groups: A Facilitator Guide.

Tillmann, D., Colomina, P.Q. (2000). LVEP Educator Training Guide. Dearfield Beach, Florida: Health Communications, Inc.

Zusammenfassung:

Living Values ist ein internationales Werte-Erziehungs- und Bildungs-Programm, das zum Ziel hat, Wert und Integrität des Menschen durch eine ganzheitliche Persönlichkeitsentwicklung zu unterstützen, Lernenden außer theoretischem und praktischem Wissen („to know" and „to do") auch Kompetenzen im achtsamen und achtungsvollen Umgang mit sich und anderen („to be" and „to live together") zu vermitteln (s. 4 Bildungssäulen im Delors-Report der UNESCO) eine werteorientierte Lernatmosphäre, sowie entsprechende Qualifikationen des Unterrichtenden voraussetzt, damit sich Kinder und Lernende geliebt, geachtet, verstanden, wertgeschätzt und sicher fühlen können ganzheitlich konzipiert ist, d.h. den Menschen als denkendes, fühlendes und handelndes Wesen anspricht ein weitgefächertes Angebot an Werte-Aktivitäten und praktischen Methoden bereit hält um werteorientierte Lernprozesse in Gang zu bringen und sowohl Stille- und Reflektionsphasen als auch kommunikativen, interaktiven und kreativen Prozesse integriert von UNESCO unterstützt wird und Teil der weltweiten Bewegung für eine Kultur des Friedens und der Gewaltlosigkeit für die Kinder der Welt ist von ALIVE, einem gemeinnützigen Dachverband von Pädagogen aus aller Welt koordiniert wird, die auf freiwilliger und ehrenamtlicher Basis arbeiten in Deutschland als gemeinnütziger Verein anerkannt ist (LV- Werte leben in Erziehung und

Bildung Deutschland) kultur- und religionsübergreifend arbeitet in rund 80 Ländern an 8000 Orten eingesetzt wird in verschiedensten pädagogischen Einrichtungen Eingang gefunden hat (Kindergärten, Schulen, Universitäten, Lehreraus- und –fortbildung, Elternarbeit, Drogenrehabilitation, Gesundheits- und Jugendzentren, Arbeit mit Straßen- und Flüchtlingskindern...) Materialien für alle Altersstufen vom Vorschul- bis Erwachsenenalter entwickelt hat, die in den USA als 5-teilige Buchserie erschienen sind und mit dem „Teacher`s Choice Award 2002" ausgezeichnet wurden und derzeit in über 30 Sprachen übersetzt sind oder werden eine umfangreiche, viel benutzte, multi-linguale website unterhält, von der Materialien umsonst heruntergeladen werden können (www.livingvalues.net)

Stichwörter:
Werte, Kinder, Erziehung, Persönlichkeit, Achtung und Selbstachtung

Abstract:

Living Values Education is an international values based educational program, that intends to foster worth and integrity of human beings by an overall development of their personality provides for learners not only theoretical and practical knowledge ("to know" and "to do") but also intrapersonal and interpersonal skills of attentiveness and respect ("to be" and "to live together") (Delors: UNESCO-Report) needs a values-based learning environment and personality of the teachers to ensure that children and learners may feel loved, respected, understood, valued and secure is addressing the individual as a thinking, feeling and acting integral entity offers a scale of widely ranged values-activities, methods and means to initiate a values-based learning process. It gives space to silence- and reflection-times as well as communicative, interactive and creative experiences. It is supported by UNESCO and part of the global movement for a culture of peace in the framework of the United Nations International Decade for a Culture of Peace and Non-violence for the Children of the World coordinated by the Association for Living Values Education International (ALIVE), a non-profit-making association of values educators around the world on a strong volunteer base represented in Germany by a charitable association without an exclusive national, political or religious affiliation or interest being used in nearly 80 countries at about 8000 educational settings, such as kindergardens, schools, universities, teachers further education, parent associations, drug rehabilitation, health-, youth- ,street work-centres and refugee camps providing materials for all ages, which were published in USA as a series of 5 books and honoured with the "Teacher`s Choice Award 2002" translated (or in the process of translation) in 30 languages providing a comprehensive, multi-lingual website (www.livingvalues.net) with materials available for downloading free of charge.

Keywords:
values, children, education, personality, respect and self respect

Angelika C. Wagner

Achtsamkeit
und die Auflösung von Konflikten:
Die Methode der Introvision

Achtsam zu sein ist nicht immer einfach - vor allem dann, wenn plötzlich ein Konflikt im Bewusstsein auftaucht: eine unangenehme Entscheidung, Ärger über einen Kollegen oder Angst vor der morgigen Sitzung.

Ziel der von uns entwickelten Methode der Introvision (Wagner, in Druck) ist es, solche Konflikte aufzulösen. Mit auflösen ist gemeint, das Endloskreisen der Gedanken und die damit verbundene innere Erregung und Anspannung wirksam zu beenden. In anderen Worten: Ziel der Introvision ist es, Gelassenheit und Handlungsfähigkeit - bezogen auf das jeweilige Problem - wiederzugewinnen.

Die Entwicklung der Introvision ist das Ergebnis eines umfangreichen Forschungsprogramms zur mentalen Selbstregulation, das unter der Leitung der Verfasserin zunächst an der Pädagogischen Hochschule Reutlingen und dann ab 1985 an der Universität Hamburg durchgeführt wurde. An den Projekten dieses Forschungsprogramms haben eine Vielzahl von Kolleginnen und Kollegen, wissenschaftlichen Mitarbeiterinnen und Mitarbeitern, Doktorandinnen und Doktoranden, Diplomandinnen und Diplomanden und andere (Wagner, in Druck) mitgewirkt.

Am Anfang dieses Forschungsprogramms stand die Frage, wieso sich die Gedanken manchmal endlos im Kreis drehen - und was sich dann praktisch tun lässt, um aus dieser Endlosschleife wieder herauszukommen. Auf das Phänomen solcher Endlosschleifen sind wir unvermutet gestoßen, als wir (Wagner, Barz, Maier-Störmer, Uttendorfer-Marek & Weidle, 1984) im Rahmen eines groß angelegten DFG-Forschungsprojekts untersuchten, was Lehrern und Schülern, Lehrerinnen und Schülerinnen während des Unterrichts „durch den Kopf" geht. Eigentlich waren wir damals mit Hilfe der von uns entwickelten Methode des Nachträglichen Lauten Denkens (Weidle & Wagner, 1982) auf der Suche nach etwas anderem: nämlich professionellen Handlungsstrategien im Unterricht. Als wir dann jedoch die Protokolle des NLD auf der Grundlage des TOTE-Modells (Miller, Galanter & Pribram, 1960) Satz für Satz analysierten, zeigte sich zu unserer großen Überraschung, dass sich die Gedanken der Befragten - Lehrer wie Schüler - in etwa einem Drittel der Interviewabschnitte sozusagen „verknoteten", d.h. im Kreis drehten, ohne einen Ausweg zu finden.

Dieses Phänomen warf interessante theoretische wie praktische Fragen auf: Wie lässt sich das Endloskreisen auf der Grundlage kognitiver Handlungstheorien erklären? Wieso ist es meist mit einem Gefühl der Ausweglosigkeit verbunden? Und vor allem: wie lassen sich solche Konflikte wirksam auflösen?

Die Entwicklung der Introvision als einer Methode der mentalen Selbstregulation erfolgte in der Folgezeit in engem Zusammenhang mit einer Vielzahl empirischer Untersuchungen sowie der Entwicklung zweier Theorien: (1) der Theorie Subjektiver Imperative (TSI) zur Erklärung der Struktur innerer Konflikte (Wagner et al., 1984; Wagner, 1988; 1995; in Druck) und (2) der Theorie der Mentalen Introferenz (TMI) als einer allgemeinen Theorie der mentalen Selbstregulation zur Erklärung der Entstehung von Gelassenheit (Wagner, in Druck). Diese Forschungsarbeiten gingen Hand-in-Hand mit der Entwicklung und praktischen Erprobung der Methoden des Konstatierenden Aufmerksamen Wahrnehmens und der Introvision seit Ende der siebziger Jahre im Kontext von Beratung, Selbstmanagement und Training. Der Begriff der Introvision selber wurde von uns 2001 - auf Vorschlag von Telse Iwers-Stelljes - als einheitlicher Name für dieses von uns entwickelte Verfahren eingeführt, das in einer Reihe früherer Veröffentlichungen unter anderen Bezeichnungen („Konfliktauflösung durch Aufhören von Imperierungen") (z.b. Wagner 1987a), „imperativzentriertes Focusing" (z.b. Iwers-Stelljes, 1997) und „KAW des Zentrums des Unangenehmen" (z.b. Wagner 1997) dargestellt worden ist.

Inzwischen liegen eine Reihe von empirischen Studien vor, die die Wirksamkeit der Introvision in so unterschiedlichen Anwendungsfeldern belegen, z.b. beim Abbau von Depression (Iwers-Stelljes, 1997), Rede- und Prüfungsangst (Wagner, Berckhan, Krause, Röder, Schenk & Schütze, 1991) und Geburtsangst (Schöning, 2002), dem Aufbau von Selbst- und Sozialkompetenz (Iwers-Stelljes, 2006), der Verbesserung der Hörfähigkeit bei Schwerhörigkeit und Tinnitus (Wagner, Buth, Iwers-Stelljes, Schuldt & Sylvester, 2005) und der Reduktion muskulärer Dauerverspannungen (vgl. Löser, 2006; Wagner, in Druck).

Die Introvision zur Auflösung von Konflikten und mentalen Blockaden besteht aus zwei Phasen: (1) der Suche nach dem kognitiv-affektiven Kern des Konflikts und (2) der Auflösung dieses Konflikts durch - u.U. länger andauerndes, wiederholtes - Konstatierendes Aufmerksames Wahrnehmen der dem Konflikt unterliegenden Kognition.

Als Kognition werden hier im Folgenden sowohl Gedanken und Erkenntnisse als auch Wahrnehmungen, Empfindungen, Gefühle, Erinnerungen etc. bezeichnet. So ist beispielsweise der *Geschmack* eines Apfels beim Hineinbeißen aus dieser Sichtweise ebenso eine Kognition wie das *Gefühl* von Glück, das *Empfinden* von Wärme, der *Klang* einer Glocke, die *Erinnerung* an einen Glücksmoment, die *Erkenntnis* eines Sachverhaltes oder die *Idee* eines Kreises. Allen diesen Kognitionen („mentations" sowie „sensations" *sensu* Humphrey, 1995) ist

gemeinsam, dass sie sich als mentale Repräsentation von etwas auffassen lassen (Wagner, in Druck) – wobei sie jeweils unterschiedlich
enkodiert sein können: visuell, auditiv, somatosensorisch, abstrakt und
so weiter.

Im Folgenden soll zunächst das Konstatierende Aufmerksame Wahrnehmen als Grundlage der Introvision dargestellt werden, bevor dann
im zweiten Teil Grundlage und Vorgehen der Introvision ausführlicher dargelegt werden.

1. Das Konstatierende Aufmerksame Wahrnehmen (KAW)

Voraussetzung für die Anwendung der Introvision ist die Fähigkeit,
eine bestimmte Kognition eine Weilchen lang konstatierend aufmerksam wahrnehmen zu können.

Der Begriff des Konstatierenden Aufmerksamen Wahrnehmens bezeichnet einen speziellen Zustand (zumindest eines Teils) der Aufmerksamkeit. Dieser Zustand lässt sich durch sechs Merkmale charak-
terisieren (vgl. Wagner, 1999; in Druck):

- *konstatierend* bedeutet so viel wie registrierend, feststellend, im Sinne von „so ist es" (nämlich die Kognition im Fokus der Aufmerksamkeit). Das Wort konstatieren stammt aus dem Lateinischen; dort bedeutet „constare" „feststehen, dableiben, dabei bleiben, stille stehen"
(Georges, 1902);

- *konstanter Fokus* bedeutet, dass es beim KAW darum geht, den Fokus der Aufmerksamkeit eine Zeit lang konstant auf dieselbe(n) Kog-
nition(en) gerichtet zu halten;

- *weitgestellt* heißt, dass die Aufmerksamkeit nicht enggestellt wird (s.
unten);

- andere Kognitionen am Rande der Aufmerksamkeit nicht aktiv ausblendend - das bedeutet, dass es nicht darum geht, die anderen Kognitionen (außerhalb dessen, was im Fokus der Aufmerksamkeit steht) aktiv auszublenden, wegzuschieben oder zu ignorieren oder dies jedenfalls zu versuchen); vielmehr reicht es aus, den Fokus der konstatierenden Aufmerksamkeit auf die jeweilige Kognition im Zentrum konstant gerichtet zu halten (bzw. bei Abschweifungen wieder darauf zurückzulenken);

- keine aktive Suche nach einer Problemlösung - das heißt, dass während des KAW auf das bewusste Abarbeiten von Problemlösungsstrategien verzichtet wird; letzteres wird auf einen späteren Zeitpunkt vertagt.

Zusammenfassend lässt sich sagen, dass KAW einen mentalen Zustand darstellt, bei dem der Fokus der konstatierenden Aufmerksamkeit ein Weilchen lang weitgestellt auf dieselbe Kognition gerichtet wird, im Sinne eines bewussten (d.h. aufmerksamen) Hinsehens, Hineinlauschens, Hineinspürens oder Betrachtens, ohne dass andere Kognitionen am Rande der Aufmerksamkeit absichtlich ausgeblendet werden.

Die Bedeutung von Weit- und Engstellen lässt sich am einfachsten am Beispiel verschiedener Einstellungen beim Fotografieren erläutern: dort gibt es eine große Bandbreite - vom Weitwinkelobjektiv, das „die ganze Landschaft" aufnimmt bis zum Teleobjektiv, mit dem nur die Spitze des Kirchturms erfasst wird. In ähnlicher Weise kann die Aufmerksamkeit enger oder weiter gestellt werden; für die Zwecke der Introvision ist beim KAW aus introferenztheoretischen Gründen (s. unten) das Weitstellen erwünscht und zweckmäßig (genauer gesagt: das Nicht-Engstellen).

Die Gemeinsamkeit zwischen dem KAW und anderen Formen der Achtsamkeit (Kabat-Zinn, 1998) liegt in der konstatierenden Grundhaltung: es geht darum, die Kognitionen im Fokus der Aufmerksamkeit (den Geschmack einer Orange, die Bewegung der Füße, den Klang der Musik) „einfach wahrzunehmen" sprich: zu konstatieren und dies offen, „neugierig", nicht repetierend (im Sinne des „Anfängergeistes" in der Zentradition) zu tun. Aus Sicht der Theorie der mentalen Introferenz (s. unten) bedeutet dies, dass in diesem Zustand in die Kognitionen im Fokus der Aufmerksamkeit nicht zusätzlich (d.h. kontrolliert) introferent eingegriffen wird.

Daneben gibt es einige Unterschiede zwischen dem KAW und der Achtsamkeit. Während es bei vielen Achtsamkeitsübungen darum geht, die Aufmerksamkeit konstatierend auf Kognitionen im Hier-und-Jetzt zu richten, wird das KAW auch auf Erinnerungen, Fantasien oder abstrakte Begriffe angewandt. Ein zweiter Unterschied liegt in der besonderen Betonung des Weitstellens der Aufmerksamkeit beim KAW, während klassische Achtsamkeitsübungen auf diesen Punkt nicht näher eingehen.

Der Grund für die Betonung des Weitstellens beim KAW und insbesondere bei der Introvision liegt darin, dass aus introferenztheroetischer Sicht (s. unten) das Engstellen der Aufmerksamkeit mit einer Erhöhung der physiologischen Aktivierung und Anspannung verbunden ist; dies kann - insbesondere dann, wenn die vorhandene Erregung bereits beträchtlich ist - dazu führen, den inneren Konflikt zu erhöhen, also sozusagen unfreiwillig noch „Öl ins Feuer" zu gießen.

Aus dem gleichen Grund sollen beim KAW - anders als bei manchen anderen Meditationstraditionen - andere Gedanken, Wahrnehmungen und Gefühle „am Rande der Aufmerksamkeit" nicht aktiv ausgeblendet werden. Ziel des KAW ist es also nicht, „nichts zu denken", sondern lediglich, den Fokus der Aufmerksamkeit - sozusagen das Zentrum des inneren Scheinwerferlichts - konstant auf dieselbe Kognition gerichtet zu halten - ob dies nun der Geschmack einer Orange, die Idee des Kreises oder die Erinnerung an etwas Unangenehmes ist.

Was KAW in der Praxis bedeutet, wird im Rahmen eines Einführungskursus in die Introvision anhand von vier Übungen erläutert und anschließend von den Teilnehmerinnen zumindest mehrere Wochen lang täglich geübt. Ziel dieser von der Verf. entwickelten KAW-Übungen (Wagner, 1999; in Druck) ist es, den gewünschten Aufmerksamkeitszustand pragmatisch zu operationalisieren (*sensu* Watzlawick, Beavin & Jackson 1969) und ihn so pragmatisch erfahrbar zu machen.

Die vier KAW-Übungen bauen auf einander auf; Ziel ist eine sukzessive Einführung in den gemeinten mentalen Zustand. In der ersten Übung geht es um das Konstatieren, in der zweiten um die Unterscheidung zwischen Weit- und Engstellen; in der dritten steht dann das Weitstellen mit konstantem Fokus im Zentrum und in der vierten wird dieses KAW auf das Zentrum des Angenehmen bzw. Unangenehmen angewandt. Da Kognitionen in unterschiedlichen (Sinnes-)Modalitäten enkodiert sind (Birbaumer & Schmidt, 2006), werden die KAW-Übungen zunächst auf *on-line* präsente visuelle, auditive und somatosensorische Sinnesempfindungen durchgeführt („Was sehen Sie?" „Was hören Sie?" „Was empfinden Sie körperlich?") und später auf abstrakt enkodierte Kognitionen, Erinnerungen und Gefühle angewandt.

Viele Kursteilnehmerinnen und Teilnehmer wenden das KAW anschließend regelmäßig im Alltag an - beim Studium, im Sport, beim Musikhören oder auch im religiösen Kontext und berichten, dass ihnen das KAW hilft, sich mental zu entspannen, sich besser zu konzentrieren und häufiger Flow (Csikszentmihalyi & Csikszentmihalyi, 1991) zu erleben (Wagner, in Druck).

2. Die Introvision als Methode der Auflösung innerer Konflikte

Ziel der Introvision ist es, innere Konflikte und mentale Blockaden durch Konstatierendes Aufmerksames Wahrnehmen der Kognition im

Zentrum des Konflikts aufzulösen. Voraussetzung für die Durchführung der Introvision als Methode des Selbstmanagements ist eine ausführliche Einführung in die theoretischen und praktischen Grundlagen sowie hinreichende Erfahrung in der erfolgreichen Anwendung von KAW über einen längeren Zeitraum.

Insgesamt umfasst die Introvision zwei Phasen, die - bei entsprechender langjähriger Übung - auch zu einem einzigen Schritt zusammenschmelzen können. In Phase I geht es darum, den Kern des Konflikts zu finden. Phase 2 dient dazu, den Konfliktzustand durch länger andauerndes konstatierendes Wahrnehmen der dem Konflikt zentral zugrunde liegenden Kognition zu beenden. Von Fall zu Fall können diese beiden Phasen unterschiedlich lange dauern - von ein paar Minuten bis hin zu mehreren Wochen. Eine Introvisionsberaterin oder ein Introvisionsberater kann diesen Prozess der Introvision anleiten, unterstützen und begleiten.

Um einen praktischen Eindruck von der Introvision als Methode des Selbstmanagements zu vermitteln, soll im Folgenden das Vorgehen an einem Beispiel von Redeangst veranschaulicht werden.

Katrin König (Name geändert) kommt von der Arbeit nach Hause. Sie ist genervt, weil viel zu tun war; sie setzt sich hin, versucht sich zu entspannen und macht dazu KAW in ihrer Lieblingsmodalität - sie hört Musik und stellt ihre Aufmerksamkeit dabei konstatierend weit. Was sie sonst ziemlich gut entspannt, wirkt jedoch heute nicht: statt dessen fällt ihr siedend heiß ein, dass sie in zwei Wochen ein Referat vor einer größeren Gruppe halten soll, und davor hat sie Angst. „O du meine Güte", denkt sie „das wird furchtbar! Ich werde bestimmt vor Aufregung stottern und meinen Text vergessen ...!"
Da sie diese Redeangst schon seit ihrer Kindheit plagt, beschließt sie, diesen Konflikt mit Hilfe der Introvision anzugehen.

2.1 Phase I der Introvision: den Kern des Konflikts finden.

Ziel der ersten Phase der Introvision ist es, wie bereits oben erwähnt, den kognitiv-affektiven Kern des Konflikts zu finden. Grundlage ist dafür die Theorie subjektiver Imperative (Wagner, et al., 1984; Wagner, 2003; in Druck).

Die Theorie Subjektiver Imperative (TSI)

Grundlegende Annahme der TSI ist, dass bei einem Bewusstseinkonflikt die Gedanken um die wahrgenommene oder antizipierte Verletzung (mindestens) eines subjektiven Imperativs kreisen.

Subjektive Imperative werden dabei definiert als Vorstellungen (Ziele, Annahmen, Erwartungen), die subjektiv mit einem Gefühl von *Muss* bzw. *Darfnicht* verbunden sind. Das, was gefühlsmäßig sein muss (oder nicht geschehen darf), kann rational („Man *muss* an einer roten Ampel anhalten"), subjektiv-voluntaristisch („Es *muss* so sein, weil ich es so will") oder auch irrational („Ich *muss* jetzt trotz Diät diese Schokolade essen") sein - entscheidend ist, dass die jeweilige Vorstellung im Individuum mit dem *Muss-Darfnicht*-Syndrom gekoppelt ist. Imperativische Vorstellungen können sich inhaltlich auf die eigene Person, auf andere Menschen oder auch auf die Umwelt beziehen; sie können moralisch, neutral oder auch unmoralisch (selbst in den Augen des Individuums) sein. Um im Folgenden deutlich zu machen, dass eine bestimmte Vorstellung einen subjektiven Imperativ darstellt, werden die Wörter „*muss*" bzw. „*darf nicht*" kursiv gedruckt werden.

Zu jedem subjektiven Imperativ gehört eine entsprechende Subkognition. Als Subkognition wird hier das Wissen des Individuums bezeichnet, dass das, was *nicht geschehen darf*, geschehen könnte (bzw. manchmal auch bereits geschehen ist). Und umgekehrt - dass das, was geschehen *muss*, auch nicht eintreten könnte (oder bereits nicht eingetreten ist). Diese Einsicht oder Erkenntnis ist kognitionspsychologisch die epistemische Grundlage für eine Sollvorstellung: wir formulieren nur dann Sollvorstellungen, wenn wir wissen (oder glauben zu wissen), dass etwas Bestimmtes eintreten könnte. Bezogen auf Dinge, die unmöglich sind (z.b. dass wir als Menschen wie die Vögel fliegen könnten), entwickeln wir auch keine entsprechenden Ge- und Verbote („Das Hochfliegen im Hörsaal ist verboten.").

Im Falle eines Imperativverletzungskonflikts drehen sich - so die TSI - die Gedanken um die wahrgenommene oder antizipierte Verletzung eines oder mehrerer solcher imperativischen Vorstellungen. Dabei lassen sich vier Grundformen solcher Imperativverletzungskonflikte unterscheiden:

- *Realitätskonflikte*: Hier kreisen die Gedanken um einen Widerspruch zwischen Imperativ und Realitätswahrnehmung. Bei einem Gewissheitskonflikt ist etwas geschehen, das *nicht geschehen darf* (bzw. nicht geschehen, das geschehen *müsste*); eine häufige Form solcher Gewissheitskonflikte sind Ärger, Wut und Hass. Bei einem Möglichkeitskonflikt kreisen die Gedanken darum, dass etwas geschehen könnte, das *nicht passieren darf* (bzw. umgekehrt nicht geschehen könnte, was geschehen *muss*).
Im Falle von Katrin König handelt es sich um einen Möglichkeitskonflikt: es könnte sein, dass sie anfängt zu stottern und ihren Text vergisst - und das „*darf nicht* sein".

- *Imperativkonflikte*: Hier kreisen die Gedanken um zwei subjektive Imperative, die entweder situationsbedingt oder grundsätzlich (Imperativ-Gegenimperativ-Konflikt) nicht gleichzeitig realisierbar sind; ein Beispiel dafür ist ein Entscheidungsdilemma.

- *Undurchführbarkeitskonflikte*: Im Unterschied zum Imperativkonflikt handelt es sich hier nur um *einen* Imperativ, der aus unterschiedlichen Gründen nicht durchführbar ist: sei es, weil dafür notwendiges Wissen oder andere Ressourcen fehlen (Leerstellenkonflikt) oder sei es, weil der imperativische Charakter der jeweiligen Zielvorstellung selber die Realisierung dieser Vorstellung unmöglich macht („paradoxer" Imperativ; z.B. „Sei jetzt spontan!" als Selbstanweisung) (vgl. Watzlawick et al. 1969).

- *Konflikt-Konflikt:* Hierbei handelt es sich um einen Konflikt zweiter Ordnung (*sensu* Russell, 1956), der zu einem Konflikt auf der ersten Ebene hinzukommt, zum Beispiel Angst vor der Angst oder Ärger über Ärger.

Als Imperativketten werden mehrere subjektive Imperative bezeichnet, die durch Wenn-Dann-Annahmen mit anderen Imperativen verbunden sind. Am Ende einer solchen Imperativkette steht häufig ein Kernimperativ.

Kernimperative sind dadurch gekennzeichnet, dass der Inhalt der ihnen zugrundeliegenden Subkognition als subjektiv "schlimm", "schrecklich" ,"katastrophal" empfunden wird. Der konkrete Inhalt solcher Kernimperative ist - so zeigen unsere Untersuchungen (Wagner, 1987b) - von Person zu Person unterschiedlich (ideosynkratisch); es kann sich um ein schreckliches Bild, um ein sehr unangenehmes Körpergefühl, um eine traumatische Szene, einen unangenehmen Ton oder einen irritierenden Gedanken handeln. Die Gemeinsamkeit liegt darin, dass diese Kognitionen mit hoher Erregung und Anspannung verbunden sind sowie mit dem Gefühl, dass dies *auf keinen Fall* sein oder geschehen *darf.* Beck und Freeman (1990) haben die Vielfalt solcher Kernimperative in drei Kategorien zusammengefasst: *loveless, helpless, worthless* (allein, hilflos, wertlos).

Im Umgang mit Imperativverletzungskonflikten lassen sich zwei grundlegende Strategien unterscheiden: Konfliktumgehungs- und Konfliktauflösungsstrategien (Wagner, 1993). Ziel der Konfliktumgehungsstrategien ist es, irgendwie mit dem akuten Konfliktzustand umzugehen, ohne ihn tatsächlich aufzulösen. Gleichzeitig können solche KUS auch Teillösungsstrategien darstellen, ohne dass der Konfliktzustand tatsächlich beendet wird. In einer Vielzahl von Untersuchungen wurden Konfliktumgehungsstrategien empirisch identifiziert und dann zu einem KUS-Kategoriensystem zusammengefasst (Wagner, 1993; Iwers-Stelljes, 1997; Wagner in Druck). Beispiele für solche KUS sind ignorieren, bagatellisieren, dramatisieren, theoretisieren, rationalisieren, resignieren, sich etwas einreden, sich selbst täuschen, sich Mut machen, sich beruhigen etc. Bei der Introvision geht es darum, diese Konfliktumgehungsstrategien nicht anzuwenden, sondern diese - wenn sie habituell auftauchen - elegant „abzuschneiden", d.h. die Aufmerksamkeit wieder auf den Kern des Konflikts zurückzulenken.

Der Ablauf der ersten Phase der Introvision

In der praktischen Durchführung der ersten Phase lassen sich vier Schritte unterscheiden: (1) die konfliktrelevanten Kognitionen aktivieren , (2) den ersten Imperativ heraushören und die dazu gehörige Subkognition konstatierend aufmerksam wahrnehmen, (3) ggf. die Imperativkette weiter bis hin zum Kernimperativ zurückverfolgen und (4) eventuell auftauchende Konfliktumgehungsstrategien abschneiden. Diese vier Schritte sollen im Folgenden an dem Beispiel der Redeangst von Katrin König dargestellt werden.

1. Konfliktrelevante Kognitionen aktivieren, oder „Was geht mir in der jeweiligen Situation automatisch durch den Kopf?"

Um den Kern des Konflikts zu finden, gilt es als erstes, die konfliktrelevanten Kognitionen zu aktivieren, z.B. mit Hilfe von Fragen wie z.B.: „Was ist das Problem?" „Wovor habe ich Angst?" „Was ist es, das mich ärgert?" „Was hindert mich daran, das zu tun (was ich eigentlich tun will)?" Oft ist es jedoch nicht so einfach, diese Fragen zu beantworten. Dann hilft in vielen Fällen die - ursprünglich von uns zu Forschungszwecken entwickelte - Methode des Nachträglichen Lauten Denkens (Weidle & Wagner, 1982; Wagner, 1981). Das bedeutet in der Praxis sich zu fragen, was einem in der jeweiligen Situation quasi automatisch *(sensu Beck, 1971)* „durch den Kopf" geht. Diese Frage zielt darauf ab, was ein Individuum in der entsprechenden, konfliktbelasteten, Situation sozusagen wortwörtlich zu sich selber sagt, also das, was in den Medien heutzutage als „O-Ton" bezeichnet wird. In manchen Fällen kann es sich auch um eine primär nonverbale Kognition handeln, z.B. ein Bild oder ein Gefühl, die intern mit dem dringenden Gefühl verbunden ist, dass das : „... auf *keinen Fall sein darf*". Unter Umständen hilft hier auch die Standbildmethode (vgl. Wagner, in Druck).

> *Katrin K. fragt sich, was ihr in dem Moment, in dem sie vor der Gruppe steht und mit ihrem Referat beginnen will, automatisch durch den Kopf geht. Sie hält einen Moment lang inne, stellt sich die Situation vor und entdeckt, dass sie dabei normalerweise als erstes routinemäßig zu sich selber sagt: „O Gott, hoffentlich geht das bloß gut!"*

2. Den ersten Imperativ heraushören und die dazugehörige Subkognition konstatierend wahrnehmen.

Als Nächstes geht es darum, in diesem inneren Dialog den darin impliziten subjektiven Imperativ herauszuhören. Als Hilfsmittel dient dabei das von uns in vielen empirischen Studien entwickelte und erprobte Imperativkategoriensystem (Wagner & Iwers-Stelljes, 1999). Dieses Imperativkategoriensystem umfasst eine Reihe von verbalen und nonverbalen Indikatoren für imperativische Vorstellungen, wie zum Beispiel Übertreibungen („alle, immer, nie"), Wertungen, Flüche ebenso und emotionale Indikatoren.

> *Katrin König erkennt bereits an ihrem inneren Tonfall, mit dem sie diesen ersten Satz denkt, dass es sich hier um eine für sie imperativisch aufgeladene Zielvorstellung handelt: „Es darf nicht sein, dass ich nicht gut bin!"*

In dieser Phase der Introvision geht es jetzt nicht darum, weiter aktiv darüber nachzudenken, ob sie tatsächlich gut sein muss - vielmehr zielt die Introvision auf etwas anderes ab, nämlich die (automatische)

Koppelung dieser Zielvorstellung mit erhöhter Erregung und Anspannung (s. unten) zu verringern und schließlich zu löschen.

Zu diesem Zweck wird als nächstes die dieser imperativischen Vorstellung unterliegende Subkognition konstatierend wiedergegeben.

> *Im Falle von Katrin K. ist dies: „Es kann sein, (es könnte sein, vielleicht) dass ich nicht gut sein werde." Katrin lässt diesen Satz gewissermaßen konstatierend-wahrnehmend auf sich wirken - in anderen Worten, sie richtet den Fokus ihrer Aufmerksamkeit ein Weilchen lang konstatierend auf diesen Satz. Dabei schießen ihr sofort verschiedene Gedanken („ich muss aber doch wirklich gut sein!"), Erinnerungen (Bilder hämisch grinsender Kollegen) und Gefühle durch den Kopf und ihr wird heiß und kalt. Sie versucht nicht, diese diversen Kognitionen „am Rande der Aufmerksamkeit" auszublenden, sondern bleibt dabei, den Fokus ihrer konstatierenden Aufmerksamkeit weiter auf den Satz zu richten: „Es könnte sein, dass ich nicht gut bin."*

In ihrem Grundkurs Introvision (Wagner, in Druck) hat sie gelernt darauf zu achten, dass daraus keine Selbstsuggestion wird („Ich werde versagen - versagen – versagen") und dass sie diesen Gedanken auch nicht dramatisiert („Hilfe - ich werde bestimmt versagen- das wird ganz schlimm!"). Vielmehr nimmt sie „nur" konstatierend wahr, dass die Möglichkeit, dass sie nicht gut sein könnte, existiert. Und in der Tat - diese Möglichkeit besteht tatsächlich, auch wenn die Chance, dass sie tatsächlich versagen wird, möglicherweise sehr gering ist.

3. Die Imperativkette gegebenenfalls bis zum Kernimperativ zurückverfolgen: „Was daran ist irritierend, unangenehm, schlimm für mich?"

Hinter einem subjektiven Imperativ können weitere Imperative stecken. Die Erfahrung zeigt, dass solche Imperativketten (s. oben) im allgemeinen relativ kurz sind; in der Regel umfassen sie nicht mehr als drei oder vier Imperative (mehr dazu s. Wagner, in Druck), und der letzte dieser Imperative in der Imperativkette ist dann meist ein Kernimperativ.

Ausgangspunkt für das Zurückverfolgen einer solchen Imperativkette bis an ihren Anfang ist die Frage: „Was daran ist für mich das Zentrum des Unangenehmen? Was ist es, das mich daran besonders stört, irritiert, was ist das Schlimme für mich daran, wenn..... (das nicht eintritt, was - imperativisch gesehen - eintreten *muss*)?"

Katrin König fragt sich selber: „Was daran, nicht gut zu sein, ist für mich gefühlsmäßig das Zentrum des Unangenehmen? Was daran ist besonders schlimm für mich?" Als erstes fällt ihr ein. „Dann bin ich blamiert! - und das darf nun schon gar nicht sein!"

Auch diese Subkognition nimmt sie nun ein Weilchen lang aufmerksam konstatierend wahr – „Es kann sein, es könnte sein, dass ich mich blamiere." Während sie dies tut, stellt sie fest, dass sich zu blamieren für sie tatsächlich besonders unangenehm ist (und schon immer war). Nachdem sie ein wenig KAW auf diese zweite Subkognition gemacht hat, stellt sie sich erneut die Frage: „Und was ist für mich das besonders Unangenehme daran, mich zu blamieren?"
Wieder „schaut" sie innerlich nach dem, was daran für sie besonders unangenehm, irritierend, schlimm ist - und entdeckt nach kurzem, dass es das Gefühl/der Gedanke ist, „Dann bin ich nichts wert! - und das darf nun überhaupt nicht sein!" Bei dem Gedanken, möglicherweise nichts wert zu sein (Subkognition) ist ihr sehr unwohl zumute - das ist etwas, das zu vermeiden sie schon sehr viel in ihrem Leben getan hat.

Deshalb nimmt sie diese Subkognition ("es könnte sein, dass ich wertlos bin") nur ein paar Sekunden lang konstatierend wahr- sozusagen aus den Augenwinkeln heraus und „sieht" dabei, dass dieser Gedanke für sie mit einer „schlimmen" Szene verbunden ist – in der andere Menschen sich von ihr abwenden und sie alleine zurückbleibt. Dies - so merkt sie - ist wohl ihr Kernimperativ: es darf nicht sein, dass sich andere Menschen von mir abwenden.

Die entsprechende Subkognition ist primär visuell enkodiert (das Bild der sich abwendenden Menschen); dieses Bild ist ihr im übrigen sehr vertraut, es taucht eher häufig in ihrem Bewusstsein auf - im Umgang mit Kollegen, in ihrer Beziehung zu ihrem Lebenspartner und beim Umtauschen einer Ware im Kaufhaus. Jedes Mal steht dabei im Vordergrund das mit diesem Bild gekoppelte dringliche Gefühl sowie der Gedanke, dass das auf keinen Fall geschehen darf.

4. Konfliktumgehungsstrategien (KUS) abschneiden

Spätestens an dieser Stelle ist die Versuchung groß, Konfliktumgehungsstrategien einzusetzen - zum Beispiel zu theoretisieren („das liegt an meiner Kindheit"), zu dramatisieren („Ich muss endlich was dagegen tun!"), sich selber etwas einzureden („Das wird mir schon nicht wieder passieren!"), sich zu trösten („so schlimm wird es schon nicht") oder über Handlungsalternativen nachzudenken („Kann ich das Referat einem Kollegen anhängen?"). Solche und andere Konfliktumgehungsstrategien können zwar helfen, die Situation selber besser zu bewältigen, im Allgemeinen führen sie jedoch nicht zum Aufhören der Angst.

Bei der Introvision werden deshalb solche Konfliktumgehungsstrategien „abgeschnitten". In dem Moment, wo das Individuum entdeckt, dass die bewussten Gedanken sich in einer Konfliktumgehungsstrategie befinden, wird der Fokus der Aufmerksamkeit wieder behutsam auf das Konstatieren der Subkognition zurückgelenkt. Die aktiv-bewusste Suche nach Problemlösungen wird dabei auf später vertagt.

2.2 Phase II der Introvision: Den Konfliktzustand auflösen.

Ziel der zweiten Phase der Introvision ist es, den Konfliktzustand so-zusagen von der Wurzel her aufzulösen. Um zu verstehen, was das bedeutet, wurde die Theorie der mentalen Introferenz als eine allge-meine Theorie der mentalen Selbstregulation entwickelt (Wagner, in Druck).

Die Theorie der mentalen Introferenz (TMI)

Ausgangspunkt für die Entwicklung der TMI waren allgemeine Fra-gen der mentalen Selbstregulation. Wie entsteht eigentlich innere Un-ruhe? Warum ist es manchmal schwer, sich selber zu verändern? Und wie lässt sich die Wirksamkeit von Achtsamkeit und KAW theoretisch erklären? Diese und andere Fragen führen die Verf. dazu, von 1994 bis 2002 ein allgemeines Modell der mentalen Selbstregulation zu entwickeln (Wagner, in Druck), dessen Grundannahmen im Folgen-den kurz skizziert werden sollen.

Grundlegende Annahme ist, dass sich zwei verschiedene Systeme kognitiver Verarbeitung unterscheiden lassen: (1) das epistemische und (2) das introferente System. Zum epistemischen System gehören die vielfältigen Prozesse der Wahrnehmung, des Fühlens, der kreati-ven Einfälle, des Problemlösens etc. Das introferente System umfasst hingegen eine Vielzahl von internen Prozessen, die in das vorhandene epistemische System und dessen Ergebnisse (Wahrnehmungen, Er-kenntnisse, Gefühle...) eingreifen - zum Beispiel Wegschieben, Über-schreiben, Festhalten, Verzerren etc.

Die Theorie der Mentalen Introferenz befasst sich mit diesen Prozessen des introferenten Eingreifens. Ausgangspunkt ist die Annahme, dass sich evolutionstheoretisch Introferenz ursprünglich entwickelt hat, weil die epistemischen Prozesse hängenbleiben können. Ein Beispiel dafür ist Buridans Esel aus der Fabel - dieser Esel stand mitten zwischen zwei gleich weit entfernten Heuhaufen - und verhungerte. Aus Sicht der TMI sind die Informationsverarbeitungsprozesse dieses Esels an einem Widerspruch hängengeblieben - angesichts von zwei gleich weiten Heuhaufen - der Esel wusste buchstäblich nicht, wohin er laufen sollte. In ähnlicher Weise können auch die mentalen Prozesse des Menschen gelegentlich hängenbleiben -z.B. infolge von Paradoxien, mangelndem Wissen oder strukturellen Grenzen des Denkens.

Am Beispiel von Buridans Esel lässt sich - im Sinne eines Gedankenexperiments - zeigen, was notwendig ist, um den Esel vor einem vorzeitigen Hungertod zu bewahren (Wagner, in Druck). Was der Esel hierfür braucht, ist ein zweites System: das System der Introferenz. Introferenz bedeutet im Wortsinne: Hineintragen. Was (auf der primären Ebene) hineingetragen wird, sind aus Sicht der TMI inhaltlich willkürlich veränderte Kognitionen. Buridans Esel tut zum Beispiel so, als ob er die richtige Lösung wisse. Diese „quasi-epistemische" Kognition wird nun in die vorhandenen Kognitionen „hineingetragen" - d.h., die epistemischen Kognitionen werden damit selektiv überschrieben. Dieses Überschreiben beinhaltet (1) das „Darüberlegen" und Festhalten der introferent veränderten Kognition bei (2) gleichzeitigem Wegschieben und Ausblenden widersprechender und konkurrierender Kognitionen. Auf der physiologischen Ebene erfolgt dies durch die selektive Koppelung der jeweiligen Kognitionen mit erhöhter Erregung, Anspannung und Hemmung. Dieses introferente Eingreifen kann wiederholt (primär, sekundär, tertiär) erfolgen.

Ein Individuum kann zum einen kontrolliert in die eigenen epistemischen Kognitionen eingreifen - zum Beispiel wenn es einen Gedanken energisch beiseite schiebt oder sich selbst unter Druck setzt. Zum anderen kann dieses Eingreifen auch automatisch ablaufen. Im Laufe der

Zeit führt das wiederholte Eingreifen dazu, dass bestimmte Kognitionen (z.B. „eine Rede halten") mit zunehmend stärkerer Erregung, Anspannung und Hemmung gekoppelt sind. Diese Koppelung bestimmter Kognitionen mit erhöhter Erregung (z.B. Furcht; vgl. LeDoux, 1989) ist aus Sicht der TMI also die Folge wiederholten automatisierten introferenten Eingreifens. Um diese Emotionen abzuschwächen und aufzulösen, ist es deshalb notwendig, als erstes aufzuhören, weiter introferent einzugreifen. Und das geschieht bei der Introvision mit Hilfe des KAW.

Aus Sicht der TMI stellt das KAW einen Zustand dar, in dem in die Kognitionen im Fokus der konstatierenden Aufmerksamkeit *nicht* zusätzlich eingegriffen wird. Das Beenden des kontrollierten Eingreifens ermöglicht es dann - so eine weitere Annahme der TMI - dass die automatisierte Koppelung der jeweiligen Kognitionen mit erhöhter Erregung, Anspannung und Hemmung dann allmählich - ggf. über mehrere Wochen hinweg - verringert und schließlich gelöscht wird. Und genau dies ist das Ziel der zweiten Phase der Introvision.

Der Ablauf der zweiten Phase der Introvision

In der zweiten Phase geht es folglich darum, die dem Konflikt zugrunde liegende Subkognition ein Weilchen lang aufmerksam konstatierend wahrzunehmen - und dieses KAW gegebenenfalls des öfteren zu wiederholen.

Wie lange dieser Prozess dauert, hängt von den jeweiligen Umständen ab. Bei einer Kernsubkognition, die über Jahre hinweg immer wieder und erneut mit erhöhter Erregung und Anspannung gekoppelt worden ist, kann es mehrere Wochen dauern, bis die damit verbundene Erregung, Anspannung und Hemmung wirksam gelöscht worden ist. In diesem Fall empfiehlt es sich, jeden Tag oder jeden zweiten Tag "ein wenig" KAW auf diese Subkognition zu machen - ein paar Sekunden (wenn die unterliegende Subkognition „ganz schlimm" ist) oder auch ein paar Minuten.

> *Katrin König integriert die Introvision auf ihre Kernsubkognition („Es kann sein, dass sich andere Menschen von mir abwenden") in ihre täglichen KAW-Übungen. Das bedeutet, dass sie sich zunächst entspannt und danach mehrere Minuten lang ihre üblichen KAW-Übungen (Weitstellen mit konstantem Fokus) durchführt. Anschließend macht sie Introvision auf diese Kernsubkognition. Am Anfang schafft sie das nur ein paar Sekunden - danach führt sie zur Selbstbelohnung eine KAW-Übung auf das Zentrum des Angenehmen durch (bei ihr ist das eine wunderschöne Szene aus dem letzten Urlaub) oder hört ihre Lieblingsmusik. Nach einigen Tagen merkt sie, dass sich die mit der Kernsubkognition gekoppelten unangenehmen Empfindungen etwas abgeschwächt haben. Sie setzt die Introvision weiter fort und stellt dann – nach etwa zweieinhalb Wochen - fest, dass der Gedanke „andere Menschen wenden sich von mir ab" für sie jetzt nicht mehr mit besonderer Erregung verbunden ist. Als sie dann ein paar Wochen später tatsächlich eine Rede vor Kollegen hält, ist sie ganz erstaunt, dass ihre übliche Nervosität ausbleibt. Vielmehr gelingt es ihr jetzt mühelos, locker und konzentriert zu sprechen - und sogar Spaß am Vortragen zu haben.*

In anderen Fällen führt die Introvision auch sehr viel schneller zum Ziel. Viele Kursteilnehmerinnen und Kursteilnehmer berichten, dass sie gelernt haben, bei beginnendem Stress Kurzintrovision („Es kann sein, dass ich das nicht schaffe (was ich tun muss)") durchzuführen, die zu unmittelbarer Abnahme der Anspannung führt. Bei überwiegend kontrolliertem introferenten Eingreifen reicht eine solche kurze Introvision oft aus, um dieses Eingreifen zu beenden; bei automatisierter Introferenz, gekoppelt mit automatischer Erhöhung von Erregung und Anspannung dauert es entsprechend länger.

Ziel der Introvision ist es, innere Konflikte gewissermaßen von der Wurzel her aufzulösen. Die Entwicklung dieser neuen Methode des Selbstmanagements und der Beratung ist das Ergebnis eines mehr als zwanzigjährigen theoretischen, empirischen und praktischen Forschungsprogramms zur mentalen Selbstregulation unter der Leitung der Verf. an der Universität Hamburg. Die Wirksamkeit der Introvision wurde in einer Reihe von empirischen Untersuchungen unterschiedlichen Anwendungsfeldern überprüft. Grundlage der Introvision ist das Konstatierende Aufmerksame Wahrnehmen (KAW) als einer Variante der Achtsamkeit; die vor der Anwendung der Introvision zunächst anhand von vier eigens dafür entwickelten Übungen eingeübt wird. Ziel der ersten Phase der Introvision ist es, den kognitiv-affektiven Kern des Konflikts – auf der Grundlage der Theorie subjektiver Imperative - zu finden. In der zweiten Phase geht es dann darum, den Konfliktzustand durch das - gegebenenfalls auch länger andauernde - Konstatierende Aufmerksame Wahrnehmen dieser Subkognition zu beenden. Grundlage für diese Form der Konfliktauflösung ist die eigens dafür von der Verf. entwickelte Theorie der mentalen Introferenz als eine allgemeine Theorie der mentalen Selbstregulation und damit auch der Wirksamkeit von Achtsamkeit und KAW. Ziel der Introvision ist es, auf diese Weise Gelassenheit und Handlungsfähigkeit in bezug auf das jeweilige Problem wiederzugewinnen.

Literatur

Beck, A. (1971). Wahrnehmung der Wirklichkeit und Neurose. München: Pfeiffer.

Beck, A. T. & Freeman, A. M. (1990). Cognitive therapy of personality disorders. New York: Guilford Press.

Birbaumer, N. & Schmidt, R. F. (2006). Biologische Psychologie (6., vollst. überarb. und erg. Aufl.). Heidelberg: Springer.

Csikszentmihalyi, M. & Csikszentmihalyi, I. S. (Hrsg.). (1991). Die außergewöhnliche Erfahrung im Alltag: die Psychologie des Flow-Erlebnisses. Stuttgart: Klett-Cotta. (Orig. 1988: Optimal experience)

Georges, K. E. (1902). Kleines lateinisch-deutsches Handwörterbuch (8., verb. und vermehrte Aufl. von Heinrich Georges). Hannover und Leipzig: Hansesche Buchhandlung.

Humphrey, N. (1995). Die Naturgeschichte des Ich. Hamburg: Hoffmann und Campe. (Original erschienen 1992: A history of the mind)

Iwers-Stelljes, T. A. (1997). Die Anwendung des Imperativzentrierten Focusing in der pädagogisch-sozialtherapeutischen Arbeit mit reaktiv depressiven KlientInnen. Eine theoretische und empirische Untersuchung. Dissertation, Universität Hamburg. Mikrofiche-Veröffentlichung. URL: www.sub.uni-hamburg.de/disse/1040/

Iwers-Stelljes, T. A. (2006). Das Qualifizierungsmodul Integrative Introvisionsberatung. Entwicklung, Erprobung und Evaluation eines hochschuldidaktischen Moduls der Förderung reflexiv-regulativer Selbstkompetenz und beraterischer Sozialkompetenz. Unveröffentlichte Habilitationsschrift, Universität Hamburg.

Kabat-Zinn, J. (1998). Im Alltag Ruhe finden: das umfassende praktische Meditationsprogramm. Freiburg: Herder.

LeDoux, J. (1989). Cognitive-emotional interaction in the brain. Cognition and Emotion, 3, 267-289.

Löser, S. (2006). Empirische Studien zur Wirksamkeit der Introvision – Übersicht und Diskussion der Ergebnisse. Unveröffentlichte Diplomarbeit, Universität Hamburg.

Miller, G. A., Galanter, E. & Pribram, K. H. (1960). Plans and the structure of behavior. New York: Holt.

Russell, B. (1956). Mathematical logic as based on the theory of types. In R. C. Marsh (Ed.), Logic and Knowledge. London: Allen & Unwin. 57-102.

Schöning, S. E. (2002). Introvision zur Verminderung von Geburtsangst: Eine empirische Untersuchung. Unveröffentlichte Magisterarbeit, Universität Hamburg.

Wagner, A. C. (1981). Nachträgliches Lautes Denken als Methode der Selbsterfahrung. In A. C. Wagner, S. Maier, I. Uttendorfer-Marek & R. Weidle. Unterrichtspsychogramme. Was in den Köpfen von Lehrern und Schülern vorgeht. Reinbek: Rowohlt. 339-354.

Wagner, A. C. (1987a). „Ich kann mich nicht wehren." Das Aufhören von Imperativen in der Therapiepraxis - Ein Fallbeispiel. In B. Rommelspacher (Hrsg.), Weibliche Beziehungsmuster. Psychologie und Therapie von Frauen. Frankfurt a. M.: Campus. 185-208.

Wagner, A. C. (1987b). Todesangst (Berichte aus dem AB Pädagogische Psychologie). Hamburg: Universität, FB Erziehungswissenschaft.

Wagner, A. C. (1988). Das Bewusstsein im Konflikt mit sich selbst. Zur Entstehung und Auflösung von `Knoten´ im psychischen Prozess. In Gesellschaft für wissenschaftliche Gesprächspsychotherapie (Hrsg.), Orientierung an der Person. Band II. Köln: GwG. 31-47.

Wagner, A. C. (1993). Die Bewältigung von Imperativverletzungskonflikten durch Konfliktumgehungs- und Konfliktauflösungsstrategien. Ein Kategoriensystem (B-I-K) (Berichte aus dem AB Pädagogische Psychologie). Hamburg: Universität, FB Erziehungswissenschaft.

Wagner, A. C. (1995). Zwischen Konflikt und Gelassenheit - Einige Hypothesen und Ergebnisse der Theorie subjektiver Imperative. In K. Pawlik (Hrsg.), Bericht über den 39. Kongreß der DGPs in Hamburg 1994. Göttingen: Hogrefe. 736-741.

Wagner, A. C. (1997). KAW-ZU Hören: Ein Übungs- und (Selbst-) Therapieprogramm zur Verbesserung der Hörfähigkeit (Interner Projektbericht). Hamburg: Universität, FB Erziehungswissenschaft.

Wagner, A. C. (1999). Grundkurs mentale Selbstregulation: Einführung in das Konstatierende Aufmerksame Wahrnehmen bewußter Kognitionen *(KAW)* (2., überarb. Fassung) (Berichte aus dem Arbeitsbereich Pädagogische Psychologie). Hamburg: Universität, Fachbereich Erziehungswissenschaft.

Wagner, A. C. (2003). Conflicts in consciousness: Imperative cognitions can lead to knots in thinking. In M. Kompf & P. M. Denicolo (Hrsg.), Teacher thinking twenty years on: Revisiting persisting problems and advances in education. Lisse: Swets & Zeitlinger. 189-208.

Wagner, A. C. (2007). Gelassenheit durch Auflösung innerer Konflikte. Mentale Selbstregulation und Introvision. Stuttgart: Kohlhammer.

Wagner, A. C., Barz, M., Maier-Störmer, S., Uttendorfer-Marek, I. & Weidle, R. (1984). Bewußtseinskonflikte im Schulalltag - Denkknoten bei Lehrern und Schülern erkennen und lösen. Weinheim: Beltz.

Wagner, A. C., Berckhan, B., Krause, C., Röder, U., Schenk, B. &

198 The Methode der Introvision

Schütze, U. (1991). Imperative centered focusing as a method of psychotherapy and research. In L. E. Beutler & M. Crago (Eds.), Psychotherapy research. An international review of programmatic studies. Washington, D.C.: American Psychological Association. 309-311.

Wagner, A. C., Buth, B., Iwers-Stelljes, T., Schuldt, K. & Sylvester I. (2005). Verbesserung der Hörfähigkeit bei Schwerhörigkeit und Tinnitus durch Introvision als Methode der pädagogisch-psychologischen Intervention [Abstract]. In A. Helmes (Hrsg.), Lebensstiländerungen in Prävention und Rehabilitation. Lengerich: Pabst. 125.

Wagner, A. C. & Iwers-Stelljes, T. (1999). Imperativisch aufgeladene Texte, innere Konflikte während des Lesens und deren Effekte auf das Behalten: Eine experimentelle Untersuchung zur Medienwirkungsforschung. In P. Maset (Hrsg.), Pädagogische und psychologische Aspekte der Medienästhetik. Opladen: Leske und Budrich. 151-175.

Watzlawick, P., Beavin, J. H. & Jackson, D. D. (1969). Menschliche Kommunikation: Formen, Störungen, Paradoxien. Bern: Huber.

Weidle, R. & Wagner, A. C. (1982). Die Methode des Lauten Denkens. In G. L. Huber & H. Mandl (Hrsg.), Verbale Daten. Eine Einführung in die Grundlagen und Methode der Erhebung und Auswertung. Weinheim: Beltz. 81-103.

Zusammenfassung

Introvision ist die Bezeichnung für eine neu entwickelte Methode der Auflösung innerer Konflikte. Diese Methode ist das Ergebnis eines zwanzigjährigen Forschungsprogramms zur mentalen Selbstregulation an der Universität Hamburg unter der Leitung der Verfasserin. Die Wirksamkeit der Introvision in unterschiedlichen Anwendungsfeldern wurde in mehreren empirischen Untersuchungen belegt. Grundlage der Introvision ist das Konstatierende Aufmerksame Wahrnehmen des kognitiven Kerns des jeweiligen Konflikts. Diese spezielle Variante der Achtsamkeit muss normalerweise zunächst mehrere Wochen lang geübt werden; zu diesem Zweck wurden vier Übungen entwickelt. Als Methode der mentalen Selbstregulation beginnt die Introvision mit der

Suche nach dem kognitiv-effektiven Kern des jeweiligen Konflikts (Phase 1), diese erfolgt auf der Grundlage der Theorie subjektiver Imperative. In der zweiten Phase richtet das Individuum dann seine Aufmerksamkeit ein Weilchen lang aufmerksam auf diese Subkognition – ggf. wird dies mehrere Tage oder auch einige Wochen lang täglich wiederholt. Ziel ist es, auf diese Weise den Konflikt aufzulösen; Grundlage dafür ist die Theorie der mentalen Introferenz - ein allgemeine Modell der mentalen Selbstregulation und der Wirksamkeit von Achtsamkeit. Introvision kann sowohl individuell, als Methode der emotionalen Selbstregulation, als auch im Rahmen von Beratung und Psychotherapie angewandt werden.

Abstract

Introvision is the name of a newly developed method of resolving inner conflicts. This method ist the result of a twenty-year research programme on mental self-regulation at the University of Hamburg headed by the author. Several empirical studies have shown introvision to be effective in various fields of application.Introvision is based on focusing one's attention, non-judgmentally ("konstatierend"), on the cognitive core of a given conflict. This special kind of awareness usually needs to be practiced first for several weeks, by using four exercises developed for this purpose. Introvision, as a method of self-regulation, begins with searching for the cognitive-effective core of a given conflict (phase 1), based on the theory of subjective imperatives. In the second phase, the individual focusses their non-judgmental ("konstatierend") attention for a little while on this core cognition; oftentimes, this needs to be repeated for several days, or weeks. This way of resolving inner conflicts is based on the theory of mental introference - a general model of mental self-regulation and awareness. Introvision can be practiced individually, as a method of emotional self-regulation, as well as within the context of counselling and psychotherapy.

Franz-Theo Gottwald

Achtsamkeit und die Entwicklung moralischen Bewusstseins

Ein Beitrag zu Fragen der Ethik in Wirtschaft und Gesellschaft

I. Ein kurzer Rückblick

In den 80er Jahren habe ich mich verstärkt mit spirituellen Traditionen Asiens auseinandergesetzt. Insbesondere interessierte mich, wie Bewusstseinsentwicklung in verschiedenen Traditionen asiatischen Denkens theoretisch erfasst und praktisch betrieben wurde. Ein theoretisch schlüssiges Konzept, das mit breiter Übungspraxis zur Achtsamkeitsschulung hinterlegt ist, fand ich in einer explizierten Form nur in der Theravada-Tradition. Buddhagosha fasste im Visuddhi Magga den Weg der Läuterung der Theravada-Schule zusammen (Nyanoponika, T., Geistestraining durch Achtsamkeit, 1985. 23f). Im Mittelpunkt dieses über Jahrhunderte mündlich überlieferten Lehrtextes der buddhistischen Philosophie und Psychologie steht die Phänomenologie von Bewusstseinszuständen. Er beschreibt die äußeren und inneren Bedingungen der Meditation, charakterisiert Methoden zur Achtsamkeitsschulung und kennzeichnet die einzelnen Stadien, die der Schüler auf dem spirituellen Pfad bis hin zum höchsten Zustand der Bewusstheit durchläuft.

In diesem Schulungsweg nimmt Achtsamkeit im Sinne geistiger Wachheit eine Schlüsselfunktion ein. Die Entwicklung der rechten Achtsamkeit (im Pali: Satipatthana) wird in der buddhistischen Theravada-Tradition als Weg zur Befreiung des Geistes und zu wahrer menschlicher Größe angesehen. Von der Wortbedeutung her heißt „Sati" Gedächtnis und bezeichnet eine auf die Gegenwart gerichtete, wache Aufmerksamkeit, klare Bewusstheit und Besonnenheit. „Patthana" bedeutet Grundlage, so dass „Satipatthana" „Gegenwärtighalten-der-Grundlage", der Achtsamkeit heißt. (Nyanaponika, T., 1984).

In dieser Tradition wird gleichsam eine moralische Qualifikation von Aufmerksamkeit gegeben. Sie wird als „Recht" ähnlich gekennzeichnet, wenn sie den Geist von verzerrenden und verfälschenden Einflüssen freihält und es den Menschen ermöglicht, die „rechten Dinge" in der „rechten Weise" zu tun. Das heißt, dass Achtsamkeit im Zentrum aller moralisch positiv bewerteten Handlungen des Menschen steht. Achtsamkeit stellt in ihrer grundlegenden Erscheinungsform eine elementare Funktion des Bewusstseins dar, ohne die keine Subjekt- und Objektwahrnehmung möglich ist. In der Theravada-Schule ist Achtsamkeit der Schlüssel zur Erkenntnis des Geistes, das Werkzeug zur Formung des Geistes und ein wesentliches Kennzeichen seiner Befreiung. Es geht dieser Tradition darum, Bewusstsein von allen begrenzenden Strukturen (z.B. Konditionierungen) zu befreien, d.h. reines Gewahrsein zu entwickeln. *Reines Wahrnehmen* bedeutet in diesem Zusammenhang, dass alles klar, ohne Ablenkung und nichtselektiv registriert wird, was in der jeweiligen Situation innerlich und äußerlich auftritt bzw. abläuft. Das Wahrnehmen ist mit der Sonne vergleichbar, die ihr Licht in gleichem Maße auf alle Dinge wirft. Es handelt sich um unmittelbare, direkte Anschauung, die deshalb „rein" ist, weil sie ausschließlich rezeptiven Charakter hat. Der Achtsamkeit-Übende soll lernen, weder gefühls- und willensmäßig noch denkend mit Bewertungen zu reagieren oder durch ein Handeln anderer Art auf das Erfahrungsobjekt einzuwirken.

Aus buddhistischer Sicht lässt sich *Achtsamkeit* entsprechend ihren *vier Hauptobjekten* unterteilen: Sie richtet sich auf körperliche Vorgänge, Gefühle, alltägliche Wahrnehmungen sowie die Denktätigkeit und Denkinhalte. Dies sind die vier „Betrachtungen" *(anupassana)*, d.h. Hauptgegenstände der Achtsamkeit. In diesen vier Bereichen soll die stereotype, verzerrende Art der alltäglichen Wahrnehmung abgebaut werden, indem man lernt, sie durch ein unmittelbares, unverfälschtes Bewusstsein innerer oder äußerer Reize zu ersetzen.

Ich habe im Rahmen dieser Tradition selbst meditativ geübt und mich in Theorie und Praxis mit Ansätzen, beispielsweise von Thich Nhat Hanh, intensiv auseinander gesetzt.

In den 90er Jahren – nicht zuletzt bedingt durch meine Aufgaben in der Schweisfurth-Stiftung, Beiträge zu einem ökologischeren oder nachhaltigeren Verhalten in der Landwirtschaft und in der Ernährungswirtschaft zu leisten sowie durch meine Erfahrungen in der Politikberatung – musste ich mehr und mehr feststellen, dass das sogenannte „wirkliche Leben" da draußen von zwei Tendenzen geprägt ist:

1. Vieles von dem, was als richtiges, zukunftsfähiges, gerechtes Verhalten im Umgang mit Pflanze, Tier, Mensch und Lebensansprüchen zukünftiger Generationen erkannt wurde, konnte und kann in der alltäglichen Lebensgestaltung nicht oder nur beschränkt umgesetzt werden. Es gibt also weltweit bei den meisten Menschen und auch bei den meisten Entscheidungsträgern in Wirtschaft, Politik, Kultur, eine Differenz zwischen sittlichem Anspruch und faktischem Tun.
2. Diese Differenz wird nur selten durch Gesetzgebung überwunden, also durch die Normierung des im Sinne nachhaltiger Entwicklung für wertvoll Gehaltenen. Mit Blick auf den einzelnen Menschen kann – so zeigen umweltpädagogische Studien - ein nachhaltiger, wünschenswerter und ethisch gesollter Lebensstil dagegen gefunden und praktiziert werden, wenn beim Einzelnen wie in Akteursgruppen ein Bewusstseinszustand entwickelt wird, der sich durch

In-der-Gegenwart-Sein,   Wachheit,   Reflexives-Beobachten-Können und kooperative Solidarität auszeichnet.

Wenn ich also im Folgenden auf Achtsamkeit und die Entwicklung moralischen Bewusstseins weiter eingehe, habe ich im Hinterkopf zwei Fragen einer modernen Wirtschafts- und Sozialethik. Zum einen konzentriere ich mich auf die phänomenologische Klärung der genannten Bestimmungen für ein nachhaltig verantwortbares Verhalten, zum anderen läuft die Frage mit, was Menschen zu moralischem Verhalten befähigt.

II. Ein handlungstheoretischer Zugang zu Achtsamkeit und Gesellschaft

Selbstverständlich gibt es neben dem Zugang zu Achtsamkeit und Einsicht, den das zitierte Theravada-System nimmt, noch eine Reihe anderer methodisch gesicherter Zugänge. Diese können spiritueller Natur sein, also das Wissen um den Wert und die Pflege von Achtsamkeit in spirituellen oder religiösen Traditionen benutzen. Sie können psychologisch sein und die innersubjektiven wie intersubjektiven Variablen identifizieren und in Therapieangeboten umsetzen, die die Überwindung von Persönlichkeits- und Verhaltensstörungen mittels problemanalytischen oder lösungsfokussierten Instrumenten angehen.

Mein Zugang als Philosoph ist dagegen ein handlungstheoretischer. Alles mögliche menschliche Handeln ist durch das Prinzip der Reflexion oder der Selbstbezüglichkeit strukturiert. Subjektivität im handlungstheoretischen Sinn bedeutet den aktiven Vollzug von Selbstbewusstsein-in-Fremdbewusstsein. Ein handlungstheoretischer Zugang geht mithin immer von der dialogischen Struktur der Person aus und versteht unter Handlungen jedwede Subjekt geleitete Aktivität, die Wirklichkeit verändert und ereignishaft-intentional ausgrenzbar ist.

Mit Blick auf handlungstheoretische Ansätze von J.G. Fichte., G.W.F. Hegel und neuerdings J. Heinrichs, unterscheide ich vier reflexiv-intentionale Weisen des Handelns:

1. Im *objektiv-physischen* Handeln verändert der Mensch physische Objekte, z.B. im Holzhacken, Bauen, Herstellen, Transportieren, Sichbewegen, Sammeln, Handeln im kaufmännischen Sinn.
2. Im *innersubjektiven* Handeln bezieht sich die Person ausdrücklich auf sich selbst. Typisch für diese Handlungsart ist das Sich-Entscheiden, eine praktische, ausdrückliche Reflexion auf sich selbst.
3. Im *sozialen Handeln* orientiert sich der Handelnde, wie Max Weber es formulierte, am Verhalten anderer (Subjekte). Hier ist der Ursprung von Gesellschaft, hier wird sie gebaut: Es werden vom aktiven Subjekt die Intentionen des anderen, seine Erwartungen, mitreflektiert, so dass eine jeweils doppelte und eine reziproke Reflexion vorliegt. Diese soziale Reflexion müssen wir anschließend weiterverfolgen.
4. Zunächst sei noch das *Ausdruckshandeln* oder das Handeln auf Medien hin genannt: Es geht dabei nicht direkt um Veränderung des anderen, sondern um Ausdruck (für andere), sei es in Form von Gestik oder Mimik oder von Höflichkeitsformen und Riten bis hin zur Kunst. (Heinrichs. J., Ökologik, 1997. 169).

Für die Fragen von Moral und Ethik in Wirtschaft und Gesellschaft ist insbesondere das soziale Handeln von Bedeutung. Unter sozialem Handeln verstehe ich einfach Interaktion. Unter dem Gesichtspunkt einer wachsenden Gegenseitigkeit der Reflexion der Handelnden aufeinander, lässt sich soziales Handeln, ebenfalls mit Heinrichs, vierfach gliedern:

1. *Physisch-praktische Einwirkung* auf andere oder bloß *theoretische Informationsmitteilung:* Der andere wird wie ein materielles Objekt (etwa vom Arzt) behandelt oder auch wie ein denkendes Objekt, das Information aufzunehmen fähig ist. Seine subjektive Freiheit kommt nicht in Betracht oder wird bewusst ignoriert. Auf

dieser Ebene des sozialen Handelns ist auch der die Wirtschaft bestimmende Güteraustausch als solcher anzusetzen.

2. Einseitig interessiertes oder sogenanntes *strategisches* Handeln: Ich beziehe mein Handeln oder meine Mitteilungen auf den anderen in der Weise, dass ich ihn meinen einseitigen Interessen dienstbar zu machen suche. Dies ist indirekt im kaufmännischen, direkt aber im *politischen* Bereich der Fall, sofern es hier um *Machtregulierung* geht.

3. Das *kommunikative* oder im wertenden Sinn „soziale" Handeln, das ebenso sehr das Wollen des anderen wie das eigene zu berücksichtigen versucht (selbst wenn es noch in einseitigen Handlungen und Kommunikationen besteht).

4. Die *Meta-Kommunikation*, d.h. die Verständigung über die Gemeinsamkeit des Wollens, Wertens, Handelns. Diese braucht nicht immer ausdrücklich in Worten zu geschehen. Im Normalfall geschieht die Metakommunikation unausdrücklich, „zwischen den Zeilen". Sie hat nicht zuletzt den Beziehungsaspekt, das interpersonale Verhältnis zwischen den Beteiligten selbst zum „Gegenstand", jedoch nicht ausschließlich diesen, sondern sämtliche Kommunikations-voraussetzungen. (Heinrichs, J., ebenda. 170).

In dieser vierfachen Gliederung liegt gleichermaßen eine vierfache Bestimmung von Achtsamkeit vor. Von Eins bis Vier nimmt die Komplexität von Achtsamkeit als gesteigerte Reflexivität zu. Hierüber lässt sich ein objektivierbarer handlungstheoretischer Wertungsmaßstab für Achtsamkeit formulieren.

III. Achten und Beachtetwerden – kooperative Solidarität

In einem handelungstheoretischen oder reflexionsdialogischen Modellieren von Achtsamkeit steht die Dialektik zwischen Achten und Beachtetwerden im Zentrum der Interaktionswahrnehmung, -beschreibung, -bewertung und -beurteilung. Wirtschafts- und gesellschaftsnah hat sich Georg Franck in seinen Büchern „Ökonomie der

Aufmerksamkeit" und „Mentaler Kapitalismus" (Franck 1998 und 2005) mit dieser Dialektik auseinander gesetzt. Im Sinne einer ökonomistischen Ethik fragt Franck:

„Ist es nicht so, dass sich der Wert, den wir legen, mit der Acht, die wir geben, verändert? Folgt das Werten nicht gerade dort der Beachtung, wo die Wertschätzung sich um Bildung und Verfeinerung bemüht? Und lernen wir vieles nicht erst dadurch schätzen, dass wir darauf achten, worauf die anderen achten? Sagt uns der Rückblick auf die Acht, die wir gegeben haben, nicht mehr über den Wert, den wir eigentlich legen, als die vorausblickende Einschätzung der Relevanz es hätte können? Und war schließlich nicht, was so viel Beachtung einnahm, auch besonders wichtig?" (Franck, 2005. 11)

Francks Analyse befasst sich also mit der dritten Stufe sozialen Handelns, dem kommunikativen oder im wertenden Sinn sozialen Handeln, das das Wollen des anderen wie das eigene im Sinne des Achtens und Beachtetwerdens zu berücksichtigen versucht. Er führt seine Analyse subtil weiter und klärt, dass die Beachtung, die eine Person einnimmt, auch Einfluss hat auf den Wert der Achtung oder Aufmerksamkeit, die sie ausgibt. Hierzu lesen wir:

„Wir alle wissen, dass es diesen Einfluss gibt – und dass er Maß gibt. Je größer nämlich der Bekanntheitsgrad einer Person, um so größer ist der Wert, den die Mitmenschen darauf legen, von ihr beachtet zu werden. Warum? Der Grund hat mit der Abhängigkeit unserer Selbstwertschätzung von äußerer Wertschätzung zu tun. Weil wir uns so gut fühlen, wenn wir reichlich Beachtung einnehmen, macht es uns auch Eindruck, wenn andere reich an Beachtung sind. Wessen Selbstwert wächst, wenn er oder sie reichlich Beachtung einnimmt, dessen oder deren Selbstgefühl wächst auch, wenn er oder sie von jemandem Bekannten oder gar Berühmten beachtet wird. Der Zusammenhang ist schlicht, aber zutiefst menschlich. Wir fühlen uns geschmeichelt, wenn wir von einer Person beachtet werden, die angesehen, reputiert oder gar prominent ist, als von irgendjemandem. Alle miteinander leiden wir – oder stehen jedenfalls – unter diesem Diktat der Eitelkeit. Natürlich leiden nicht alle im selben Maß. Es gibt die großen Ausnahmen, die von der Eitelkeit geheilt sind. Wer allerdings sicher sein will, dass er geheilt ist, sollte sein Gewissen noch einmal genau erforschen. Er sollte sich fragen, ob er das gemeine Leben vielleicht nur aus Scham verdrängt" (Franck, 2005. 85).

Ich halte es für wichtig, dass unter wirtschafts- und gesellschaftsethischem Blickwinkel Achtsamkeit in diesem auch ökonomistischen Sinn thematisiert wird. In dieser Weise wird uns nämlich deutlich, wie sehr Achtsamkeit auch eine soziale Konstruktion ist. Ohne diesen Blickwinkel auf die soziale Konstruiertheit und ökonomische Einbindung, kann die Rede von Achtsamkeit schnell einen bloß spiritualisierenden oder psychologisierenden Charakter bekommen. Unter Einbeziehung dieses Blickwinkels der kommunikativen und metakommunikativen Bedingtheit und Wechselwirkungen zwischen Achten und Beachtetwerden, öffnet sich hingegen eine Dimension von Achtsamkeit, in der kooperative Solidarität oder Wertschätzung als lebendiges Merkmal von Interaktionen erlebbar und gestaltbar wird.

Auch Barbara Mettler-von Meibom hat in ihrem jüngsten Buch „Wertschätzung – Wege zum Frieden mit der inneren und äußeren Natur" (2006) wertschätzendes Achten und Beachten in einen Zusammenhang mit nicht zuletzt ökonomischer Wertschätzung gesetzt. Ihr erweitertes Verständnis von Wertschöpfung spricht die zentrale Rolle wertschätzender Kommunikation im Aufbau von gesellschaftlichen und wirtschaftlichen Wertschöpfungsprozessen an. Im Sinne von „Stützen" für eine wertschätzende Begegnung und Kommunikation mit anderen Menschen entwirft sie normativ gemeinte Verhaltensregeln oder eine Handlungsmoral der Achtsamkeit. Eine Auswahl hiervon sei im Folgenden zitiert:

„Die Zunge beherrschen:
Vermeiden Sie es, über andere in deren Abwesenheit schlecht zu reden. Vermeiden Sie jede üble Nachrede!

Die Macht der Gedanken konstruktiv nutzen:
Prüfen Sie Ihre Haltung. Sind Sie mit sich und anderen ehrlich?
Suchen Sie sich eine Person, mit der Sie Probleme haben. Lenken Sie Ihre Aufmerksamkeit auf ihre Stärken und Potenziale. Bringen Sie diese wertschätzende Energie in den Kontakt mit der Person ein und beobachten Sie, was sich in der Beziehung ändert!

Lenken Sie Ihre Aufmerksamkeit auf eine Begegnung mit anderen, die Sie bisher belastet und mit der Sie weiterhin im Unfrieden sind. Suchen Sie drei Aspekte dieser Situation – sozusagen das Gute im Schlechten - bei denen sie aus innerer Überzeugung sagen können, dass es so, wie es ist, gut ist – ohne dass sich dabei noch irgendetwas ändern müsste!

Zuhören als Wertschätzung:
Entwickeln Sie eine Haltung der achtsamen Neugierde!
Seien sie behutsam mit Ratschlägen und vertrauen Sie in die Selbstregulierungsfähigkeit Ihres Gegenübers.

Sich dem anderen zumuten als Wertschätzung:
Vergewissern Sie sich, dass Sie den anderen gehört und verstanden haben!
Finden Sie den Mut, für Ihre Haltung und Ihre Vorstellungen einzustehen!
Teilen Sie sich in einer Haltung der Wertschätzung sich selbst und dem anderen gegenüber mit!
Die richtigen Worte finden:
Begründen Sie Ihre Einschätzungen, damit Ihr Gegenüber Sie verstehen kann. Das gilt auch für Worte der Wertschätzung." (Mettler-von Meibom, 2006. 146-148).

Wenn Menschen lernen, diese Normen des Achten und Beachtens einzuhalten, sind sie befähigt zu einem Handeln, das ich „kooperative Selbstorganisation" nenne. Eine handlungstheoretische Auseinandersetzung mit Achtsamkeit, um ethisch gerechtfertigtes Verhalten zu bestimmen, fußt in einem klaren Verständnis von kooperativer Selbstorganisation. Unter kooperativer Selbstorganisation verstehe ich, dass Menschen ihr Wissen über die natürliche wie über die soziale Mitwelt durch strukturell gleiche, kooperative Prozesse, gemeinsame Interaktionen erwerben und in ihrem Handeln zum Ausdruck bringen. Es geht um ein tätiges, wirkendes In-Beziehung-Sein, im Teilhaben an einem nur in Gemeinsamkeit sich offenbarenden Handlungssinn. In gewisser Weise befreit das Ethos situativer und kooperativer Selbstorganisation von einem bloß formalen Beachten von Geboten, Normen oder Kodices. Es ist beobachtbar, dass dieses äußerliche, nach außen gerichtete Beachten im Sinne der Befolgung von Vorgaben von außen, von oben, von Rechts wegen etc., nur selten in ein spontanes, verinnerlichtes, umfassend begriffenes und bejahtes Kooperieren mit dem für sinnvoll Gehaltenen führt. Es muss also für ein gelebtes Ethos kooperativer Solidarität darum gehen, in der Jetztzeit den normativen Überbau oder das in der Vergangenheit für gesellschaftlich nützlich Befundene zu integrieren. Der handlungstheoretische Ansatz einer Ethik aus kooperativer Selbstorganisation achtet Vergangenheit, in dem er sie in der Gegenwart als Grundlage für Schritte in die Zukunft würdigend nutzt.

Er formuliert eine Fassung, ein Verfasstsein des Menschen als soziales Wesen, in der es Verhaltens mäßig gelingt, mit der Vergangenheit, in der Jetztzeit kooperativ so zu interagieren, dass die Teilhabe an der Vergangenheit, dass das eigene Tun von gestern anerkannt und reflexiv wertgeschätzt wird und sich neu im Jetzt organisieren darf.

Diese Haltung trägt einen Zeitbegriff der Rückwärtsintegration mit sich, ebenso wie sie Zukunft in der Gegenwart gewahr werden lässt. Für ethische Beurteilung ist es wesentlich, zukünftige Folgen des Handelns zu antizipieren, Erwartungen an die Entwicklungsdynamik und die Folgen bestimmten Verhaltens in ihrem für das Hier und Jetzt prägenden Charakter mit zu vollziehen. Diese andere Form der Gegenwart der Zukunft gestaltet dann, wie von selbst, dasjenige mit, woran wir uns erinnern. Eine zirkuläre Präsenz von Vergangenheit und Zukunft in der Jetztzeit nimmt alles in das Handeln im Präsens hinein. Eine lebendig pulsierende Gegenwart kann erlebt werden, die – in Begriffen der Mystik gesprochen – Einheit oder Ganzheit im Vollzug darstellt.

Mit diesem Beispiel eines anderen Zeiterlebnisses im Handeln will ich auf eine Vorwärts- und Rückwärtsintegration hinaus, die es dem Handelnden erlaubt, in seinem aktuellen Bewusstsein sich nicht länger von der Gegenwart ablenken zu lassen. Letztlich muss er sich ja als nützlich in der Gegenwart bewähren. Nur im Hier und Jetzt kann der moralische Maßstab eines gelingenden, guten Lebens fassbar werden. Kooperative Selbstorganisation mündet in und drückt zugleich kooperative Solidarität aus. Zukunft wie Vergangenheit werden in dieser handlungsbestimmenden Haltung nicht weiter reduktionistisch manipuliert, sondern sind in der tätigen, Fakten schaffenden Interaktion „zu Händen".

Ich will noch genauer werden: Dieser neue Denkstil einer kooperativen Selbstorganisation macht die gegenseitige Verantwortlichkeit im täglichen Umgang untereinander sozial griffig und der Natur gegenüber begründbar sowie ökonomisch durchhaltbar. Wenn alles Wirken in die Gegenwart des tätigen In-Beziehung-Seins gerät, braucht es keine universalen Moralprinzipien oder gar ein Weltethos. Vielmehr wird der aktuelle Kontext entscheidend, in dem Menschen mit ihren konkreten, persönlichen Lebensumständen, Haltungen, Beweggründen kommunizieren und interagieren. Die Kontingenz, die Abhängigkeit von natürlichen und sozialen Zufällen des ökologischen, sozialen und ökonomischen Tuns wird ernst genommen und nicht länger mittels fehlleitender Abstraktionen missachtet. Eine missachtete Kontingenz führt beispielsweise bei Naturkatastrophen oder in irrational sich verhaltenden Märkten zu Konflikten, die in der Regel als Not, als Krise, als Endzeitzeichen gewertet werden und nicht als Chance.

In einer Welt, die sich durch die Koexistenz von Ordnung und Unordnung auszeichnet bzw. durch das Emergieren von Ordnung aus und in

Unordnung unter Bedingungen weit entfernt vom Gleichgewicht, kann es nicht sinnvoll sein, mittels moralischer Konstanten Sicherheit schaffen zu wollen. Wenn dagegen die direkte, lokale, gegenwärtige Interaktion zwischen Menschen im Mittelpunkt der Achtsamkeit bzw. des ethischen Bewusstseins steht, kann das individuelle Handeln endlich sich selbst als wirklich nachhaltig relevant begreifen: Zurechenbarkeit, Verantwortung, Bewirken von erlebbaren Unterschieden durch Kauf- und Konsumverhalten, aber auch durch Denk– und Dialogverhalten, bekommen einen angemessenen Platz in der Selbstwahrnehmung. In der kooperativ Mitwelt hier und jetzt gestaltenden Interaktion von derart selbstbewussten, sich unterscheidenden Individuen können neue Muster des Miteinanders in der Welt entstehen. Jeder, der in diesem ethischen Bewusstsein handelt, erhält gleichsam eine lokale Führerschaft für nachhaltige Entwicklung. Er ist gemeint, auf ihn kommt es an, ohne ihn geht es nicht – eine wirksame handlungstheoretische Grundlage für ein Verstehen der Macht der Verbraucher und zur Begründung des Verbraucherschutzes als neuer realpolitischer Klammer für Politikfelder wie Ernährung, Mobilität, Tourismus und Gesundheit. Dies alles und noch viel mehr, was hier nicht zur Sprache gebracht werden kann, meine ich mit „Verhalten in kooperativer Solidarität" oder gelebter Achtsamkeit.

IV. Befähigung zu moralischem Handeln oder zur Entwicklung moralischen Bewusstseins

Wenn wir also die handlungstheoretischen Bedingungen für die Entwicklung moralischen Bewusstseins rund um die Dialektik von Achten und Beachtetwerden und die soziale Konstruktion von Achtsamkeit erfassen wollen, so halten wir folgende Überlegungen für Weichen stellend:

1. Moralisches Bewusstsein ist ein Emergenzphänomen. Es taucht immer dann auf, wenn zwischen Menschen oder aufgrund von sozialen Konstruktionen, mittelbar oder unmittelbar interaktionsbedingt, eine umfassend gute oder nützliche bzw. brauchbare

Weiterentwicklung in Frage steht. Wann immer einzelne Handlungen oder die Summe von Handlungen im Hier und Jetzt die
Frage nach dem „Wie geht es verantwortbar weiter?" provozie-
ren, kann sich gleichsam kairologisch und situativ ein Sinnerleben
moralischen Charakters ereignen.

Ein wesentliches Element der Bewusstseinsschulung stellt das im
Umfeld des MIT-Forschers Peter Senge entwickelte Instrumentari-
um des Presencing dar. (Senge, 2004). Presencing bedeutet, das
Feld der Zukunftspotenziale von uns selbst, von Unternehmen oder
von Situationen wahrzunehmen und zu erspüren. Die Kraft und
Wirksamkeit von Presencing liegt darin, dass Zukunft nicht als etwas gesehen wird, was weit von uns weg ist. Zukunft und zukünftige Möglichkeiten werden in das Hier und Jetzt gebracht und
bestimmen unser Denken und Handeln in der achtsamen Gegenwart. Presencing ist also ein aktives Verhalten der Gegenwartsges-
taltung im Sinne der oben erwähnten Würdigung von Vergangenheit und Zukunft.

2. Eine zweite handlungstheoretische Bedingungen zum Erleben mo-
    ralischen Bewusstseins bzw. zur Entwicklung einer Bewusstheit
    oder Achtsamkeit für die Gegenwärtigkeit moralischer Intuitionen
    erschließt sich mit Blick auf die eingangs schon erwähnte Dialektik
    zwischen Selbstbezug und Fremdbezug im Handeln. Diese ereignet
    sich in Handlungen, in denen der Handelnde die Erfahrung macht,
    dass eine umso größere Erfüllung seines intentionalen Auskreisens
    möglich ist, je weiter er Andersheit in seinen Selbstbezug einbe-
    zieht. Handlungen, in welchen sich Selbstbezug und Fremdbezug
    zu einer ausgewogenen Einheit ergänzen, sind gemeint; Handlun-
    gen, in denen Einseitigkeit und Dominanz des subjektiven Selbst-
    bewusstseins weitestgehend aufgehoben sind. Dies sind Handlun-
    gen, die sich vom Erleben her als Akte des Vertrauens, der Liebe,
    der ideellen Hilfe oder ähnliches dem Bewusstsein zeigen. Es sind
    Handlungen, in denen die Reflexion des Handelnden auf sich, sein
    Selbstbezug entlang bestimmter Intentionen, schon im Handeln ei-
    nen gewissen Abschluss erfährt. Erfüllung wird hier gerade erfah-
    ren aufgrund der Bedeutung, die dem Fremdbezug von Seiten des

Selbstbewusstseins eingeräumt wird. Solche Handlungen, die aufgrund der für sie erforderlichen größtmöglichen Gegenseitigkeit in der intentionalen Struktur zu einer impliziten Vollendung des Selbstbewusstseins führen, sind geeignet, Achtsam-Sein im Vollsinn zu verwirklichen. Damit umfassen sie auch ein Höchstmass an moralischer Bewusstheit. In diesen Handlungen kommt dem Selbstbewusstsein eine Vollendungserfahrung zu. Sie stellen gleichsam eine spontane Manifestation oder Inkarnation moralischen Bewusstseins dar.

3. Dialogisches Handeln stellt eine weitere Bedingung für das Ereignis moralischer Bewusstheit dar.

Mit den Worten Rainer Maria Rilkes:

„Ich finde Dich in allen Dingen,
denen ich gut und gern Bruder bin;
als Samen wärmst Du Dich in den Geringen
und in den Großen gibst Du reif dich hin." (Buch vom mönchischen Leben).

Rilke formuliert hier das Dialogische als Bedingung für die Erfahrung von Moral, von In-der-Ordnung-sein. Wenn man wie „ein Bruder" der Wirklichkeit begegnet, mit Wirklichkeit handelt, mit Anderssein, sei es sachlich oder menschlich Sinn vollzieht, dann erfährt der Mensch in derartig dialogisch geleiteter Begegnung das Gutsein, den Samen der Moral, vollzieht er das ethisch unbedingt Gebotene im Bedingten mit.

Brüderlich/schwesterlich handeln zu können, setzt Achtsamkeit im Sinne des Achtens von Verwandtsein voraus. Achten und Beachten von Verwandtschaft kann durchaus geistig-seelischer Natur sein und muss nicht ein psychisches Verwandtschaftsverhältnis ausdrücken. Im Achten des Verwandtseins zwischen allem Lebendigen, kommt der intersubjektive, physisch-geistige, „familiäre" Einheitsgrund als Anstiftung für und handlungsleitend zum Geschwistersein heraus. Geschwistersein impliziert auch ein Wissen um die eigene Person, um die Einheit des eigenen, subjektiven

Bewusstseins, das gerade als solches aus dem Bezug zum anderen, geschwisterlichen Selbst so ist, wie es ist: brüderlich.

4. Eine letzte handlungstheoretische Bedingung für die Entwicklung moralischen Bewusstseins sei von der Theorie moralischer Anreize her formuliert. Zum Einstieg sei noch einmal betont, dass Moral von mir als Phänomen sozialer Praxis gesehen wird, als ein Sich-Ereignen sozialer Kooperation und mithin als ein Emergenzprodukt aus kooperativem Handeln zwischen Individuen oder auch zwischen kollektiven Akteuren. Mit Josef Wieland halte ich eine genuine Moral in Wirtschaft und Gesellschaft für möglich und notwendig (Wieland, 2005). Implizite formelle moralische Kommunikation bezieht sich auf die Ermöglichung und Beschränkung von Kooperationen, vor allem mittels der Zurechnung von Achtung für Funktionskonformität und Missachtung für davon abweichendes Verhalten. Mit Wieland sprechend, gilt:

„Der Stellenwert moralischer Anreize ist mit diesem Sachverhalt grundlegend bestimmt. Wie alle anderen Anreize sind sie darauf hin ausgelegt, funktions-konformes Verhalten zu stärken und zu belohnen und die Abweichung davon zu blockieren und zu bestrafen. Die Relevanz moralischer Anreize lässt sich demnach deduktiv aus dem für den Menschen unausweichlichen Zwang zur sozialen Kooperation herleiten, da diese ebenso unausweichlich mit Informations- und Erwartungsunsicherheiten aller Art einhergeht. Moralischen Anreizen kommt demnach die Funktion zu, regelkonformes Verhalten sicherzustellen, indem sie den Verzicht auf nicht regelkonformes Verhalten und die Initiierung von Regelkonformität fördern." (Wieland, 2005. 116)

Moralische Anreize werden in Wirtschaft wie Gesellschaft als kommunikative Verständigungsprozesse definiert, um Menschen dazu zu bringen, das gemeinsam Gewollte, gemeinsam für gut Bewertete, im Handeln auszudrücken oder anders gesprochen, zu beachten. In Unternehmen, Verbänden, Einrichtungen des öffentlichen Lebens, Parteien, Kirchen etc. gibt es definierte moralische

Anreizsysteme, um den Mitgliedern in ihrer Zugehörigkeit die I-
dentifikation zu erleichtern und Abgrenzungen von anderen wirtschaftlichen oder gesellschaftlichen kollektiven Akteuren vorzu-
nehmen. Es wird in allen Institutionen der Gesellschaft peinlichst
genau darauf geachtet, dass Mitglieder achtsam die Spielregeln
zur Funktionsfähigkeit der entsprechenden Institution garantieren
und beachten.

V. Zu guter Letzt: Das Wechselspiel zwischen Außenwelt und Innenwelt

Wenn ich mich also zum Abschluss frage, was denn getan werden
kann, um eine handlungstheoretisch beschreibbare Bewusstseinsver-
fassung zu entwickeln, die den Sinn von Moral, oder reflexiv gesehen, von ethisch verantwortbarem Handeln in Wirtschaft und Gesellschaft fundiert – wenn ich gefragt werde, was denn der kürzeste Weg
oder das beste Instrument ist, sich in Achtsamkeit zu üben, möchte
ich mit einer kleinen Geschichte aus Paulo Coelhos Buch „Der Al-
chimist" enden, die ich in Barbara Mettler-von Meiboms Buch
„Wertschätzung" erneut gefunden habe:

„Ein Jüngling zieht aus, um das Geheimnis des Glücks zu erfahren.
Er wird zu einem bedeutenden Weisen geschickt, der in einem
prachtvollen Anwesen wohnt. Da dieser keine Zeit hat, um sich
gleich um den Jüngling zu kümmern, lädt er ihn ein, das Anwesen zu
besichtigen. Doch er gibt ihm einen Löffel mit auf den Weg, auf den
er zwei Tropfen Öl träufelt, die er auf seinem Weg nicht verschütten
soll. Als die beiden wieder zusammentreffen, stellt der Weise fest,
dass der Jüngling zwar die zwei Tropfen Öl sicher zurückgebracht
hat, jedoch von dem Anwesen nichts gesehen hat. So wird er erneut
losgeschickt. Doch während er dieses Mal das Anwesen in seiner
Schönheit studiert, verschüttet er die beiden Tropfen, ohne es zu merken. ‚Also, dies ist der einzige Rat, den ich dir geben kann', sagte der
Weiseste der Weisen. ‚Das Geheimnis des Glücks besteht darin, alle

Herrlichkeiten dieser Welt zu schauen, ohne darüber die beiden Öl-
tropfen auf dem Löffel zu vergessen.'" (Mettler-von Meibom, 2006.
114-115)

Literatur

Franck, G. (1998). Ökonomie der Aufmerksamkeit. München: Hanser.

Franck, G. (2005). Mentaler Kapitalismus. Eine politische Ökonomie
des Geistes. München: Edition Akzente Hanser.

Heinrichs, J. (1997). Ökologik. Schriften zur Triadik und Ontodyna-
mik, Bd. 12. Frankfurt: Peter Lang.

Mettler-v. Meibom, B. (2006). Wertschätzung. Wege zum Frieden
mit der inneren und äußeren Natur. München: Kösel.

Nyanoponika.T. (1985). Geistestraining durch Achtsamkeit. Konstanz: Christiani.

Rilke, R.M. (1899). Das Stundenbuch. Frankfurt: Insel.

Senge, P. (2004). Presencing. Cambridge, MA: SOL.

Wieland, J. (2005). Normativität und Governance Gesellschaftstheo-
retische und philosophische Reflexionen der Governanceethik. Mar-
burg: Metropolis.

Zusammenfassung

Achtsamkeit und die Entwicklung moralischen Bewusstseins – ein
Beitrag zu Fragen der Ethik in Wirtschaft und Gesellschaft

Nach einem Rückblick auf Erfahrungen mit Achtsamkeit und Einsicht
aus dem buddhistischen Theravada-System wird ein handlungstheoretischer Zugang zu Achtsamkeit und moralischem Verhalten entwickelt. Achtsamkeit wird als gesteigerte Reflexivität von der physisch-

praktischen Einwirkung, über das strategische Handeln, das kommunikative oder soziale Handeln, bis hin zur Meta-Kommunikation vorgestellt. Aus der Dialektik zwischen Achten und Beachtetwerden entwickelt sich im sozialen Handeln kooperative Solidarität. Es geht um ein tätiges, wirkendes In-Beziehung-Sein, im Teilhaben am nur in Gemeinsamkeit sich offenbarenden Handlungssinn. Ein Ethos situativer und kooperativer Selbstorganisation befreit von einem bloß formalen Beachten von Geboten, Normen oder Kodices. In einem sich selbst organisierenden Ethos kooperativer Solidarität wird in der Jetztzeit der normative Überbau oder das in der Vergangenheit für gesellschaftlich nützlich Befundene integriert. Moralische Achtsamkeit, die sich durch die zirkuläre Präsenz von Vergangenheit und Zukunft in der Jetztzeit auszeichnet, nimmt alles in das Handeln im Präsenz hinein. Ein spontanes „In-der-Ordnung-Sein" ist das Ergebnis.

Achtsames Bewusstsein ist ein Emergenzphänomen. In der Dialektik zwischen Selbstbezug und Fremdbezug im Handeln entbergen sich moralische Intuitionen, die ein erfüllendes Handeln hier und jetzt ermöglichen, das zugleich „In-der-Ordnung" ist. Dabei ist das Dialogische eine wesentliche Bedingung für die Erfahrung von Moral. Phänomenologisch lässt sich das gute Handeln als „Achten von Verwandtsein" beschreiben.

Ein ethisch verantwortbares Handeln in Wirtschaft und Gesellschaft lässt sich mit einer situativen bzw. intuitiven Moral der Achtsamkeit fundieren. Über moralische Anreize kann Beachtung für Funktionskonformität und Missachtung für davon abweichendes Verhalten gesellschaftlich zugerechnet werden.

Stichwörter:
Achtsamkeit, kooperative Solidarität, situatives Ethos, moralische Anreize

Abstract

Mindfulness and the Development of Moral Consciousness – A Contribution to Questions of Ethics in Business and Society

A review of experiences with mindfulness and insights as seen from the Buddhist Theravada system leads into an action-theory approach to mindfulness and moral behavior. Mindfulness is defined as increased reflexivity of physical-practical types of impact, which define communicative or social actions all the way to the level of meta-communications. Socially motivated actions lead from the dialectics of respect and being respected to cooperative solidarity. It is a kind of active and acting inter-relatedness, which is revealed only through shared activities. An ethos of situational and cooperative autopoiesis frees from merely formalized adherence to rules, norms or codices. A self-organizing ethos of cooperative solidarity in the present integrates the normative superstructure or actions deemed socially useful. Moral mindfulness, which is distinguished by the circular presence of both past and future within present time, integrates everything into present-time actions. This results in a spontaneous "Being-in-Order".

Mindful consciousness is an emerging phenomenon. In the dialectics of actions of self or external reference, moral intuitions are exposed allowing for organized acts of fulfillment here and now that are simultaneously "In-Order". Therefore, the dialog character is an essential stipulation for experiencing morality. Phenomenology would term these beneficial actions "Minding Relatedness".

Ethically responsible actions in business and society may be based upon situational or intuitive morality of mindfulness. Using moral enticements, regard for functional conformity or disregard for deviant behavior can be socially attributed.

Keywords:
Mindfulness, cooperative solidarity, situational ethos, moral enticements.

Verzeichnis der AutorInnen und HerausgeberInnen

Wilfried Belschner, Dipl.-Psych., Dr. phil.. Nach mehrjähriger klinischer Praxis und Lehrtätigkeit an der Univ. Konstanz und der PHN, Abt. Braunschweig seit 1974 Univ.-Prof. für Psychologie an der Univ. Oldenburg. Forschungsschwerpunkte: Bewusstseinsforschung, Gesundheits- und Klinische Psychologie. Initiator und seit der Gründung 1999 1. Vors. des *Deutschen Kollegiums für Transpersonale Psychologie und Psychotherapie e.V.*. Hrsg. der Buchreihen „Psychologie des Bewusstseins" (LIT Verlag), „Transpersonale Psychologie" und „Studien zur Gesundheitsförderung" (BIS-Verlag Oldenburg). Wiss. Leiter des Kontaktstudiums *Qigong*. Begründer des *Transzendenz-Trainings*.

Kontaktadresse:
Prof. Dr. Wilfried Belschner
Universität Oldenburg, Abt. Gesundheits- & Klinische Psychologie,
D-26111 Oldenburg
E-mail: wilfried.belschner@uni-oldenburg.de

Arndt Büssing, PD Dr. med., Arzt und Leiter der interdisziplinären Arbeitsgruppe „Spiritualität und Medizin" am Lehrstuhl für Medizintheorie und Komplementärmedizin der Universität Witten/Herdecke. Er ist Dharmalehrer i.T. der *Kwan Um Zen Schule Deutschland*, Komponist und Texter neuer geistlicher Liedern, Herausgeber verschiedener Bücher, der der Buchreihe „Religion - Spiritualität - Gesundheit" im LIT-Verlag (Münster) sowie der „Deutschen Zeitschrift für Onkologie".

Kontaktadresse:
PD Dr. med. Arndt Büssing
Univ. Witten-Herdecke, Lehrstuhl für Medizintheorie und Komplementärmedizin, Gerhard-Kienle-Weg 4, 58313 Herdecke
E-mail: arndt.buessing@uni-wh.de

Heinrich Dauber, Dr.phil., *1944, verh. mit Charlette Auque-Dauber, 3 Söhne, vier Enkelkinder; 1965-72 Grund- und Hauptschullehrer in

Baden-Württemberg; parallel Zweitstudium der Psychologie, Erziehungswissenschaft und ev. Theologie; seit 1978 Professor für Erziehungswissenschaft an der Universität Kassel; 1980–1990 Weiterbildung in Gestalttherapie/Integrative Leib- und Bewegungstherapie am Fritz-Perls-Institut Düsseldorf, grad. Psychotherapeut; 1997-2002 Weiterbildung in Playbacktheater, School of Playback Theatre New York, grad. practitioner IPTN. Gründungsmitglied und langjähriger Sprecher der Kommission ‚Pädagogik und Humanistische Psychologie' in der Deutschen Gesellschaft für Erziehungswissenschaft (DGfE). Website: http://www.heinrich-dauber.de

Kontaktadresse:
E-mail: hdauber@uni-kassel.de

Jorge N. Ferrer is associate professor at the California Institute of Integral Studies, San Francisco, where he teaches courses on transpersonal studies, comparative mysticism, embodied spiritual inquiry, and spiritual perspectives on sexuality and relationships. He is the author of *Revisioning Transpersonal Theory: A Participatory Vision of Human Spirituality* (SUNY Press, 2002) and co-editor of *The Participatory Turn: Spirituality, Mysticism, Religious Studies* (SUNY Press).

Kontaktadresse:
E-mail: JorgeNF@aol.com

Franz-Theo Gottwald, Prof. Dr., Philosoph, Theologe und Indologe, Vorstand der Schweisfurth-Stiftung, München. Honorarprofessor an der Landwirtschaftlich-Gärtnerischen Fakultät der Humboldt-Universität Berlin für Agrar- und Umweltethik und Gastprofessor an der Shanghai Academy of Social Sciences für Stakeholder Management und Business Governance. Herausgeber-Beirat der Zeitschrift für Umweltpolitik und Umweltrecht. Seit 1985 selbstständiger Unternehmensberater. Er hat zahlreiche Bücher veröffentlicht, u.a. *Digital Leadership (2003), Wege aus der Ernährungskrise (2001), Multimedia Campus: Die Zukunft der Bildung (1998).*

Kontaktadresse:
Schweisfurth-Stiftung, Südliches Schloßrondell 1, 80638 München.
E-mail: cthomas@schweisfurth.de

Gudrun Kappmeyer
Grund- und Sonderschullehrerin, Wertearbeit an einer Grundschule,
Trainerin Living Values Seminare und Workshops, Wertearbeit mit
Erwachsenen

Kontaktadresse:
E-Mail: g.kame@gmx.de

Eugenia Kuhn, Dr. med. Dipl. chem., Schweinfurt, Fachärztin für
Psychotherapeutische Medizin, Ärztin für Naturheilverfahren, Akupunktur, Qi Gong-Lehrerin, Lehrerin für Achtsamkeitsmeditation
(nach Kabat-Zinn). Nach ursprünglich wissenschaftlicher Laufbahn
langjährige ärztliche Tätigkeit in verschiedenen Bereichen jetzt
Schwerpunkt Psychotherapeutische Medizin in eigener Kassenpraxis.
Zus. mit meinem Ehemann langjährige praktische und theoretische
Beschäftigung mit verschiedenen Bewusstseinszuständen, energeti-
scher Medizin, Transpersonaler Psychologie, Entspannungsverfahren
und verschiedenen Meditationsarten. Längere eigene Meditationspraxis, Qi Gong (Schwerpunkt „Stilles Qi Gong").

Brigitte Lörcher, Gymnasiallehrerin mit den Fächern Pädagogik und
Sport. Verschiedene Werte-Projekte im Pädagogik-Unterricht der
Oberstufe (s.homepage der Schule: www.ruebekamp.de). Living Va-
lues - Koordinatorin für Deutschland. Leiterin von LV-
Fortbildungsseminaren

Kontaktadresse:
E-mail: germany@livingvalues.net
Christa Mosch, Dipolm-Sozialpädagogin
Leiterin einer Grundschulförderklasse, Leiterin von LV-Workshops
für ErzieherInnen und Eltern

224

Kontaktadresse:
E-mail: christamosch@web.de

Ulrich Ott ist Diplom-Psychologe und promovierte über die Gamma-Aktivität im EEG während tiefer Meditationszustände. Gegenwärtig leitet er die Arbeitsgruppe „Veränderte Bewusstseinszustände – Meditationsforschung" am Bender Institute of Neuroimaging, Universität Gießen (www.bion.de). Dort ist ein ausführlicher Lebenslauf und eine aktuelle Publikationsliste abrufbar.

Kontaktadresse:
Dr. Ulrich Ott
Bender Institute of Neuroimaging, Justus-Liebig-Universität Gießen
Otto-Behaghel-Str. 10H, D-35394 Gießen
E-Mail: ott@bion.de

Harald Piron, Dr. phil., Dipl.-Psych., geb. 1967, ist approb. Psychotherapeut mit Ausbildungsabschlüssen in VT, REVT und Psychosynthese. Er meditiert seit 1986, therapiert seit 1993 und promovierte zu den Tiefenbereichen unterschiedlicher meditativer Richtungen. Er ist Vorsitzender der Society for Meditation and Meditation Research (SMMR e.V.) und Redaktionsmitglied der Fachzeitschrift „Transpersonale Psychologie und Psychotherapie". Aktuelle Publikation: „Transpersonale Verhaltenstherapie", Via Nova Verlag, 2007.

Kontaktadresse:
E-mail: dr.piron@koeln.de

Renaud van Quekelberghe, Prof. Dr., Dipl.-Psych., Jg. 44, Universität Koblenz-Landau, Campus Landau. Forschungsschwerpunkte: Ethnopsychologie, Bewusstseinsforschung, Transpersonale Psychotherapie.

Kontaktadresse:
E-mail: rvanq@web.de

Luise Reddemann, Dr. med., leitete von 1985 – 2003 in Bielefeld die Klinik für Psychotherapeutische und Psychosomatische Medizin des Ev. Johannes-Krankenhauses. Ihr Interesse galt dort von Anfang an der Behandlung von Menschen mit schweren Traumatisierungen. Sie entwickelte gemeinsam mit dem Behandlungsteam der Klinik die Psychodynamisch Imaginative Traumatherapie, PITT®, für die nun Aus- und Weiterbildungen angeboten werden.

Kontaktadresse:
E-mail: L.Reddemann@t-online.de

Regina Weiser, Dipl.-Psych., Bochum, nach dem Studium zunächst Arbeit in Erziehungsberatungsstellen und Mit-Aufbau der Kinderpsychiatrie Herdecke, Heirat und Geburt einer Tochter, seit 1986 Niederlassung als analytische Psychotherapeutin mit Kassenzulassung für Einzelne und Gruppen, neunmonatiger Indienaufenthalt davon mehrere Monate im Yogatherapie-Institut Lonavla, Ausbildung zur Dipl. Yogalehrerin (MYI), Mitglied beim SEN, eigene Meditationserfahrungen seit ca 30 Jahren. Schwerpunkte: Hilfe bei religiösen und spirituellen Krisen, Abgrenzung zur Psychose, Integration von Körperarbeit und Psychotherapie, Märchen- und Traumarbeit.

Kontaktadresse:
E-mail: reginaweiser@web.de

Dorothee Wienand-Kranz, Dr. phil., Dipl.-Psych., Psychologisches Institut III, Univ. Hamburg.

Kontaktadresse:
E-mail: Dorothee.Wienand-Kranz@uni-hamburg.de

Reihe „Psychologie des Bewusstseins"

Herausgeber:
Prof. Dr. Wilfried Belschner (Universität Oldenburg) & Prof. Dr. Dr. Harald Walach (University of Northampton)

Die Reihe besteht aus den beiden Abteilungen **TEXTE** und **TESTS**.

TEXTE

Band 1:
Belschner, W., Piron, H. & Walach, H. (Hrsg.) (2005). Bewusstseinstransformation als individuelles und gesellschaftliches Ziel.

Band 2:
Kohls, Nicola Boris (2004). Außergewöhnliche Erfahrungen – Blinder Fleck der Psychologie?

Band 3:
Hundt, Ulrike (2007). Spirituelle Wirkprinzipien in der Psychotherapie.

Band 4:
Passie, Torsten (2007). Bewusstseinszustände – Konzeptualisierung und Messung.

Band 5:
Krenzlin, Manuel (2007). Exorzistische Handlungskonzepte.

Band 6:
Belschner, W., Büssing, A., Piron, H. & Wienand-Kranz, D. (2007). Achtsamkeit als Lebensform.

Band 7:
Belschner, W. (2007). Der Sprung in die Transzendenz. Die Kultur des Bewusstseins und die Entmystifizierung des Spirituellen.

TESTS

Band 1:
Bantelmann, Jürgen (2005). Integrative Verlaufsskalen (IVS-39). Ein Instrument zur Veränderungsmessung und Diagnostik tiefenpsychologisch und integrativ orientierter Psychotherapie.

Band 2:
Belschner, W. (2005). Bewusstseinszustände im professionellen Handeln. Manual zum BPH.

Band 3:
Belschner, W. & Bantelmann, J. (2007). Fragebogen zur Integralen Gesundheit (FIG-50).

Band 4:
Belschner, W. & Krischke, N. (2007) Transpersonales Vertrauen – Manual zur Skala TPV.